RATGEBER ESOTERIK

Denis Waitley
Der Kern unserer Kraft

Die zehn wichtigsten Entdeckungen Ihres Lebens

WILHELM HEYNE VERLAG
MÜNCHEN

HEYNE RATGEBER ESOTERIK
08/9513

Aus dem Amerikanischen übertragen und bearbeitet
von Margrit Elisabeth Wettstein

Titel der Originalausgabe: SEEDS OF GREATNESS
erschienen bei Fleming H. Revell Company, New Jersey, USA

Copyright © 1983 by Denis E. Waitley, Inc.
Copyright © der deutschsprachigen Ausgabe Oesch Verlag, Zürich, 1985
Genehmigte Taschenbuchausgabe
Printed in Germany 1988
Umschlagillustration: Marlene J. Distler, München
Umschlaggestaltung: Atelier Ingrid Schütz, München
Satz: VerlagsSatz Kort GmbH, München
Druck und Bindung: Presse-Druck, Augsburg

ISBN 3-453-00938-X

Meiner Mutter Irene,
die ihr Leben der Sorge
um andere gewidmet hat.

Und unseren Kindern
Debi, Dayna, Denis, Darren, Kim und Lisa
und unserem ersten Enkelkind ›Jake‹.

Möge jedes von Euch auf seine Weise
groß und stark werden,
Möget Ihr Euch biegen und singen mit dem Winde
und nach dem Himmel greifen...
Der einzigen Begrenzung Eures Wachstums,
Eurer eigenen Vorstellungen
ruhelos, eifrig...
grenzenlos.

Mein besonderer Dank
richtet sich an Georglyn Estruth Rosenfeld
für einen großen Teil der Vorarbeit,
der im Zusammentragen von Recherchenmaterial
für dieses Buch bestand.

Inhalt

Vorwort 11

Prolog 15

1 Die Saat der Selbstachtung

Von der Eigenliebe zum Selbstwertgefühl 25

Was ›Buckwheat‹ uns über die Selbstachtung lehrte 25
Das erste bestgehütete Geheimnis des unumschränkten Erfolges 27
Laß dich nicht von der Maske täuschen, die ich trage! 28
Angst: Fehlerziehung, die sich als wirklich erweist 29
Wie Angst gesät wird 31
Wie man andere ohne Angst führt (und liebt) 34
Wie man an seinen Träumen festhält 37
Sie sind ein Meisterwerk der Schöpfung 39
Zehn Schritte auf dem Weg zu Selbstachtung 43
Fragen zu Ihrer Selbstachtung 44

2 Die Saat der Kreativität

Das Freisetzen schöpferischer Kräfte 46

Sage mir, was du dir ansiehst, und ich sage dir, wer du bist 48
Das zweite bestgehütete Geheimnis des unumschränkten Erfolges 51
Ihr ›Roboter‹-Selbstbild 52

Der Vorteil, etwas in der Wiederholung sehen zu
können 53
Wie die Vietnam-Kriegsgefangenen überlebten 54
In seinem Innern erschaffen, was von außen her fehlt 55
Machen Sie's richtig im Training! 57
Wie man seine eigene Kreativität beherrscht 58
Die Macht des Selbstgesprächs 63
Wie man das Drehbuch zu seinem eigenen Erfolg schreibt 65
Zehn Schritte auf dem Weg zu Kreativität 68
Fragen zu Ihrer Kreativität 70

3 Die Saat der Verantwortlichkeit

Wir werden zu dem, was wir tun 72

Warum die Japaner Erfolg haben 75
Das dritte bestgehütete Geheimnis des unumschränkten
Erfolges 78
Das Übel unmittelbarer Befriedigung 80
Bradford der Barbar 81
Wie man sich Selbstvertrauen aufbaut 83
Die sieben Punkte der Selbstbeherrschung 87
Zehn Schritte auf dem Weg zum Vorbild für
Verantwortlichkeit 89
Fragen zu Ihrer Verantwortlichkeit 92

4 Die Saat der Weisheit

Was es bedeutet, ›ohne Wachs‹ zu leben 94

Das Integritäts-Dreieck 96
Auf das Wissen kommt es an 97
Sei dir selber treu 99
Wenn ich mein Leben noch einmal leben könnte 101
Das vierte bestgehütete Geheimnis des unumschränkten
Erfolges 106
Zehn Schritte auf dem Weg zu Weisheit 108
Fragen zu Ihrer Weisheit 110

5 Die Saat des Zwecks

Die Goldgrube in Ihren Zielen 111

Das fünfte bestgehütete Geheimnis des unumschränkten Erfolges 112
Eric zeigte uns, wie man es macht 114
Die Kraft im Innern 118
Der Hüter Ihres Geistes 120
Der imaginäre Hund 123
Das Glücksrad 129
Wie man aus seinem ›Zielgeist‹ schöpft 137
Die eindrückliche Macht der Suggestion 142
Zehn Schritte auf dem Weg zu Ihren Zielen 143
Fragen zu Ihrem Zweck 145

6 Die Saat der Kommunikation

Sich bemühen, jemandem nahezukommen 147

In eines andern Mokassins gehen 147
Sich auf ihre Wellenlänge einschalten 150
Definitionen der Liebe 151
Das sechste bestgehütete Geheimnis des unumschränkten Erfolges 152
Sich Zeit nehmen zuzuhören 154
Kommunikation kommt von innen und geht nach außen 155
Der Weg, der vom ›Niemals‹ hinaufführt 158
Was der persönliche Kontakt vermag 161
Zehn Schritte auf dem Weg zu besserer Kommunikation 162
Fragen zu Ihrer Kommunikation 164

7 Die Saat des Glaubens

Die Macht des positiven Glaubens 165

Das siebte bestgehütete Geheimnis des unumschränkten Erfolges 166
Die Flucht vor der Verantwortung 168

Wie Arnold Lemerand den Weltrekord im
Gewichtheben brach 170
Wie man (auf natürlichem Wege) zu einem Hochgefühl
kommt 171
Der unverbesserliche Optimist 173
Larrys vorübergehende Unannehmlichkeit 174
»Innen drin bin ich immer noch derselbe« 177
Zehn Schritte auf dem Weg zu Optimismus 179
Fragen zu Ihrem Glauben 182

8 Die Saat der Anpassungsfähigkeit

Probleme in Chancen umwandeln 184

Das achte bestgehütete Geheimnis des unumschränkten
Erfolges 185
Aus Stolpersteinen Schrittsteine machen 189
Not ist die Mutter der Eiswaffel 190
Die Geburt des ›Hot Dog‹ 191
Die Chancen des Mount St. Helens 192
Motivation: die zwei Seiten von Streß 194
Wie man sich anpassen und länger leben kann 196
Selyes Regeln zur Streßbewältigung 199
Lachen Sie sich gesund und glücklich! 204
Zehn Schritte auf dem Weg zu Anpassungsfähigkeit 205
Fragen zu Ihrer Anpassungsfähigkeit 207

9 Die Saat der Ausdauer

Der Wille zum Sieg ist das A und O 209

Das neunte bestgehütete Geheimnis des unumschränkten
Erfolges 210
Wilma holte von hinten her auf 211
Mit irgend etwas muß man beginnen 213
Immer nach Gold trachten 216
Zu Lebzeiten eine Legende 219
Es ist nie zu spät 220

Zehn Schritte auf dem Weg zu Ausdauer 221
Fragen zu Ihrer Ausdauer 223

10 Die Saat der Anschauung

Ein Sternwerfer sein 225

Persönlichkeitsgitter 227
Ausgewogenes Leben 229
Feiern statt Sammeln 231
Das Geheimnis im Innern 232
Ich weiß, daß Sie verstehen 234

Vorwort

Dies ist das letzte Lebenshilfe-Buch, das Sie zu lesen brauchen. Warum ich eine so phantastische Behauptung aufstelle? Weil ich davon überzeugt bin. Ich bin davon überzeugt, weil ich viele Jahre meiner Forschungsarbeit dazu aufgewandt habe, die Richtigkeit dieses Gedankengutes zu prüfen. Ich beschäftige mich als Verhaltensforscher damit, Modelle menschlichen Leistungsvermögens und Wohlbefindens aufzuzeigen. Während der vergangenen zwanzig Jahre habe ich Astronauten, Olympiateilnehmer und Berufssportler, Spitzenführungskräfte, erfolgreiche Eltern und leitende Persönlichkeiten aller Sparten studiert.

›Der Kern unserer Kraft‹ offenbart zehn Erfolgsgrundsätze, die sich auf die zeitlose Weisheit der Heiligen Schrift und auf die neuesten Erkenntnisse der Medizin stützen. Da diese zehn Grundsätze zwar auf der Hand liegen, in unserer Gesellschaft jedoch so selten angewandt werden, nenne ich sie *die zehn bestgehüteten Geheimnisse des unumschränkten Erfolges.*

›Der Kern unserer Kraft‹ reitet nicht einfach auf einer Modewelle; es ist ein Tatsachenbuch — voller Werte und Wahrheiten, die den Zeitläufen der menschlichen Gesellschaft standzuhalten vermögen. Es enthält bewährte erfolgsorientierte Verhaltensweisen, die für Manager, Lehrer, Programmierer, Ingenieure, Verkaufsleiter, Praktikanten, kaufmännische Angestellte und Verkäufer, Fabrikarbeiter, Hausmänner und -frauen, Eltern, Sportler oder Studenten gleichermaßen anwendbar sind.

Es ist für den, der niemals richtig Erfolg gehabt hat, ebenso wie für den, der weiterhin so erfolgreich sein möchte, wie er schon ist, oder für den, der den Erfolg gekannt, ihn aber verloren hat und ihn zurückgewinnen und behalten möchte.

Das Werk ist insofern einzigartig, als es komplexe psychologische Zusammenhänge leicht verständlich erklärt und sie mit aus dem Leben gegriffenen Beispielen veranschaulicht. Es schildert dokumentarisch beispielhafte Lebenshaltungen leistungsfähiger, glücklicher Menschen in ihrem Berufs- und Privatleben. Es zeigt dem Leser auch, wie er seinen eigenen Lebensstil mit erprobten Verhaltensänderungs- und Selbsterziehungsmethoden verbessern kann.

Dieses Buch soll gelesen, wieder gelesen, studiert, an seinen wichtigen Stellen bezeichnet, soll diskutiert und Mitarbeitern, Freunden und Familienmitgliedern weitergegeben werden. Es ist nicht ein schnell wirkender ›Aufsteller‹, der einem zu Gefallen redet oder bewirkt, daß man sich ein, zwei Tage besser fühlt; es ist vielmehr ein Do-it-yourself-Wegweiser für jeden Tag des Lebens. Die zehn Kapitel bieten Lösungen für einige der größten Probleme, die einen jeden von uns bedrücken.

Die folgenden Fragen haben die Nachforschungen zu diesem Buch ausgelöst:
- Welche Art Menschen sind am glücklichsten und am produktivsten?
- Welches sind die seltenen Führungseigenschaften eines Managers oder Elternteils?
- Wie können wir unsere Gedanken, unsere Reaktionen und unsere Zeit beherrschen lernen?
- Wie können wir seelisch stark, körperlich fit und geistig gesund werden?

Wenn Sie das Buch zu lesen beginnen, sollten Sie sich ein paar weitere Fragen stellen, damit Sie aus dem Inhalt größtmöglichen Nutzen ziehen können:
- Hätten Angestellte mich gerne zum Chef?
- Hätte ich mich gerne zum Ehepartner?
- Hätte eine Mannschaft mich gerne zum Coach?
- Hätte ich mich gerne zum Vater oder zur Mutter?
- Hätte ich mich gerne zum Freund?

Einige dieser Fragen beantworten Sie vielleicht mit ›Ja‹, andere mit ›Ich weiß nicht recht‹. Wie Ihre Antworten auch ausfallen mögen, dieses Buch wird für Sie eine besondere Bedeutung haben. Ich glaube, Sie werden daran Gefallen finden. Ich glaube, es wird Ihre Lebensanschauung verändern − gleich von heute an!

Prolog

Großmutter lehrte mich säen

Wenn die Lichter am Christbaum zum ersten Mal brennen; wenn wir bei einem Festmahl das Tischgebet sprechen; immer, wenn ich einen Kolibri bewegungslos an unserm aufgehängten Nektarspender schwirren sehe; wenn ich kurz nach Tagesanbruch in unserm Rosengarten zwischen den zauberhaften roten, weißen, rosafarbenen und gelben Blüten wandle und ihren Duft rieche; wenn ich an Schätze der Natur denke... so denke ich an Pflanzkellen... und daran, wie ich in der frisch umgegrabenen Erde kniete und Samen säte... mit meiner Großmutter.

Bei der Erinnerung an meine Großmutter Mabel gehen mir die Augen über. Sie war dreiundfünfzig, als ich neun Jahre alt war. Damals − 1942, während des Zweiten Weltkrieges − pflanzten wir zusammen unsern ersten gemeinsamen Garten an. Zwischen Großmutter und mir bestand eine jener Beziehungen, die so selten wie ein doppelter Regenbogen sind. Wir säten zusammen Samen − in den Erdboden − und ein jedes in das Herz des andern.

Einen vergleichbaren Einfluß auf mein Wertsystem hat in meinem ganzen Leben nur noch ein einziger anderer Mensch gehabt: meine liebe Frau Susan. Meine Großmutter lebte siebenundachtzig Jahre lang, ohne je zu klagen. Ich war dreiundvierzig, als ich sie zum letzten Mal sah. Aber ich erinnere mich an jede Pastete, jeden von Grund auf selbstgemachten Apfelkuchen und jedes lange Nachwinken ihrer Hand, wenn sie (unsichtbar, oder zumindest glaubte sie, es zu sein) hinter den

Gardinen ihres Häuschens an der Pennsylvania Avenue Nummer 718 West in San Diego stand. Unser von Kindern und Zufriedenheit erfüllter Stationswagen fuhr dann jeweils langsam vom Trottoirrand weg, wir blickten alle zu ihr zurück und winkten, ich hielt mit den Augen im Rückspiegel ihre zarte Gestalt fest und wünschte, ich könnte sie – genau so – für immer dort einrahmen, und ich fragte mich, wie manches Weihnachtsessen wir wohl noch gemeinsam einnehmen würden.

Vor allem aber erinnere ich mich, wie Großmutter und ich zusammen Samen säten. Wir säten Kürbisse, Bohnen, Mais, Wassermelonen, Rüben, Stiefmütterchen, Margeriten und andere Blumen an. Ich gebe zu, daß ich die dreißig Kilometer jeden Samstag mehr um der Gespräche und des Selbstgebackenen willen als wegen des Gemüses und der Blumen mit dem Fahrrad zurücklegte. Doch wie vollgestopft ich auch nach allem, was ich gegessen hatte, war, mein Hunger, mehr über ihre Vergangenheit und meine Zukunft zu hören, blieb stets ungestillt. Es war immer dasselbe: Wenn ich mich auf den zweistündigen Weg zu meiner Großmutter machte, konnte ich es kaum erwarten, dort anzukommen, und wenn ich dort war, wollte ich nicht mehr fortgehen.

Sie erzählte mir aus ihrem Leben in England, bevor sie – seekrank und voller Angst und Ehrfurcht zugleich – in Amerika ankam. Ich war sprachlos, als ich hörte, daß sie und ihre Schwester jeden Abend, wenn sie die Treppe hinauf in ihr Zimmer stiegen, ihre Kerzen weit vor dem Körper in einer bestimmten Haltung tragen mußten, damit ihre Nachthemden nicht Feuer fingen. Ich konnte es nicht fassen, wenn sie von all den täglichen Arbeiten berichtete, die sie zu verrichten hatte, wozu gehörte, Fleisch, Käse und Milch in den Keller hinunter zu tragen und dort auf den großen Stein zu legen, damit sie noch ein, zwei Tage möglichst kühl und frisch blieben. Man hatte nicht einmal einen Eisschrank damals! Sie lächelte, wenn ich beklagte, unter welch schlechten Bedingungen man in ihrer Jugend gelebt habe, und meinte dazu, es komme nicht so sehr auf die Bedingungen an als vielmehr auf die Einstellung ihnen gegenüber. Was sie damit meinte, verstand ich mit neun Jahren nicht so genau, doch nach ein paar weiteren Jahren in unserm ›geheimen Garten‹ begann ihre Weisheit in mir Wurzeln zu schlagen.

Im Juni 1946, als ich eben dreizehn Jahre alt geworden war, erwähnte sie beiläufig etwas, das eine tiefe Wirkung auf mein Berufs- und mein Privatleben ausgeübt hat. Drei Jahre zuvor hatte sie mit Erfolg einen Aprikosen- und einen Pflaumenbaum gekreuzt, und nun gab es zum ersten Mal Früchte. Wir waren darob beide ganz aufgeregt. »Was glaubst du, wie die Frucht schmeckt?« neckte sie mich, während sie die Leiter festhielt, damit ich die reifsten rosaroten Früchte an den oberen Ästen erlangen konnte. »Keine Ahnung, Großmutter«, gab ich zur Antwort. »Glaubst du, sie taugen überhaupt etwas?« »Aber sicher, sie werden hervorragend sein«, wies sie mich zurecht. »Haben wir den Baum etwa nicht gepflanzt, gepflegt und geschnitten?«

Und natürlich waren sie hervorragend — wenn sie auch den Pflaumen und Aprikosen, die ich bis dahin gekannt hatte, nicht ähnlich sahen. »Das ist eben, weil sie einmalig anders als irgendeine Frucht sind, die du je essen wirst«, erklärte Großmutter, während ich versuchte, den Saft von der Vorderseite des Hemdes zu wischen, das sie mir die Woche zuvor zu meinem Geburtstag geschenkt hatte. »Es sind Pflaumosen!« frohlockte sie. »Man holt immer das heraus, was man hineinsteckt«, fuhr sie fort, während wir unter dem Baume saßen und das meiste von dem, was wir gepflückt hatten, aufaßen. »Säe Apfelsamen, und du erhältst Apfelbäume, setze Eicheln, und du erhältst große Eichen, säe Unkraut, und du wirst Unkraut ernten, säe die Saat großer Ideen, und du wirst großartige Menschen erhalten«, sagte sie sanft und eindringlich und blickte mir dabei direkt in die Augen. »Verstehst du, was ich meine?« Ich nickte und erinnerte mich, dasselbe schon vorher von ihr gehört zu haben, nur mit anderen Worten.

Wir gingen ins Haus, damit sie mein Hemd waschen und aufhängen konnte und es trocknete, bis ich mich mit meinem Fahrrad und einem Sack Pflaumosen für meinen Bruder und meine Schwester auf den zweistündigen Rückweg machte, um noch vor Einbruch der Dunkelheit zu Hause anzukommen.

Während sie mein Hemd bügelte, hörte ich gebannt zu, wie sie die Analogie von der Saat großer Ideen und dem Werden großer Menschenleben zu Ende führte. Sie hatte vierzig Jahre lang als Korrektorin einer ortsansässigen Buchdruckerei gearbeitet, und ich staunte über ihre Sprachbeherrschung. Es war bewundernswert: Meine Großmutter hatte keine formale Bildung, die über die Volksschule hinausging, war mit neunzehn Ehefrau und Mutter von drei Kindern gewesen und lebte nach dem Tode meines Großvaters, der in seinen Vierzigern an doppelter Lungenentzündung gestorben war, achtunddreißig Jahre lang allein und besorgte alles selbst. Sie war ihren sieben Enkelkindern die leitende Kraft und legte ein Maß an Menschenkenntnis und psychologischem Scharfsinn an den Tag, dem ich in meinem späteren Leben nie mehr begegnet bin – auch nicht nach zwanzig Jahren bester Ausbildung und nach zwanzig weiteren Jahren Zusammenarbeit mit einigen der angesehensten Medizinern und Verhaltensforschern der Vereinigten Staaten.

»Der Kern unserer Kraft«, begann sie, »was ist das? Sind das besondere Gene, die von begabten Eltern an ihre Nachkommen weitergegeben werden? Sind es angeborene Talente? Ist es die Saat außergewöhnlicher Lernfähigkeiten oder Intelligenzquotienten (IQs)? Nein« – meine Großmutter schüttelte energisch den Kopf –, »der Kern unserer Kraft ist nicht abhängig von der Begabung, die einem in die Wiege gelegt wird, vom Bankkonto, das man erbt, von der Intelligenz, von Schönheit, Rasse, Hautfarbe oder gesellschaftlicher Stellung. Der Kern unserer Kraft sind Lebenshaltungen und Anschauungen, die bei Kindern als Babysprache beginnen, als ›Tu dies‹ und ›Laß das‹, als harmloses Familiengeplauder, Gutenachtgeschichten, Garderobenklatsch – als ungezwungene, beinahe unbemerkte, zart-durchsichtige Ideen, wie dünne Spinnweben, am Anfang – und dann, mit den Jahren des Übens, zu unzerreißbaren Stahlkabeln werden, die unsern Charakter während unseres restlichen Erwachsenenlebens hemmen oder stärken.«

Ich fragte meine Großmutter, was ich tun müsse, um mir selbst große Ideen einzupflanzen, damit ich ein wertvolles Leben haben würde. Sie wies mich an, die Lehren der Bibel zu befolgen und mein Denken und Handeln nach dem Vorbild von Männern und Frauen auszurichten, die im Dienst an anderen schöpferisch tätig gewesen seien. Sie riet mir, meinen IQ als meinen ›*Imaginations*quotienten‹ statt als meinen Intelligenzquotienten zu betrachten. Ich erfuhr, daß Jules Verne im 19. Jahrhundert nicht nur Florida zum Schauplatz des Raumfahrtstützpunktes für die erste bemannte Expedition zum Mond gemacht, sondern seine imaginäre Mondfahrt auch in erstaunlichem Maße im einzelnen beschrieben hatte. Als ich zwanzig Jahre älter war, sahen meine Großmutter und ich 1969 die Fahrt von Apollo 11 und stellten fest, wie sehr sie der Version Jules Vernes ähnlich war. Ich vernahm von der ›Halloween‹*-Radiosendung, die gesendet worden war, als ich fünf Jahre alt war, und in der ein junger Sprecher namens Orson Welles den Amerikanern warnend verkündet hatte, daß ›der Krieg der Welten‹ tatsächlich beginne und daß riesenhafte Roboter in New Jersey gelandet seien. Großmutter erzählte, es sei zu Herzschlägen, Schlaganfällen und Selbstmorden gekommen, und viele Leute hätten, von Panik ergriffen, ihre Sachen gepackt und sich durch die Straße gedrängt, weil sie sich vorstellten, daß die Roboter sie zermalmen würden. Als sie mir von diesen wahren Begebenheiten berichtete, begann ich zu verstehen, wie Menschen in Erlebnissen ihrer Vorstellung erfolgreich sind oder versagen.

Schließlich streichelte Großmutter meine Stirn, küßte mich und schickte mich auf den Weg. Das war vor weit mehr als dreißig Jahren.

Heute, da wir uns dem Ende des zwanzigsten Jahrhunderts nähern, sitze ich in meinem Arbeitszimmer, das nur so vollgestopft ist mit Atari-Kassetten, mit genug Apple-Software, um die NASA zu verwalten, und mit Biofeedback-Geräten, die mir

---

* 31. Oktober, der Abend vor Allerheiligen, der in Amerika heutzutage meist mit Maskeraden und allerlei Schabernack gefeiert wird. Anm. d. Übers.

helfen sollen, meine vegetativen Körperfunktionen zu beherrschen. Doch meine Gedanken weilen dort, unter dem Pflaumosenbaum, bei meiner Pflanzkelle und der wundervollen Frau, mit der ich die erste Saat säte.

Ist es möglich, daß das schon so lange her ist? Jetzt verstehe ich, was die Leute meinen, wenn sie sagen: »Mich dünkt, es sei erst gestern gewesen.«

Die Bedeutung unumschränkten Erfolges

»Richte dein Denken und Handeln nach dem Vorbild von Männern und Frauen aus, die im Dienst an anderen schöpferisch tätig gewesen sind«, hatte mich meine Großmutter ermahnt. Mit diesem Leitsatz gewappnet, wagte ich mich – mit einer Handvoll ›Zaubersamen‹ – in die Welt hinaus und suchte und erstrebte das Große. Seit vor fast vierzig Jahren meine Neugier geweckt wurde, wie man sein Sinnen und Trachten danach ausrichten kann, als Mensch Hervorragendes zu leisten, habe ich einen großen Teil meines Lebens dafür aufgewandt, von Menschen zu lernen, für die ich gearbeitet habe und mit denen mich mit der Zeit eine persönliche sowie berufliche Beziehung verband.

Neben meiner Großmutter und meiner Mutter, die zu meinem Wachstums- und Reifeprozeß sozusagen immer positiv beitrugen, gibt es einzelne Menschen, die unter all denen herausragen, die mir Definitionen und Geheimnisse einer erfolgreichen Lebensweise verrieten. Abraham Maslow mit seiner Bedürfnispyramide; Maxwell Maltz, der – über den Zauberstab des plastischen Chirurgen – auf verständliche Weise die kybernetische Natur des Selbstbildes zu erklären vermochte; Hans Selye, der Pionier der Streßforschung: Aus der persönlichen Begegnung mit einem jeden von ihnen habe ich ein Geheimnis erfahren.

Auch wenn ihr Werk hier auf Erden abgeschlossen ist, so ist doch das, was sie gesät haben, der Keim zu reicher Ernte für kommende Generationen.

Meine Arbeit am Salk-Institut für biologische Forschung in der Nähe meines Heimatortes La Jolla in Kalifornien hat mich in engen Kontakt mit Dr. Jonas Salk gebracht, der den ersten, höchst wirksamen Impfstoff gegen Kinderlähmung entwickelte. Indem ich seine Bücher las, seine Arbeit verfolgte und mich in seltenen Momenten privat mit ihm unterhalten konnte, kam ich zu der Einsicht, daß ich ›Leben und Gesundheit‹ zum Mittelpunkt meiner Untersuchung machen sollte, und nicht ›Krankheit und Behandlung‹. Jonas Salk mit seiner Weisheit und seinem wissenschaftlichen Beweismaterial hat mich die wahre Bedeutung von Ordnung und Zusammenwirken im Universum gelehrt. Norman Vincent Peale, Carl Rogers, Robert Schuller, Viktor Frankl, Ken Cooper, Art Linkletter, Og Mandino, Wilma Rudolph, John Haggai, Robert Anderson, Lloyd Conant und Archie McGill: jeder dieser Menschen hat durch besondere Erkenntnis der Möglichkeit menschlicher Erfüllung auf mein Leben eingewirkt.

Niemand aber hat eine bessere Definition des Erfolges geprägt, als es Earl Nightingale — den ich für einen der größten Philosophen unserer Zeit halte — in seiner klassischen Aufnahme ›Das seltsame Geheimnis‹ (übrigens die einzige Sprechaufnahme, die in mehr als einer Million Exemplaren verkauft wurde) getan hat. Seine Definition lautet: »*Erfolg ist die fortschreitende Verwirklichung eines edlen Ideals.*« Das heißt, daß wir, wenn wir auf etwas, das wir erreichen wollen, hinarbeiten oder uns darauf zubewegen, besonders wenn uns dieses Etwas Achtung und Würde in der menschlichen Gesellschaft bringt, Erfolg haben. Es hat nichts zu tun mit Begabung, IQ, Bildung, Alter, Rasse, Herkunft, Geld oder Macht. Es bedeutet nicht ›es schaffen‹, ›jemand sein‹, ›groß herauskommen‹, ›das große Geld machen‹, ›vom Gipfel herabschauen‹ oder ›zur Creme gehören‹.

Erfolg wird in der westlichen Welt zumeist mit materiellem Wohlstand gleichgesetzt. Das Bild von Landsitzen in baumbestandenem Gelände, mit automatischen Toren und einem Rolls-Royce oder Ferrari auf der kreisförmigen Zufahrtsstraße, von Gucci-Accessoires, Privatjets, Jachten, von der Karibik und luxuriösem Müßiggang bestürmt unsere Sinne. Doch neunzig Prozent von uns werden ganz einfach niemals in solcher Umgebung leben. Und wenn wir glauben, das verkörpere den Erfolg, so werden wir in unserem Leben nicht erfolgreich sein. Es besteht kein Zweifel, daß Geld die Quelle der Macht zu Gutem und zu Bösem sein kann, daß finanzielle Mittel hinter jeder Art von Forschung stehen, daß landwirtschaftliches Gebiet finanziert werden muß, um Ertrag abzuwerfen. Entscheidend ist jedoch, daß einen nicht das, was man hat, zu einem erfolgreichen Menschen macht, sondern *das, was man mit dem, was man hat, tut.*

Rund fünfundneunzig Prozent der Menschheit sind arm, mehrheitlich sogar hoffnungslos arm. Für ein Mitglied einer solchen Familie bedeutet Erfolg, ein Stückchen Land zum Bearbeiten zu haben, irgendeine Art Arbeit, die bezahlt wird, und eine Möglichkeit, genug zu verdienen, um die Kinder zu ernähren, damit sie bei befriedigender Gesundheit heranwachsen können. Finanzieller Reichtum ist die Ernte unserer Produktivität. Er kann dafür eingesetzt werden, die Produktivität anderer zu fördern. Er ist wichtig, und dank ihm können wir ein gutes Leben leben und genießen. Ich glaube daran, daß man die Früchte seiner Arbeit ohne Schuldgefühl genießen darf. Und ich glaube auch an den doppelten Gewinn: Wenn ich dem andern bei seinen Bedürfnissen helfe, dann gewinne auch ich dabei.

Unter Führungspersönlichkeiten in allen Sparten herrscht eine erstaunliche Übereinstimmung darin, was ›unumschränkter Erfolg‹ im Leben sei. Man teilt die Meinung, daß die beiden großen Tragödien darin bestünden, »niemals einen Traum gehabt zu haben, den man zu verwirklichen sucht« und »die Erfüllung eines solchen Traums tatsächlich vollumfänglich erreicht zu haben«. Glücklich sein scheint mehr mit der Erfahrung der Reise in Verbindung gebracht zu werden als mit dem flüchtigen Augenblick, wo man erkennt, daß man angekommen ist. Auch wenn niemand je in seinem täglichen Streben und Trachten den ›unumschränkten Erfolg‹ erreichen wird, läßt sich doch nach dieser Definition des Erfolges leben:

Unumschränkter Erfolg ist das unablässige Streben nach einem edlen Ideal, das zum Wohle der anderen verwirklicht werden soll — nicht auf ihre Kosten.

Großmutter hätte diese Definition gefallen. Sie gibt in kurzer Form Großmutters Lebens- und Erfolgsphilosophie wieder, und niemand war ein erfolgreicherer Mensch als meine Großmutter.

Erfolg ist der Prozeß des Lernens, Teilhabens und Wachsens, der niemals endet. Jeder Abschluß birgt einen neuen Anfang in sich. Wir müssen unsere Gärten besäen und bearbeiten. Die Notwendigkeit, im Garten zu arbeiten, hört niemals auf; die Arbeit ist nie abgeschlossen.

1
Die Saat der Selbstachtung

Von der Eigenliebe zum Selbstwertgefühl

Meine Freunde Stan und Georglyn haben einen Yorkshire-Terrier. Er ist ein reizender kleiner Kerl mit schönem langen Haar, das jeden Tag gebürstet werden muß. Eigentlich gehört ›Buckwheat‹ gar nicht meinen Freunden, sondern ihrer Tochter Natalie.

Als Natalie und ihre Eltern in ein neues Haus nach Mesa im Staate Arizona zogen, ließen sie ein Schwimmbad bauen, um die Vorteile des Klimas zu genießen. Um das Schwimmbad herum legten sie einen Rasen an, der üppig-grün werden sollte, und bauten im Boden eine Sprinkleranlage ein. Buckwheat mußte seine Nase in alles stecken. Immer wieder fiel er ins Schwimmbecken und kletterte dann entweder selbst wieder heraus oder mußte herausgefischt werden. Dann schüttelte er sich jeweils wie wild, um zu trocknen, und wälzte sich alsbald im Düngemittel im frisch angesäten Rasen. Wenn Natalie sein matt gewordenes Haar zu bürsten versuchte, kläffte er und schnappte nach ihr.

Was ›Buckwheat‹ uns über Selbstachtung lehrte

Jeden Tag kundschaftete Buckwheat sein neues Revier aus. Immer wenn die Sprinkler automatisch auftauchten und ihn überraschten, machte er Jagd auf die ›Eindringlinge‹ und biß in ihren Strahl, wobei er immerzu bellte, um die Familie zu warnen. Wenn Natalies Bruder Nathan den Schmutz aus dem Wasser des Schwimmbeckens saugte, schlug der lange Schlauch hin und her wie ein Feuerwehrschlauch, den niemand festhält. Buckwheat eilte zu Hilfe, stürzte sich heldenhaft ins Wasser und knurrte und biß den Feind.

Nach der Schlacht wälzte er sich erneut im Dünger und hinterließ ein ›Gelände‹, das aussah wie ein Fußballplatz im letzten Drittel an einem Regentag. Buckwheat selbst sah aus, als hätte er als Mittelstürmer in der Verlierer-Mannschaft gespielt. Sein schmutzverklebtes Fell war nicht wieder herzustellen. Später, im Hundesalon, wurde festgestellt, was die Familie befürchtet hatte: Buckwheats Haar war hoffnungslos verloren! Es bedurfte dreier Personen, um ihn festzuhalten, während er fast glattrasiert wurde.

Der Empfang zu Hause war nicht so, wie der kleine Buckwheat es erwartet hätte – nach allem, was er durchgemacht hatte. Als man ihn zur Tür hineintrug, lachten die anderen Kinder, Leah und Halie, und machten sich über ihn lustig, weil er so gar nicht mehr wie ein schöner ›Yorkie‹ aussah. Er sah viel eher wie eine Riesenratte aus einem Science-fiction-Film aus, in dem sich die Natur mit einer absonderlichen Mutation an der Technik rächt.

Buckwheat reagierte auf die Hänselei damit, daß er sich unter dem Wohnzimmersofa versteckte. Statt jedermann auf den Schoß zu springen und jedes vorhandene Gesicht zu lecken, duckte er sich außer Sichtweite. Wenn er es schließlich für nötig hielt, Nahrung und Wasser zu sich zu nehmen, schlich er sich hinter der Couch und den Sesseln zu seiner Schüssel, sobald die Familie sich nicht mehr im Küchenbereich aufhielt. Zwei Tage lang saß er in einer Ecke des Hauses, und sowie jemand in seine Nähe kam, begann er heftig zu zittern. Es brauchte mehrere Tage unablässiger Liebesbezeugungen von seiten der Familie, bis er überzeugt war, nach wie vor akzeptiert zu sein.

Ich erzähle diese Geschichte, weil sie uns allen eine entscheidende Lektion erteilt. Als Buckwheat sein schönes Fell verlor, verlor er mehr als nur Schönheit. Das spöttische Gelächter zeigte ihm, daß er nicht mehr dazugehörte. Sein Zittern war nicht in erster Linie die Folge von Kälte; er hatte Angst und fühlte sich einsam und verstoßen. Kurz, Buckwheats Selbstachtung sank auf den Nullpunkt. Sein ängstliches Zittern unterschied sich nicht wesentlich vom Sich-Ducken Tausender von Menschen, die sich im Schatten der Verstoßung verstecken. Und wie Buckwheat seine Selbstachtung wiedergewann — nämlich einzig und allein dank viel Zuwendung —, zeigt klar, was das kostbarste Geschenk ist, das man geben oder erhalten kann: Liebe.

Das erste bestgehütete Geheimnis des unumschränkten Erfolges

Es gibt viele Definitionen und Interpretationen der Liebe. Ich habe Liebe stets als bedingungsloses Akzeptieren und ›Nach-dem-Guten-Suchen‹ betrachtet. Wohl eine der besten und zutreffendsten Beschreibungen der Liebe stammt von Dr. Gerald Jampolsky, einem bekannten Psychiater und Autor, der das Zentrum für Verhaltenstherapie in Tiburon in Kalifornien gegründet hat. Dr. Jampolsky lehrt Kinder und Erwachsene, die emotionale oder physische Krisen durchmachen, daß Liebe ›die Aufgabe von Furcht‹ sei.

Wo Liebe ist, kann keine Furcht sein. Liebe ist natürlich und bedingungslos. Liebe stellt keine Fragen — weder um zu predigen noch um zu fordern, weder um zu vergleichen noch um zu messen. Liebe — rein und schlicht — ist der größte aller Werte.

> Das erste bestgehütete Geheimnis des unumschränkten Erfolges liegt darin, daß wir Liebe in uns selbst verspüren müssen, ehe wir sie anderen geben können.

Das ist einfach, nicht wahr? Wenn es kein tiefes, verinnerlichtes Wertgefühl in uns gibt, dann haben wir nichts, was wir anderen geben oder mit ihnen teilen können. Wir können sie brauchen, wir können von ihnen abhängig sein, wir können bei ihnen Sicherheit suchen, wir können ihnen willfahren, ihnen schmeicheln und versuchen, sie zu kaufen. Aber wir können mit niemandem ein Gefühl teilen oder ihm ein Gefühl schenken, wenn wir nicht zuerst dieses Gefühl in uns selbst verspüren.

Laß dich nicht von der Maske täuschen, die ich trage!

Da ich ›Der Kern unserer Kraft‹ als persönlichen Brief sehe, den ich an Sie richte, möchte ich Sie auch an einem Brief teilhaben lassen, auf den ich während der Nachforschungen zu diesem Buch gestoßen bin. Sein Verfasser ist mir unbekannt, doch die Worte könnten sehr wohl von irgendeiner inneren Stimme stammen, die sich in einem jeden von uns verbirgt und von unserer Empfindsamkeit und Verletzlichkeit bis hin zu unserer eingebildeten Angst vor Ablehnung flüstert.

Laß dich nicht von mir täuschen! Laß dich nicht vom Gesicht täuschen, das ich zur Schau trage! Ich trage eine Maske. Ich trage tausend Masken — Masken, die ich mich nicht getraue, fallen zu lassen; und keine davon ist ich selbst.

Verstellung ist eine Kunst, die mir zur zweiten Natur geworden ist, aber laß dich nicht täuschen! Mir zuliebe — laß dich nicht täuschen! Ich erwecke den Eindruck, sicher zu sein — daß alles in und außerhalb von mir heiter und gelassen sei, daß ich das Selbstvertrauen und die Kaltblütigkeit in Person sei, daß ich alles im Griff habe und niemanden brauche. Doch glaub mir nicht, ich bitte dich. Mein Äußeres mag ruhig scheinen, doch mein Äußeres ist meine Maske, meine ständig wechselnde und ständig verbergende Maske.

Darunter liegt keine Selbstgefälligkeit, keine Selbstzufriedenheit. Darunter wohnt mein wahres Ich in Verwirrung, Angst und Einsamkeit. Aber das verstecke ich. Ich will nicht, daß es jemand kennt. Der Gedanke, daß meine Angst und meine Schwäche bloßgestellt werden könnten, versetzt mich in Schrecken. Und darum schaffe ich mir mit Besessenheit eine Maske, um mich dahinter zu verbergen — eine lässige, weltkluge Fassade, die mir hilft, mich zu verstellen, die mich schützt vor dem Blick, der mich durchschaut. Und doch ist so ein Blick gerade meine Rettung, meine einzige Rettung, und ich weiß das. Das heißt, er ist es, wenn ihm akzeptierendes Verständnis folgt – wenn ihm Liebe folgt.

Es ist das einzige, was mich von mir selbst, das mich aus meinen selbstgebauten Gefängniswänden, aus den Schranken, die ich so mühsam errichte, befreien kann. Es ist das einzige, was mir die Gewißheit gibt, die ich mir selbst nicht geben kann: daß ich tatsächlich etwas bin...

Du magst dich fragen, wer ich sei. Ich bin jemand, den du sehr gut kennst. Ich bin jeder Mann, dem du begegnest. Ich bin jede Frau, der du begegnest. Ich bin jedes Kind, dem du begegnest. Ich stehe unmittelbar vor dir. Bitte... liebe mich.

Wenn nun Angst vor Ablehnung uns daran hindert, geliebt zu werden und selbst Liebe auszudrücken, wie können wir sie dann überwinden? Was sagen wir der unterbewußten Stimme in uns, die unsere ›Gefühle‹ uns selbst und anderen gegenüber lenkt?

Angst: Fehlerziehung, die sich als wirklich erweist

Ich glaube, daß Angst dadurch zu besiegen ist, daß man ihre Wurzeln versteht, dann den Boden darum herum lockert mit neuer Erkenntnis und sie schließlich ausreißt – um da, wo die Angst einen so großen Platz einnahm, die Saat der Liebe zu säen. Ich sehe die Angst als Fehlerziehung, die wirklich erscheint. Ich habe die Erfahrung gemacht, daß es – neben der Angst vor dem Tode, welche die größte Angst nichtreligiöser Menschen ist – drei vorherrschende Ängste gibt:

Angst vor Ablehnung, die darin besteht, daß man in der Gegenwart anderer lächerlich gemacht wird oder als Versager erscheint,

Angst vor Veränderung, die darin besteht, daß man neue Wege geht, als erster etwas tut, mit Traditionen bricht, die äußere Sicherheit opfert,

Angst vor Erfolg, die Ausdruck von Schuldgefühlen, verbunden mit unserem natürlichen Verlangen nach Befriedigung, ist.

Die Angst vor Ablehnung beginnt in der frühen Kindheit, wenn wir unserer natürlichen Neugier nachgehen und alles zu erkunden und unsere eigenen Bedürfnisse zu befriedigen suchen und dabei dem ersten ›Nein!‹ begegnen.

Kleine Kinder bedürfen der Ermutigung beim Üben früher Fertigkeiten; sie brauchen Lob, wenn ihnen etwas gelingt, und Verständnis, wenn ihnen etwas mißlingt. Wachsen sie in einer Familie auf, die sie mit Liebe und Geborgenheit umgibt, so erfahren sie zwei weitere äußerst wichtige Dinge in ihrer gesunden Entwicklung: Sie entfalten ihre erste bedeutungsvolle, liebende Beziehung zu einem anderen Menschen, meist zum Elternteil, der dem andern Geschlecht angehört, was natürlich ist; und sie stellen für Gegenstände und ganz bestimmte Orte Eigentumsrechte auf. Dieser Aufbau von Identität − von Besitztum und Geltung − ist ein wichtiger Bestandteil der Selbstachtung.

Jugendliche müssen sich Unabhängigkeit schaffen, sie müssen neue Beziehungen außerhalb der Familie entdecken und sich auch außerhalb der Familie behaupten. Es ist wichtig für sie, akzeptiert zu werden − so, wie sie sind, und nicht aufgrund ihrer an einem materialistischen Maßstab gemessenen Leistungen. Und sie brauchen Anerkennung.

Es ist verwunderlich, wie Eltern immer wieder die Dinge, die ihr eigenes Leben behindert haben, an ihre Kinder weitergeben. Es ist wie in der Geschichte mit der jungverheirateten Ehefrau, die für ihren Mann einen Schinken kochte. Bevor sie den Schinken in die Pfanne legte, schnitt sie die beiden Enden ab. Als ihr Mann sie fragte, weshalb sie das tue, antwortete sie, ihre Mutter hätte es immer so gemacht. Irgendwann später, als sie bei der Mutter der jungen Frau Schinken aßen, fragte er sie beiläufig, warum sie die beiden Enden des Schinkens abschneide. Die Schwiegermutter zuckte die Achseln und sagte, sie wisse es eigentlich selbst nicht, aber ihre Mutter hätte es immer so gemacht. Schließlich fragte er die Großmutter, warum sie immer die beiden Enden abschnitt, wenn sie einen Schinken kochte. Sie blickte ihn argwöhnisch an und erwiderte: »Weil meine Pfanne zu klein ist.«

Wie Angst gesät wird

Dieses Buch ist an sich kein Leitfaden der Kindererziehung — obschon ich der Meinung bin, daß es auf diesem Gebiete nützlich sein kann. Es handelt vielmehr von Führung ganz allgemein. Da Angst so eine universelle Triebkraft ist, die, wo immer sie auftritt, entweder zwingend oder hemmend wirkt, ist es wichtig, daß wir uns bewußt werden, daß viele unserer Ängste als unmittelbare Folge bedrohter Werte aus unserer Kindheit stammen.

Die Angst vor Ablehnung mag auf Tadel in früher Zeit zurückgehen, den wir von unseren Eltern, von anderen Familienmitgliedern, in gewissen Fällen von unseren Lehrern, am ausgesprochensten aber von unseren Kameraden erhielten. Es ist die Assoziation unserer selbst mit unseren Fehlern. Eltern machen in der Kindererziehung die klassischen Fehler, wenn sie sagen ›Böser Bub‹ oder ›Unartiges Mädchen‹, ja selbst Dinge wie ›Wenn du nicht brav bist, verkaufen wir dich, und wir geben dich für wenig Geld‹, ›Schreihals‹, ›Heulpeter‹, ›Flennliese‹, ›Ungezogener Balg‹, ›Lärmmacher‹, ›Tolpatsch‹.

Während wir Eltern mit diesen Etiketten eigentlich das Betragen unserer Kinder bezeichnen wollen, faßt sie das Kind unglücklicherweise persönlich auf, da es nicht in der Lage ist, das, was es *ist,* von dem, was es *tut,* zu unterscheiden. Das ist verheerend für ein Kind.

Wenn Kinder dann ins Schulalter kommen, müssen sie von Eltern und Kameraden immer wieder allerhand einstecken: ›Dicksack‹, ›Roßgebiß‹, ›Knollennase‹, ›Sommersprossengesicht‹, ›Bohnenstange‹, ›Mißgeburt‹, ›Affengesicht‹, ›Anfänger‹, ›Hohlkopf‹, ›Drückeberger‹, ›Faulpelz‹, ›Klotz‹ und so weiter.

Auf der höheren Schule oder im Berufsleben ist es nicht viel anders. Da heißt es ›Radikaler‹, ›Schwerfälliger‹, ›Langweilige‹, ›von gestern‹, ›Komischer Kauz‹, ›Sturer‹, ›Banause‹ und anderes mehr.

Kinder, die in einer Umgebung aufwachsen, in der man alles und jeden schlechtmacht und böse Namen und Kritisiererei an der Tagesordnung sind, werden oft krittelige Erwachsene und haben kaum ein hinreichendes Maß an Selbstachtung. Die Angst vor Ablehnung wird zur Angst vor Veränderung, und sie neigen dazu, Sicherheit und Stellungen zu suchen, die in Einklang mit dem System stehen und in denen man an nichts rüttelt. Die Angst vor Veränderung wandelt sich zur Angst vor Erfolg. Und die Angst vor Erfolg ist meiner Meinung nach fast so groß wie die Angst vor Ablehnung.

Der Grund, weshalb die Angst vor Erfolg in unserer Gesellschaft so weit verbreitet ist, liegt in der Art und Weise, wie wir als Kinder aufgezogen werden. Zuerst werden wir als Kleinkinder gehätschelt. Dann beginnen wir zu lernen, daß es eine Menge Dinge gibt, in denen wir nicht geschickt sind, und eine Menge Dinge, die wir nicht tun dürfen, und, was noch eine größere Rolle spielt, wir schauen unseren Vorbildern im Fernsehen zu, wie sie einander schlechtmachen, bekämpfen und töten und sich gegenseitig das Leben zerstören, worauf sich wunderbarerweise am Ende alles wieder auflöst. Wir sehen unsere Vorbilder zu Hause – unsere Eltern – sich mit Geldsorgen abmühen, wir sehen, wie sie manchmal nicht sehr nett zueinander sind und wie sie angewidert von den Nachrichten der Tagesschau am ›Fenster zu unserer wundervollen Welt‹ den Kopf schütteln. Bevor wir als Jugendliche oder als junge Erwachsene in diese Welt entlassen werden, gibt man uns Ermahnungen mit auf den Weg, es sei heute bedeutend schlimmer als zur Zeit, da sich unsere Eltern hinauswagten. Man macht uns warnend darauf aufmerksam, daß wir uns der Inflation wegen nie ein Eigenheim auf einem halbwegs anständigen Grundstück leisten werden können und uns statt dessen auf eine Wohnung in einem zwölfstöckigen Wohnblock, zum Beispiel mit Ausblick auf eine Autobahn, freuen sollen.

Während dieser ganzen Schwarzmalerei geschieht etwas völlig Wiedersprüchliches: Weil sich unsere Eltern Gewissensbisse darüber machen, so wenig Zeit dafür aufgewandt zu haben, unsere Jugend mit uns zu genießen, versuchen sie, unsere Zuneigung zu erkaufen, indem sie uns mit Geld, das wir uns nicht verdient haben, und mit Besitztümern, die sie sich selbst nie leisten konnten, verwöhnen. Und schließlich heißen sie uns hinausgehen und Erfolg haben, für unsere Rechte kämpfen, es besser machen als sie, und auf feine Art rufen sie uns in Erinnerung: »Wir haben schließlich für deine Zukunft große Opfer gebracht, drum vergeude nicht, was wir hineingesteckt haben!«

Die Folge ist das ›Angst-vor-Erfolg-Syndrom‹, das eigentlich die Angst ist, es zu versuchen. Sie äußert sich in Hinauszögerungen und vernunftartigen Erklärungen wie: »Ich kann mir mich nicht erfolgreich vorstellen.« »Ich sehe dich darin, aber nicht mich.« »Es haben sich so viele darum beworben, daß ich aufgegeben habe.« »Ich möchte schon, aber ich habe nicht genug Erfahrung.« »Damit werde ich mich befassen, wenn ich mehr Zeit habe... wenn ich pensioniert bin.«

Die meisten Menschen erkennen, daß gewöhnliche Leute ungewöhnlich produktiv geworden sind, indem sie ihre kreative Phantasie brauchten. Sie haben den Lebenslauf von Menschen verfolgt, die gewaltige Handicaps und Hindernisse überwunden haben, um etwas aus sich zu machen. Doch sie können sich nicht vorstellen, daß sie selbst es auch so weit bringen. Sie finden sich mit Mittelmäßigkeit, ja Mißerfolg ab und gäben ihr Leben dafür, es wäre anders und sie hätten so viel erreicht wie andere. Sie machen es sich zur Gewohnheit, auf Schwierigkeiten in der Vergangenheit zurückzublicken (Bekräftigung von Mißerfolg) und sich ähnliche Leistungen in der Zukunft vorzustellen (Vorhersehen von Mißerfolg). Weil sie von Maßstäben der Ablehnung und der Billigung gelenkt werden, die andere aufstellen, stecken sie ihre Ziele oftmals unrealistisch hoch. Da sie nicht richtig an den Wert und die Gültigkeit ihrer Träume glauben und da sie sich nicht genügend anstrengen, um sie zu verwirklichen, versagen sie immer und immer wieder.

Mißerfolg setzt sich in ihrem Selbstbild fest. Just wenn ihnen der Durchbruch zu gelingen scheint, wenn sie es geschafft oder spürbare Fortschritte gemacht zu haben scheinen − geben sie auf. In Tat und Wahrheit bewirkte die Angst vor Erfolg, daß sie die Anstrengung und die kreative Tätigkeit hinauszögerten, die für den Erfolg nötig gewesen wären. Und die vernunftartigen Erklärungen setzen ein und geben dem unterbewußten Gefühl recht, daß »man nicht erwarten darf vorwärtszukommen, wenn man durchgemacht hat, was ich durchgemacht habe«.

Wie man andere ohne Angst führt (und liebt)

Wie können wir umdenken und anderen die drei großen Ängste überwinden helfen? Nachfolgend ein paar praktische Regeln zur Führung von Angestellten oder Kindern:

1. Halten Sie Leistung und Erbringer der Leistung auseinander!

Behandeln Sie im Umgang mit anderen Benehmen und Leistung stets als etwas von Persönlichkeit und Charakter des Menschen, den Sie zu beeinflussen suchen, eindeutig Getrenntes!

Schlecht: »Du lügst!«
Besser: »Diese Aussage deckt sich nicht mit meinen Ansichten. Wir wollen die Sache zusammen besprechen.«
Schlecht: »Ihr Vorgesetzter meldet, Sie seien faul und unproduktiv.«
Besser: »Ihr Vorgesetzter und ich glauben, Sie seien fähig, eine größere Leistung zu erbringen. Wenn ich Ihnen behilflich sein kann, bin ich dafür da.«
Schlecht: »Räumt euer Zimmer auf, ihr Ferkel!«
Besser: »Sämtliche Schlafzimmer in unserem Haus sind sauber und aufgeräumt. Während ihr im Zimmer Ordnung macht, bin ich beim Einkaufen. Wenn ich zurückkomme, zeige ich euch, wie ihr eure Kleider ordentlicher im Schrank versorgen könnt.«
Schlecht: »Wenn du dich nicht zusammenreißt, wirst du die höhere Schule nie schaffen. Mit diesem Zeugnis findest du bestenfalls einen Job in einem schlechten Laden.«

Besser: »Auch wenn ich nicht viel gesagt habe, als ich dein Zeugnis sah, so weiß ich doch, daß du zu mehr fähig bist, als es dieses Zeugnis zeigt. Ich bin hingegangen und habe in der Schule mit deinem Klassenlehrer und einigen deiner anderen Lehrer gesprochen, und sie sind überzeugt, daß du im Unterricht einiges beisteuern kannst. Ich glaube, daß du das auch tun wirst. Ich habe dich gern, und ich weiß, daß du immer dein Bestes geben wirst, und darauf kommt es an. Ich nehme aufrichtig Anteil an deinem Leben. Kann ich irgend etwas tun, um dir mehr zu helfen?« (Diese lange Antwort war tatsächlich die Reaktion auf ein unterdurchschnittliches Zeugnis eines meiner eigenen Kinder. Als Folge davon, daß wir Teilnahme am Leben unseres Kindes zeigten und die *Leistung* (Noten) vom *Erbringer der Leistung* (Kind) trennten, wurden die Noten deutlich besser. Mit andauernder Unterstützung erzielte das Kind ausgezeichnete Noten und rechnet weiterhin mit guten Resultaten − nicht mit Perfektion − nur mit guten Resultaten.)

2. Kritisieren Sie die Leistung, loben Sie den Erbringer der Leistung!

Immer wenn die Leistung getadelt wird, *sollte eine positive Bemerkung über den Betreffenden auf dem Fuße folgen.*

Schlecht: »Sie sind so ziemlich mit jedem Produktionsplan in Verzug, und wenn Sie in dieser Art weitermachen, wird die Abteilung dieses Jahr Verlust machen.«

Besser: »Ich brauche Ihre Hilfe, damit wir unsere Produktionstermine einhalten können. Die Abteilung muß effizienter arbeiten, um rentabel zu sein, und ich erwarte von Ihrer Seite mehr direkte Einflußnahme. *Übrigens, ich höre Gutes über Sie, was Qualität und Leistung betrifft. Dank Ihrer erhalten wir weniger Kundenreklamationen«.*

Schlecht: »Wenn du nicht aufhörst, am Wochenende im Klub so viel zu trinken, gehe ich von jetzt an allein woanders hin.«

Besser: »Was hältst du davon, wenn wir nächstes Wochenende zur Abwechslung etwas anderes machen und uns das neue Stück im Theater ansehen? Ich habe angerufen, und für Samstag abend gibt es noch Karten. *Ich möchte gerne mehr Freizeit mit Sinnvollem verbringen — nur mit dir allein.*«

3. Sprechen Sie einen Tadel nur unter vier Augen aus! Sprechen Sie aber auch ein Lob nur unter vier Augen aus, wenn Sie damit jemanden aus einer Gruppe herausheben wollen.

Jemanden in Anwesenheit anderer zu kritisieren ist die schlimmste Art Strafe; sie führt zu einem Mangel an Selbstachtung sowie zu Angst vor Ablehnung und Angst vor Erfolg. In Gegenwart anderer ausgesprochenes Lob schafft Eifersucht unter Arbeitskollegen und Rivalität unter Geschwistern, insbesondere wenn sich ausgesprochene oder unausgesprochene Vergleiche anbieten. Am wirkungsvollsten ist Lob, wenn es vom einen zum andern, unter vier Augen, ausgesprochen wird und es derjenige, der damit gemeint ist, am wenigsten erwartet, oder aber bei einem Anlaß zu Ehren des oder der Betreffenden, auf den alle Teilnehmer vorbereitet sind.

Das wahrhaft wertvolle Geschenk ist somit das Nichtvorhandensein von Angst. Menschen, die in Angst leben, stehen zeit ihres Lebens ganz hinten. Menschen, die mit Lob leben, lernen auf eigenen Füßen stehen und ihr Leben meistern, auch wenn es nicht immer einfach ist. Menschen, die mit Nachsicht verwöhnt werden und denen alles erlaubt wird, wachsen voller Rücksichtslosigkeit und Habgier auf. Menschen, denen man Herausforderungen stellt und Verantwortungen überträgt, wachsen mit Werten und Zielen auf. Menschen, die in Depression leben, brauchen einen Drink, einen Zug oder eine Tablette für einen Höhenflug. Menschen, die mit Optimismus leben, wachsen in der Überzeugung auf, sie seien zum Fliegen geboren worden.

Menschen, die mit Haß leben, sind zeit ihres Lebens blind für Schönheit und wahre Liebe. Menschen, die mit Liebe leben, leben, um ihre Liebe weiterzugeben, und sind blind für Haß. Wenn wir unseren jungen Leuten dauernd all das Schlechte in Erinnerung rufen, das wir an ihnen sehen, so werden sie genau so, wie wir niemals wollten, daß sie würden. Wenn wir ihnen jedoch sagen: »Wir sind so froh, daß ihr dabeiseid«, so werden sie froh sein, auf der Welt zu sein.

Wie man an seinen Träumen festhält

Erfolgreiche Menschen glauben an ihren eigenen Wert, selbst wenn sie bloß einen Traum haben, an dem sie festhalten können. Warum das? Weil ihr Selbstwertbewußtsein stärker ist als die Ablehnung oder Annahme ihrer Ideen von seiten anderer.

Wie ich im Prolog geschrieben habe, ist Erfolg immer wieder ein Beginn im Leben. Jeder Abschluß bedeutet einen neuen Anfang. Materielle Erfolge sind Erstklassigkeit in Produkten oder Projekten, die einen Bedarf decken. Es steckt genausoviel Wert im Erfinder, *bevor* sein Produkt in Massenproduktion hergestellt wird, wie nachdem er damit reich geworden ist. Und im Wissen hat er oder sie den Mut vorwärtszuschreiten.

Elias Howe erfand die Nähmaschine, und die Frauen lachten jahrelang darüber. Wenn ihre Näharbeit so schnell verrichtet wurde, meinten sie, was würden sie dann bloß mit all der gewonnenen Zeit anfangen? Er verbrachte sein Leben in geborgten Anzügen, und dabei hat seine Maschine mehr als jede andere dazu beigetragen, daß die Kleider hergestellt wurden, die er sich nie leisten konnte.

Ein anderer Mann, seines Zeichens College-Professor, war sowohl intelligent wie wißbegierig. Seine Schwester litt an einem Gehörfehler, und indem er eine Vorrichtung zu erfinden suchte, mit der sie besser hören können sollte, schuf er noch etwas Komplexeres. Nach vielen Jahren der Versuche, Fehlschläge und Erfolge war er endlich so weit, mit der Produktion zu beginnen. Weitere Jahre wandte er dafür auf, kreuz und quer durch Neuengland zu reisen, um Leute zu finden, die bereit waren, in seinen Traum Geld zu investieren. Man lachte ihn aus, als er zu verstehen gab, er könne die menschliche Stimme über einen Draht weiterleiten, so daß man sie kilometerweit höre. Ja, die Leute lachten gar darüber, daß er sich anmaßte anzunehmen, die Sache würde auch nur über einen Kilometer klappen! Niemand lacht heute über Bell. Alexander Graham Bell hatte die Selbstachtung, auszuharren und die Sache durchzusetzen, während die einzige Belohnung sein Glaube an sich selbst war.

Walt Disney soll jeweils zehn Personen gefragt haben, was sie von einer neuen Idee hielten, und wenn sie einhellig ablehnten, begann er sie unverzüglich in die Tat umzusetzen. Er war es natürlich gewohnt, auf Ablehnung zu stoßen. Er war bankrott, als er in Hollywood seine Cartoon-Idee des kleinen ›Steamboat Willie‹ feilhielt. Man stelle sich vor, wie er eine sprechende Maus mit Falsettstimme zur Zeit des Stummfilms an den Mann zu bringen versuchte! Er hatte einen ganz großen Traum, und die Kinder der ganzen Welt werden ihm ewig dankbar sein dafür. War Walt Disney ein besserer Mensch, als er bankrott war und noch die Originalstimme und -geschichten von Mikkymaus lieferte oder nachdem er all die großen Filme gemacht hatte... oder nachdem er Disneyland gebaut hatte? Der Wert liegt im Vollbringer der Tat, nicht in der Tat.

Jedesmal, wenn ich an Golda Meir denke, frage ich mich, wie sie es wagte, so brillant zu sein zu glauben, eine einfache Frau könne die erste Premierministerin eines größeren Landes sein. Sie war nicht hübsch, doch von innerer Schönheit. Und wie wagt es Margaret Thatcher, die über ihres Vaters Lebensmittelladen wohnte, bis sie einundzwanzig war, eine genügend große Meinung von sich zu haben, um England in dieser schwierigen Zeit zu führen? Welch spätes Talent war Grandma Moses*! Sie fing an zu malen, als sie bereits in den Siebzigern

---

* Anna Mary Robertson Moses (›Grandma Moses‹), 1860–1961, amerikanische Malerin naiver Bilder. Anm. d. Übers.

war, und malte über 500 berühmte Kunstwerke. Und niemand fand Gefallen an Renoirs Arbeit. Ein Pariser Experte sah sich seine Gemälde an und spöttelte: »Ich nehme an, Sie hantieren mit Farbe herum, weil es Ihnen Spaß macht.« Und Renoir gab zur Antwort: »Gewiß, wenn es mir keinen Spaß mehr macht, werde ich aufhören zu malen.«

Es heißt, alle hätten Renoir geraten, das Malen aufzugeben, weil er kein Talent dazu habe. Ein paar Künstler, die vom damaligen Establishment abgelehnt wurden, schlossen sich zu einer eigenen kleinen Gruppe zusammen, zu der Degas, Pissarro, Monet, Cézanne und Renoir gehörten — fünf der für immer anerkannten großen Meister, die das taten, woran sie glaubten, derweil die anderen sich über sie lustig machten. Renoir soll später in seinem Leben an fortgeschrittenem Rheumatismus gelitten haben, vor allem in den Händen. Als Matisse ihm einen Besuch machte, bemerkte er, daß jeder Pinselstrich für Renoir mit großen Schmerzen verbunden war. Matisse fragte: »Warum mußt du denn noch immer arbeiten? Warum fährst du bloß fort, dich so zu quälen?« Und Renoir erwiderte langsam: »Die Schmerzen gehen vorüber, doch die Freude, das Schaffen von Schönem, bleibt.«

Sie sind ein Meisterwerk der Schöpfung

Sie und ich mögen zwar nicht König oder Königin an einem königlichen Hofe sein, doch wir sind in eigenem Recht etwas Besonderes. Wäre es nicht wunderbar, wenn alle Kinder der Welt spürten, daß sie einzigartig und besonders sind, nur weil sie leben? Wenn wir Armut und Krankheit überwinden können, dann besteht der nächste Schritt darin, den Menschen beizubringen, daß die wichtigsten ›Etiketten‹ in der Gesellschaft diejenigen sind, die wir uns selbst umhängen.

Ich habe immer wieder die Beobachtung gemacht, daß Führerschaft der einzige Beruf ist, für den es keine formale Ausbildung gibt. Wenn man etwas lernen will, scheint es am besten zu sein, zu versuchen, es jemand anderm beizubringen. Niemand lernt je so viel wie der Lehrer. Ich selbst gebe Seminare für Kinder unter zehn Jahren, für Jugendliche, junge Erwachsene und Führungskräfte. Zu Beginn des Workshops in Selbstachtung für Kinder unter zehn Jahren stellen wir acht Freiwillige vor die Klasse und geben ihnen eine Aufgabe. Jedem der acht wird eine Kartontafel ausgehändigt, die er oder sie sich um den Hals zu hängen hat und auf der geschrieben steht, welche Stellung der oder die Betreffende im Leben innehat: Baby, Mutter, Astronaut, Hauswart, Rockstar, Tennisas, Arzt und Rechtsanwalt. Die Aufgabe der Kinder besteht darin, sich ihrer Bedeutung gemäß der Reihe nach vor dem Rest der Gruppe aufzustellen. Die Altersklasse liegt bei sieben bis elf Jahren.

Was als harmlose Übung beginnt, wird bald einmal zu *Star Wars* und *Virginia Woolf*. Wenn das Herumstoßen und Beiseiteschieben aufhört und die Kinder sich an die ernsthafte ›Statussuche‹ machen, beginnen sie schließlich – nach einer allgemein akzeptierten Hackordnung – eine Art Hierarchielinie zu bilden.

An die Spitze der Linie stellt sich der Astronaut. »Ich komme zuerst«, erklärt er, »weil ich dahin gehe, wo ihr anderen noch nicht hingehen könnt. Und abgesehen davon werde ich auch versuchen, für uns alle einen anderen Ort zum Leben zu finden, weil es auf der Erde keinen Platz mehr hat.« (Applaus der Zuschauer.)

Darauf stellt sich der Rockstar zuvorderst hin und schiebt den Astronauten auf den zweiten Platz. (Beifall der Zuschauer.) »Ich bin schon im Weltraum, und ich verdiene am meisten Geld und könnte dich als Piloten für meinen Privatjet anstellen.«

Als nächster kommt das Tennisas. »Ich finde, ich sei der Erste. Ich verdiene mindestens so viel wie der Rockstar, und ich spiele jeden Tag vor einer Riesenmenge, das ganze Jahr über, und tue etwas Körperliches, was besser ist für die Gesundheit.« (Größerer Beifall.)

Dann tritt der Arzt nach vorn. »Ich sollte der Erste sein, weil ich euch alle wieder herstelle, wenn ihr verletzt oder krank seid, und ich verdiene auch gut.« (Schwacher Applaus.)

Dann kommt der Rechtsanwalt. »Ich bin der Beste, weil ich euch ins Gefängnis bringe oder euch vor dem Gefängnis bewahre, und ihr müßt mir all euer Geld geben, um mich zu bezahlen.« (Beifall.)

Als nächste kommt die Mutter. »Eigentlich komme ich zuerst, weil ich euch alle zur Welt gebracht habe.« (Schwacher Applaus.)

Dann stellt sich das Baby an die Spitze. »Sollte eigentlich nicht ich zuvorderst stehen, weil wir ja alle Babys waren, bevor wir Mütter wurden oder sonstwas?« (Applaus.)

Bleibt der Hauswart. Nun, wie gewöhnlich ist er oder sie klug genug, nicht zu versuchen, sich an die Spitze zu stellen. Diejenigen, welche die Rolle des Hauswarts oder der Hauswartin spielen, versuchen es erst gar nicht, weil sie wissen, daß man sie auslachen wird, oder sie beginnen, etwas zu sagen, und werden ausgelacht oder so lange lächerlich gemacht, bis sie vor Verlegenheit nicht weitermachen können, obwohl alles nur ein Spiel ist, zu dem sich alle Teilnehmer freiwillig gemeldet haben. Der Hauswart weiß, daß er nach den Maßstäben der Gruppe nicht als Nummer eins gelten kann. Und in der Tat hat der Hauswart jedesmal, wenn das Spiel gespielt wird, die vorgefaßte Meinung, er sei automatisch Nummer acht.

Ehe die acht Freiwilligen an ihren Platz zurückkehren, zeige ich ihnen, was wir eigentlich von ihnen verlangt hatten. »Ich wollte, daß ihr euch eurer Bedeutung gemäß der Reihe nach aufstellt. Und statt der üblichen Wetteiferei und dem ewigen ›Ich-bin-der-Größte‹ war das einzige, was verlangt wurde, daß ihr euch alle die Hände gebt und euch in einem Kreis gegenseitigen Respekts vor die Gruppe stellt. *Denn es wird niemals einen Menschen geben, der wichtiger ist als ein anderer, egal, wie sie aussehen und welche Art Arbeit sie verrichten. Jeder von euch ist genauso wertvoll wie jeder andere Mensch.*«

Auch die meisten Erwachsenen haben noch nie davon gehört. Oder aber, wenn sie davon gehört haben, so liegt es weit zurück.

Wir leben heute in einer ichbezogenen Gesellschaft. Die Beschäftigung mit sich selbst, damit, seine eigenen Bedürfnisse zu befriedigen und sich selbst zu verwöhnen, wird Narzißmus genannt. Das Wort geht auf die griechische Mythologie, auf die Geschichte von Narziß zurück, der sich in sein eigenes Spiegelbild verliebte, das er im Wasser erblickte. Er war der ursprüngliche ›Wenn-es-angenehm-ist-so-tu-es‹-Guru. Heute drückt sich Narzißmus in zu vielen Geschenken unter dem Weihnachtsbaum, in der Überbewertung von Jugend, Sexualität und körperlicher Schönheit aus — und in Dingen und Orten, Dingen zum Besitzen und zum Schmücken und Orten zum Besitzen und zum Besuchen — nicht um sie mit anderen zu teilen, nur um sie anderen zu zeigen.

Verwechseln Sie Narzißmus nicht mit gesunder Selbstachtung! Die beiden sind wie Tag und Nacht. *Achtung* heißt Wertschätzung. Ich glaube, daß sie für den Menschen Anfang und Keim allen Erfolges ist. Sie ist der Grundstein zu unserer Fähigkeit, andere zu lieben und zu versuchen, ein würdiges Ziel zu erreichen — ohne Angst. Narzißtische Befriedigung der eigenen Bedürfnisse ist eine materialistische, hedonistische Art von Selbstanbetung. Selbstachtung gründet auf der Verinnerlichung religiöser Liebe. Warum haben wir Ehrfurcht vor der Macht und der Unendlichkeit des Meeres, vor der unbekannten Weite des Alls, vor der Schönheit einer Blume, vor der Pracht eines Sonnenuntergangs… und setzen uns selbst gleichzeitig herab? Hat uns nicht derselbe Schöpfer erschaffen? Sind wir nicht die wunderbarste aller Schöpfungen, mit der Gabe zu denken, zu erfahren und zu lieben?

Sich selbst akzeptieren — so, wie man eben jetzt ist — ist der Schlüssel zu gesunder Selbstachtung — sich selbst als wertvollen, unvollkommenen, sich ändernden, wachsenden Menschen zu sehen und zu wissen, daß wir, auch wenn wir nicht mit gleicher geistiger und körperlicher Beschaffenheit geboren werden, mit dem gleichen Recht geboren werden, uns nach unseren eigenen geistigen Maßstäben der Vortrefflichkeit würdig zu fühlen.

Sie sind ein Meisterwerk der Schöpfung. Tragen Sie das Geheimnis stets in sich: »Liebe muß zuerst in uns sein, ehe sie weitergegeben werden kann.«

Zehn Schritte auf dem Weg zu Selbstachtung

1. Grüßen Sie die Leute, denen Sie begegnen, stets mit einem Lächeln. Wenn Sie in irgendeinen neuen Kreis kommen, ergreifen Sie die Initiative, und nennen Sie Ihren eigenen Namen zuerst, und zwar laut und deutlich; und geben Sie immer als erster oder als erste die Hand, und schauen Sie der anderen, Person in die Augen, wenn Sie reden.

2. Seien Sie nett am Telephon — ob es sich nun um private oder geschäftliche Gespräche handelt. Nennen Sie sogleich Ihren Namen, sowohl wenn Sie das Telephon abnehmen wie wenn Sie den Anruf machen. Nennen Sie Ihren Namen auch, wenn eine andere Person antwortet als diejenige, mit der Sie zu sprechen wünschen, und bevor Sie Ihr Anliegen vortragen. Die Einführung mit Ihrem eigenen Namen unterstreicht, daß eine wichtige Person anruft.

3. Wann immer Sie die Möglichkeit dazu haben, hören oder sehen Sie sich aufbauende oder weiterbildende Radio- beziehungsweise Fernsehsendungen an.

4. Bauen Sie Ihr eigenes Wissen aus! Schreiben Sie sich in einen Kurs zur persönlichen oder beruflichen Weiterbildung ein. Kaufen Sie Bücher, und tun Sie etwas zur körperlichen Betätigung.

5. Bedanken Sie sich stets, wenn Sie ein Kompliment irgendeiner Art von irgend jemandem für irgend etwas erhalten. Spielen Sie Anerkennung, die man Ihnen zollt, weder herunter noch hoch. Die Fähigkeit anzunehmen, ist das allgemeine Kennzeichen des Menschen mit solider Selbstachtung.

6. Prahlen Sie nicht! Leute, die ihre Heldentaten in die Welt posaunen und Beifall heischen, rufen im Grunde genommen um Hilfe. Aufschneider, Wichtigtuer und Großsprecher suchen verzweifelt Aufmerksamkeit.

7. Erzählen Sie anderen nicht von Ihren Problemen, es sei denn, sie hätten unmittelbar Anteil an den Lösungen. Und

geben Sie keine Entschuldigungen und Rechtfertigungen ab. Erfolgreiche Menschen suchen diejenigen, die nach Erfolg tönen und aussehen. Sprechen Sie stets positiv über den Fortschritt, den Sie zu machen suchen.

8. Finden Sie erfolgreiche Vorbilder, an denen Sie sich ein Beispiel nehmen können. Wenn Sie einem führenden Geist begegnen, lernen Sie alles, was Sie können, darüber, wie er erfolgreich wurde. Das trifft vor allem im Zusammenhang mit Dingen zu, vor denen Sie Angst haben. Finden Sie jemanden, der das errungen hat, wovor Sie Angst haben, und lernen Sie von ihm oder ihr.

9. Wenn Sie einen Fehler machen oder wenn man über Sie spottet oder Sie ablehnt, so betrachten Sie Fehler als Lernerfahrungen und Spott als Ignoranz. Sehen Sie sich nach einer Ablehnung Ihre Pluspunkte, Ihre Leistungen und Ihre Ziele an. Betrachten Sie Ablehnung als zu einer einzelnen Leistung gehörend und nicht als Abweisung des Erbringers der Leistung.

10. Nehmen Sie sich diesen Samstag vor, um etwas zu tun, das Sie gern tun möchten. Nicht nächsten Monat – diesen Samstag! Freuen Sie sich, zu leben und es tun zu können. Sie verdienen es. Es wird nie mehr ein weiteres Sie geben. Diesen Samstag verbringen Sie für sich. Warum nicht mindestens einen Tag pro Woche für sich aufwenden?

Fragen zu Ihrer Selbstachtung

1. Akzeptieren Sie sich selbst einfach so, wie Sie sind? Würden Sie sagen, daß Sie sich selbst gern mögen?

2. Möchten Sie lieber jemand anders sein? Wenn ja, warum?

3. Wie reagieren Sie auf Kritik? Nehmen Sie sie persönlich, oder trachten Sie danach, daraus zu lernen?

4. Fühlen Sie sich schuldig, wenn Sie etwas für sich tun? Finden Sie ein paar Beispiele aus der jüngsten Vergangenheit.

5. Wie angenehm ist es Ihnen, wenn andere Sie loben oder Ihnen Komplimente machen?

6. Sprechen Sie mit sich selbst mit dem nötigen Respekt oder mit Spott?

2
Die Saat der Kreativität

Das Freisetzen schöpferischer Kräfte

Napoleon hat einmal gesagt: »Phantasie regiert die Welt.« Einstein meinte: »Phantasie ist wichtiger als Wissen, denn Wissen beschränkt sich auf all das, was wir jetzt wissen und verstehen, wogegen Phantasie die gesamte Welt umspannt und alles, was es je zu wissen und zu verstehen geben wird.«

Von allen Lebewesen auf der Welt ist allein der Mensch ohne eingebautes ›Software‹-Programm für erfolgreiches Leben erschaffen worden. Insekten, Vögel und die anderen Tiere wissen instinktiv, wie sie sich zu verhalten und was sie zu tun haben, um zu überleben. Auch Menschen haben Überlebensinstinkte, doch sie besitzen auch weit wunderbarere und kompliziertere Fähigkeiten als Tiere. Da Tiere Instinkte für das tägliche Leben haben, die sich auf die Suche nach Futter und Unterschlupf, auf das Meiden oder Besiegen von Feinden und auf die Fortpflanzung beschränken, haben sie außer dem Überleben und der Sicherheit keinerlei Ziele.

Der Mensch, der kein vorgegebenes Computerprogramm als Lebenshilfe hat, ist mit schöpferischer Phantasie ausgestattet. Deshalb sind gesunde Vorbilder und positive Unterstützung von seiten der Familie − auf dem Hintergrund eines starken geistigen Wertsystems − so wichtig. Da wir nicht zu Mitgliedern einer Wanderherde bestimmt sind, die einer ganz bestimmten Umgebung preisgegeben und darin eingeschlossen werden, brauchen wir Pläne und Landkarten, nach denen wir uns orientieren können. Für erfolgreiche Menschen bestehen diese Pläne und Landkarten aus Vorbildern und Werten. Für erfolglose bestehen sie viel eher aus Mauern und Klippen.

Alle Menschen werden ohne Gefühl des ›Selbst‹ geboren. Wir sind wie Tonbandgeräte, denen die Schlüsselbotschaft fehlt, die zwar ein paar im voraus aufgenommene Tatsachen und eine Hintergrundmusik, aber kein zentrales Thema aufweisen. Wir sind wie Spiegel ohne Widerspiegelung. Anfänglich – nämlich in unserer Kindheit – durch unsere Sinne, später durch Sprache und Beobachtung nehmen wir auf Band auf und bauen uns unsere Tonband-, Video- und Sinneskassetten von uns selbst auf. Diese auf Band festgehaltene Selbstvorstellung oder dieses Selbstbild, dieses geistige Bild des Selbst, ist, wenn es unterhalten und gepflegt wird, ein Feld von ganz entscheidender Bedeutung, in dem Glück und Erfolg wachsen und gedeihen. Doch diese selbe geistige Selbstvorstellung entwickelt sich, wenn man sie vernachlässigt und zu pflegen vergißt, zu einer Brutstätte für ungenügende Leistung, abirrendes Verhalten und Unglück.

Ich hörte unlängst von einem Psychologen, der einen zwölfjährigen Jungen einen Intelligenztest machen ließ. Ein Teil des Tests bestand darin, Teile eines Zusammensetzspiels zusammenzufügen. Der Junge versuchte es, gab jedoch bald schon entmutigt auf. »Ich kann's nicht«, erklärte er, »es ist zu schwer.« Sein Selbstbild sagte ihm, wenn etwas wie ein Test aussehe und man damit Schwierigkeiten habe, dann solle man aufgeben.

Viele Menschen sehen sich selbst als unzulänglich. Die Botschaften, die in ihrer Kindheit auf ihren ›inneren Videokassetten‹ festgehalten wurden, lauten: »Ich kann nichts richtig gut machen, vor allem nichts Neues. Ich glaube, so wie ich aussehe, gefalle ich den Leuten nicht. Es hat keinen Sinn, etwas ernsthaft zu versuchen, weil ich es wahrscheinlich falsch mache und weil es mir ohnehin nicht gelingt.« Eine erstaunlich große Zahl von Menschen denkt so; sie haben am meisten Schwierigkeiten zu lernen und vorwärtszukommen und sind eine Belastung für sich und die anderen.

Ich sehe, daß die erfolgreichen Menschen andererseits diejenigen sind, deren ›inneres Video‹ eine Botschaft aufgezeichnet hat, die ungefähr lautet: »Ich mache es ziemlich gut – mehreres sogar. Ich kann mich neuen Herausforderungen stellen und Erfolg haben. Wenn etwas nicht sogleich rund läuft, versuche ich es weiter oder informiere mich besser, um es anders herum zu machen, bis es mir gelingt.« Dies sind die Menschen, mit denen man am wenigsten Schwierigkeiten hat – in der Gesellschaft, im Berufsleben, in der Schule oder zu Hause. Dies sind die wenigen, die am meisten lernen können – und es gewöhnlich auch tun – und die von dem, was sie gelernt haben, das meiste teilen und an andere weitergeben können. Sie haben entdeckt, daß ihre Vorstellungen als lebensbestimmendes Mittel dienen – daß man, wenn das Selbstbild, das man hat, einen unmöglich etwas tun oder erreichen sieht, es auch tatsächlich nicht tun kann! *»Nicht was man ist, hält einen zurück, sondern was man denkt, man sei es nicht.«*

Sage mir, was du dir ansiehst, und ich sage dir, wer du bist

Sie kennen ja die Redensart »Sage mir, was du ißt, und ich sage dir, wer du bist.« Ich möchte Ihnen eine neue anbieten, die Sie auch an Kollegen und Familienmitglieder weitergeben können: »Sage mir, was du denkst und dir ansiehst, und ich sage dir, wer du bist.« Ein Bibelspruch aus dem Buch der Sprüche hat uns vor langer Zeit belehrt: »Wie er in seinem Herzen denkt, so ist er.« Leider leben zuviele Leute auf einer geistigen Diät aus Fernsehen, schockierenden Filmen und banaler Lektüre. Ich betrachte das meiste von dem, was uns da zur Verfügung steht, als ›Abfallnahrung‹, die zu geistiger Unterernährung und schlechter seelischer Gesundheit führt.

Das Fernsehen ist eine außergewöhnliche Erfindung, die unser Leben entscheidend verbessern sollte. Unsere Welt ist vom Fernsehen geändert worden. Man kann zwar den Fernsehapparat abschalten, nicht aber den Einfluß des Fernsehens.

Wir sind durch das Fernsehen mit einer großen Vielfalt von Kulturen konfrontiert worden und haben Einsicht in das Leben rund um die Welt und im Weltraum erhalten. Fernsehsendungen zeigen uns Sport, ermutigen zu körperlicher Fitness und vermitteln viele Möglichkeiten, Kenntnisse in der Medizin, den Künsten, der Wirtschaft und vielem mehr zu erwerben und sich über das Weltgeschehen und Geschehnisse von regionaler Bedeutung, über religiöse Ereignisse und so weiter zu informieren. Die Lernmöglichkeiten, die uns das Fernsehen bietet, übertreffen bei weitem alles, was den ›Vor-Fernseh-Generationen‹ zur Verfügung stand.

Die traurige Wahrheit ist jedoch, daß wenig Sendezeit dazu verwendet wird, unseren Geist zu erweitern, unsere Seele auszudehnen und unser Verständnis unserer selbst und anderer zu bereichern. Der Einfluß des Fernsehens ist zum großen Teil negativ. Viele Sendungen sind geprägt von Verbrechen und Gewalt oder zeigen stereotype oder abwegige Darstellungen von Menschen und ihrem Leben. Eine kürzlich von der Harvard-Universität durchgeführte Studie hat ergeben, daß viele Erwachsene und auch Kinder nicht zwischen Wirklichem und Erfundenem am Fernsehen zu unterscheiden vermögen. Kinder, die befragt wurden, erklärten, was sie am Fernsehen sähen, sei wahr, weil »man sehen kann, wie es tatsächlich passiert«.

Viele Kliniken berichten von Patienten, die nach einem Arzt verlangten, den sie am Fernsehen gesehen hatten, weil dieser Arzt von Fällen wie dem ihren mehr verstehe. Jedes Jahr erhalten Fernsehärzte Tausende von Briefen von Zuschauern, die sie darin um ärztlichen Rat bitten. Als ein Schauspieler eine großartige Darstellung eines Alkoholikers gab, erhielt seine Frau Dutzende von Briefen mit Ratschlägen und Äußerungen des Mitgefühls von Frauen, die erzählten, sie seien ebenfalls mit einem Alkoholiker verheiratet.

Wenn es Erwachsenen derart schwerfällt, Erfundenes von Wirklichem zu unterscheiden, dann ist die Auswirkung des Fernsehens auf Kinder Anlaß zu echter Besorgnis. Wir alle lernen durch Beobachtung und Nachahmung. Das trifft ganz besonders auf Kinder zu. Sie neigen dazu, die Menschen nachzuahmen, die ihnen in ihrem Leben als Vorbilder dienen, und viele ihrer Vorbilder sind Figuren aus ihren Lieblings-Fernsehsendungen. Auch Werte werden über das Fernsehen an Kinder vermittelt, und viele davon sind negativ oder zumindest wirklichkeitsfremd.

Das Fernsehen konfrontiert Kinder und Erwachsene pausenlos mit asozialem Verhalten Unfähiger, Ungehobelter und Geisteskranker. Das andere Extrem sind die Superhelden, die unnatürliche Kraft und übermenschliche Fähigkeiten besitzen und schön und edel sind. Wenn sich durchschnittliche Menschen mit ihren Fernsehhelden vergleichen, kommen sie sich gewöhnlich unzulänglich vor.

Laut Untersuchungen über die Fernseh-Einschaltquoten in den Vereinigten Staaten beläuft sich die Zeit, die jeder Bürger vor dem Fernsehapparat verbringt, auf durchschnittlich über vierundzwanzig Stunden die Woche. Kinder bringen es auf einen Durchschnitt von über dreißig Stunden in Gesellschaft dessen, was wir den ›einäugigen Babysitter‹ nennen, und sie verbringen mehr Zeit damit, sich Erwachsenensendungen anzusehen, als mit Kinderprogrammen. Kinder im Vorschulalter sitzen durchschnittlich vier Stunden täglich vor dem Fernsehapparat, und einundvierzig Prozent sehen sich das Programm zwischen 20.00 und 21.00 Uhr an. Bis sie das Schulalter erreichen, haben die Kinder 20 000 Werbespots gesehen, von denen sie die meisten lehren, mehr zu konsumieren und daß sich die Probleme des Lebens mit einem bestimmten Produkt in dreißig Sekunden oder noch weniger lösen lassen.

Wir wachsen mit dem Fernsehen als dem ›Fenster zur Welt‹ auf, und die Fernsehwelt ist zur Basis vieler unserer Anschauungen und Werte geworden. Bis wir die Volksschule abschließen, haben die meisten von uns fünfzig Prozent mehr Zeit vor dem Fernsehapparat zugebracht als im Klassenzimmer oder in schönen Erlebnissen mit unseren Eltern und unserer Familie. Wir können die Fernsehindustrie nicht einmal für diese Situation verantwortlich machen, denn die Qualität des Programms spiegelt nur den Charakter unserer Gesellschaft wider. Bedenken wir jedoch, ob es, wenn uns ein sechzigsekündiger Werbespot *bei wiederholtem Sehen* ein Produkt verkaufen kann, nicht möglich ist, daß uns eine sechzigminütige Schnulze oder Folge einer zweifelhaften Serie *bei wiederholtem Sehen* einen Lebensstil verkauft...

Das zweite bestgehütete Geheimnis des unumschränkten Erfolges

Von einem Team der Stanford-Universität unlängst durchgeführte Untersuchungen haben gezeigt, daß ›was wir uns ansehen‹, sich auf unsere Vorstellungen, unsere Lernmuster und unser Verhalten auswirkt. Zuerst werden wir mit neuen Figuren und Verhaltensweisen konfrontiert. Als nächstes lernen wir diese neuen Verhaltensweisen. Letzter und entscheidender Schritt ist, daß wir uns diese Verhaltensweisen aneignen und sie als unsere eigenen betrachten. Einer der kritischsten Aspekte der menschlichen Entwicklung, die wir erkennen müssen, ist der Einfluß des ›wiederholten Sehens‹ und des ›wiederholten Hörens‹ auf die Gestaltung unserer Zukunft. Die Information geht hinein, harmlos, beinahe unbemerkt, Tag für Tag – doch wir reagieren erst später darauf, wenn wir nicht mehr in der Lage sind zu erkennen, was unseren Reaktionen zugrunde liegt. Mit anderen Worten: Unser Wertsystem wird geformt, ohne daß wir uns überhaupt bewußt sind, was vor sich geht.

Wenn Sie und ich nun die Fernsehsender wechseln und einen in unserm eigenen Kopfe einstellen könnten, in dem unser Geist eine Kamera statt eines Empfängers wäre? Wenn wir nun unsere eigenen Sendungen schrieben, produzierten, besetzten, probten und sendeten und sie auch auf Video aufnähmen – zu unserer eigenen Freude und um sie in der Zukunft wieder abzuspielen?

Nun, wir können das, und wir tun es auch – jeden Tag und jede Nacht unseres Lebens! Und darin liegt das zweite Geheimnis:

> Das zweite bestgehütete Geheimnis des unumschränkten Erfolges liegt darin, daß unser Geist nicht zu unterscheiden vermag zwischen einem wirklichen Erlebnis und einem, das man sich lebhaft und wiederholt vorstellt.

Dieses Geheimnis der Kraft des Erlebnisses, das man sich vorstellt, zu verstehen ist der entscheidende Schlüssel zum Verständnis menschlichen Verhaltens. Was man vor sich ›sieht‹, ist, was man erreichen wird. Wir verhalten uns und handeln im Leben nicht gemäß der Wirklichkeit, sondern gemäß unserer Wahrnehmung der Wirklichkeit. Viele unserer täglichen Entscheide beruhen auf Information über uns selbst, die als ›Wahrheit‹ gespeichert worden ist, in Tat und Wahrheit jedoch eine Zusammensetzung aus Gerede der Familie, Freunde und Kollegen, aus wirklichen vergangenen Erlebnissen und Information, die wir lesen, hören und im Fernsehen sehen, ist.

Ihr ›Roboter‹-Selbstbild

Die Herausforderung, komplizierte wissenschaftliche Theorie und Beweise auf leichtverständliche Art zu erklären, macht mir Spaß. Wenn ich mich zu Hause ausruhe und mit meiner Frau und meinen sechs Kindern Erfahrungen austausche — entweder unter vier Augen oder aber alle zusammen —, vergleiche ich manchmal das ›Selbstbild‹ mit R2D2, dem liebenswürdigen kleinen Roboter aus *Star Wars*.

Im ersten *Star Wars*-Film war R2D2s vordringliches Ziel die Hologramm-Projektion einer Videokassette, die vorher in ihm aufgezeichnet worden war. Gleichgültig was draußen in der Galaxis geschah, er wurde von seinem inneren Lenksystem beziehungsweise seiner Videokassette angetrieben. Ich sage meinen Kindern, jeder von uns habe in seinem Geiste seinen eigenen ›Selbstbild-Roboter‹. Wenn wir uns fragen: »Wer bist du? Bist du auch ich?«, kommt sofort die Antwort zurück: »Ja, ich bin auch du. Ich bin die Stimme in dir, die dir sagt, ob du etwas tatsächlich tun kannst oder nicht.«

In jedem Augenblick unseres Lebens programmieren wir (oder lassen andere programmieren) unseren ›Selbstbild-Roboter‹ so, daß er entweder für uns oder aber gegen uns arbeitet. Da er nur verarbeitet und kein Urteilsvermögen besitzt, strebt er danach, den Haltungen und Anschauungen zu entsprechen, die wir ihm vorgeben – ungeachtet dessen, ob sie positiv oder negativ, wahr oder falsch, gut oder böse, sicher oder gefährlich sind. Seine einzige Funktion besteht darin, genauestens unsere vorgängigen Instruktionen zu befolgen, wie ein Kleincomputer, der wiedergibt, was er gespeichert hat, und automatisch antwortet.

Ein großer Teil der Video-, Audio- und Sinnesinformation, die man dem Gedächtnis seines ›Selbstbild-Roboters‹ eingibt, bleibt dort. Milliarden von Einheiten eines Inputs, der sich über ein ganzes Leben hinwegzieht, sind vorhanden und warten darauf, wieder aktiviert zu werden. Man kann sie niemals willentlich löschen. Man kann sie mit stärkeren Botschaften unterdrücken oder ihre Wirkungen über eine bestimmte Zeitspanne einschränken, doch man besitzt sie ein Leben lang. Was mich immer wieder in Staunen versetzt, sind Erkenntnisse, die man bei der Gehirnchirurgie gewonnen hat. Patienten, deren Gehirnzellen mit einer dünnen Elektrode gereizt wurden, beschrieben das Gefühl, vergangene Szenen wiederzuerleben. Dieses Wiedererleben war so stark und lebendig, daß alle Einzelheiten wieder vorhanden waren: Töne, Farben, Formen, Gerüche, Orte, andere Beteiligte. Sie erinnerten sich nicht bloß an die Erlebnisse, sie erlebten sie nochmals!

Der Vorteil, etwas in der Wiederholung sehen zu können

Wenn ich mir ein Fußballspiel oder sonst ein bedeutenderes Sportereignis anschaue, macht es mir fast ebensoviel Freude, es am Fernsehen zu sehen, wie es an Ort und Stelle in der Zuschauermenge mitzuerleben. Der Grund dafür liegt in der Möglichkeit, etwas aufzuzeichnen und einzelne Szenen davon nach Belieben zu wiederholen. Man kann so den großartigen Sieg, den unglaublichen Aufbau eines Tors, das überraschende Eingreifen eines Spielers noch einmal miterleben. Mannschaften, die konsequent jede Saison an der Spitze stehen, sehen sich die Höhepunkte ihrer besten Spiele in den Wochen nach diesen Spielen und während der darauffolgenden Saison immer wieder an, um ihren Erfolg zu untermauern.

Es spricht sehr viel dafür, daß wir uns unsere vergangenen Erfolge immer wieder vor Augen führen, damit Gewinnen wie zu einem Reflex wird, der sich von selbst einstellt.

Wie die Vietnam-Kriegsgefangenen überlebten

Ich hatte Gelegenheit, eine Anzahl Kriegsgefangener zu befragen und zu beobachten, als sie von Vietnam zurückkehrten. Viele von ihnen waren Marinepiloten, die von SAM-Raketen sowjetischer Herkunft abgeschossen worden waren. Ich habe auch einige der ehemaligen Geiseln befragt, die in der amerikanischen Botschaft im Iran festgehalten worden waren. Auch wenn die Kriegsgefangenen an Entbehrung und Folterung viel mehr durchmachten, gibt es in den Erfahrungen beider eine Gemeinsamkeit, aus der jeder von uns etwas lernen kann. Die Kriegsgefangenen und Geiseln, die nach ihrer schweren Erfahrung körperlich und seelisch in der besten Verfassung zu sein schienen, waren diejenigen, welche die sieben Jahre einerseits oder die 444 Tage andererseits als ›Universität ohne Mauern‹ genutzt hatten.

Ein großes Hindernis hatte ihre ›Universität ohne Mauern‹ jedoch: Alles, was die ›Universität‹ hatte, waren vier Wände, eine Pritsche und ein Topf. Es gab keine Bücher, nichts zu lesen, nichts, mit dem man hätte schreiben oder zeichnen oder das man hätte anschauen können –

nichts außer den vier Wänden. Das einzige Licht war künstlich, und es schien absichtlich immer dann zu brennen, wenn es Zeit zum Schlafen war, und immer dann nicht, wenn es normale Tageszeit war. Die grelle Glühbirne verursachte Desorientierung, Erschöpfung und Zermürbung – genau die Reaktionen, die sich Gefängniswärter, Terroristen und Religionsführer erhoffen, um ihre Gefangenen ihrem Willen gefügig zu machen.

Die Kriegsgefangenen brauchten nicht lange, um das zweite bestgehütete Geheimnis des unumschränkten Erfolges herauszufinden. Da jegliches Material, jegliche Hilfsmittel, jegliche Bequemlichkeit fehlte, schufen sie sie sich ganz einfach in ihrer Phantasie. Sie riefen sich die meisten bereichernden Ereignisse und bedeutenden Dinge, die sie gelernt hatten, aus dem Gedächtnis, wo sie gespeichert waren, ins Bewußtsein; sie ›spielten sie wieder ab‹. Und sie malten sich künftige Dinge im Geiste aus – jede Farbe, jedes Bild, jedes Wort, jedes Lächeln, jede Berührung, jede Einzelheit. Dies ist die schöpferische Fähigkeit, sich auf bekräftigende positive, gesunde Erlebnisse aus der Vergangenheit zu konzentrieren und erdachte erfolgreiche Dinge in der Zukunft zu sehen, als ob sie sich tatsächlich in der Gegenwart abspielten. Das ist die Gabe der Kreativität.

In seinem Innern erschaffen, was von außen her fehlt

Einige der Kriegsgefangenen rekonstruierten bekannte Stellen aus der Bibel, die ihnen zur Quelle innerer Kraft wurden. Einige spielten Golf, indem sie aus dem Gedächtnis Spiele wiederholten, die sie in den vergangenen Jahren auf ihren Lieblings-Golfplätzen gespielt hatten. Wenn sie es müde wurden, alte Spiele durchzuspielen, begannen sie, künftige Turniere mit ihren bevorzugten PGA-Pros zu erfinden. Sie schritten über den Platz mit den üppig-weichen, schmalen Bahnen, die von blühenden Sträuchern, Bäumen und Zuschauern gesäumt wurden. Sie studierten jeden

Schlag auf dem Grün. Sie hörten den Beifall der Zuschauer für ihr Birdie beim letzten Hole. Und als sie freigelassen wurden, waren viele von ihnen, als sie wieder zu Hause waren, stärker. Erstaunlicherweise kehrten sie als bessere Golfspieler und seelisch stärkere Menschen zurück.

Was mich an den amerikanischen Kriegsgefangenen in Vietnam am meisten beeindruckt hat, ist das geniale Kommunikationssystem, das sie hatten − obwohl es ihnen nicht erlaubt war, untereinander Verbindung zu haben. Sie entwickelten eine spezielle Art Morsecode, bei dem das Alphabet in Reihen und Kolonnen aufgeteilt war. Sie klopften an Zellenwände, auf Röhren, auf Böden und an Decken, daß es manchmal tönte wie das gedämpfte Klappern von Schnellmaschinenschreibern, die innerhalb einer bestimmten Frist ein wichtiges Manuskript tippen mußten. Das erste oder die ersten Klopfzeichen zeigten die Reihe an, in welcher der Buchstabe stand; es folgte eine kurze Pause und dann eine zweite Serie Klopfzeichen, welche die Kolonne des Buchstabens bezeichnete. Zum Beispiel: Der Buchstabe A wurde durchgegeben mit ›Klopf (Pause) Klopf‹, da er in der ersten Reihe und in der ersten Kolonne stand. Der Buchstabe B wurde zu ›Klopf (Pause) Klopf, Klopf‹ − erste Reihe, zweite Kolonne. Als sie diese unmögliche, schwerfällige Art zu sprechen einmal beherrschten, unterhielten sie sich mit unglaublicher Geschwindigkeit miteinander.

Indem sie ihre ›Erinnerungsbanken‹ und ihre Vorstellungskraft durch Kommunikation zusammenschlossen, erinnerten sie sich an Hunderte der bedeutendsten Stellen aus der Bibel, um sie in ihren einsamen Sonntagsandachten zu verwenden. Sie erfuhren mehr über die Kindheitsvergnügen und -träume ihres Zellennachbarn, als sie jemals über irgendein Mitglied ihrer eigenen Familie wissen werden. Einige dieser Kameraden sind einander persönlich nie begegnet. Ein Pilot, der ein besonders gutes Erinnerungsvermögen in bezug auf seine College-Zeit hatte, gab Unterricht in Flugtechnik und Thermodynamik − einem Stoff, den er (zu seiner großen Verwunderung) in seinem Gedächtnis gespeichert hatte. Sie ersannen Hunderte von Plänen, mit denen sich Geld verdienen ließ, bauten neue

Häuser, bauten ihr Elternhaus um und flüsterten bei sich »Gute Nacht, ich liebe dich« zu ihrer Frau, ihren Kindern und ihrer Heimat. Am meisten jedoch berührte mich, wie sie zueinander »gute Nacht« oder »Lebewohl« sagten. Der unverkennbare, vertrauteste Klopftakt von allen war: ›Klopf, Klopf (Pause) Klopf, Klopf – Klopf (Pause) Klopf, Klopf‹ – GB. ›God Bless!‹ (›Gottes Segen!‹)

Eine der iranischen Geiseln machte im Geiste eine 444tägige Zugreise von London nach Bombay. Der Mann hatte ein eigenes privates Schlafabteil mit einem Klappbett. Er schlenderte sechs Wagenlängen hindurch zum Speisewagen, um dort zu essen, und freute sich an der vorüberziehenden Landschaft, während er vor Sonnenuntergang genüßlich ein Glas Portwein trank. Er schuf in seinem Innern, was von außen her fehlte.

In meinen Untersuchungen über Geiseln, Kriegsgefangene, Spitzensportler, Verkaufsleiter und Unternehmensführer, Mütter, Väter und Kinder ergab sich stets dasselbe Leitmotiv: die Wiederholung von Erfolg oder Mißerfolg und das Projizieren von künftigem Erfolg oder Mißerfolg im Geiste. Es ist interessant zu beobachten, daß Kinder erst lernen, Mißerfolg zu projizieren, wenn es ihnen Eltern, Kameraden und andere Vorbilder wiederholt vormachen. Und es ist auch traurig, Kinder und Erwachsene zu sehen, die man gelehrt hat, auf ihren Fehlern zu verharren, statt sie als Lernerfahrungen zur Bekräftigung ihrer Talente und Leistungen zu nutzen.

Machen Sie's richtig im Training!

Als ich nach Absolvierung der US-Marineakademie in Annapolis das Marine-Flugtraining durchlief, befaßte ich mich nie mit Zusammenstößen in der Luft, mit Abstürzen oder mit dem Tod in den zerklüfteten Bergen. Wir lernten Formationsflug in Präzision, wir lernten, wie man bei Strömungsabriß und Rückentrudeln reagiert und wie man bei Wetterbedingungen mit Temperaturen unter null Grad überlebt und sich dabei von Wurzeln und Blättern ernährt. Ich hatte sogar Spaß an der Übung, bei der man in einem Cockpit über mehr als zehn Meter in ein Schwimmbecken glitt und als Pilot eingeschlossen wurde. Ich hatte Spaß daran, bis man mir sagte, ich hätte den ersten ›eingeschlossenen Piloten‹ zu spielen, der versuchen würde zu entkommen! Meine erste zaghafte Frage an den Instruktor, einen Marinemajor mit einer Narbe auf der Wange, lautete: »Hat irgend jemand diesen Test vor mir nicht bestanden und ist nicht entkommen?« Er blickte mich finster an und zeigte auf die Froschmänner in Tauchausrüstung, die wie Barrakudas im Schwimmbecken kreisten und darauf warteten, sich auf ihre Beute zu stürzen. »Wenn es Ihnen nicht gelingt, in voller Fliegerausrüstung — Stiefel, Helm, Fallschirm — zu entkommen, indem Sie die Sicherheitsgurte und das Schultergurtwerk lösen, während Sie mit dem Kopf nach unten im Schwimmbecken festsitzen, und indem Sie das Schwimmbecken unter Wasser durchqueren, um dem brennenden Ölteppich auszuweichen — und das alles binnen neunzig Sekunden —, dann werden Sie die Froschmänner herausholen. Machen Sie's richtig im Training, und Sie werden es richtig machen im Leben!« bellte er.

Wenn wir im täglichen Leben unsere Vorbilder auswählen, die Fernsehsendungen, welche die Familie sich ansehen wird, die Bücher, die wir lesen, die Gruppen, denen wir uns anschließen, die Erinnerungen, die wir pflegen, die Vorhersagen, die wir machen, ist es von Nutzen, wenn wir all dies als ›Training‹ sehen. Fast jeder kennt die historische Bemerkung, die der Weltraumfahrer Neil Armstrong machte, als er den Mond betrat: »Das ist ein kleiner Schritt für einen Menschen — und ein Riesensprung für die Menschheit.« Doch wenige haben den Rest seiner Mitteilung über Funk gehört. Er fügte später hinzu: »Es war schön... es war genau, wie wir es geplant hatten, *genau wie im Training!*«

Wie man seine eigene Kreativität beherrscht

Um etwas zu beherrschen, muß man verstehen, wie es funktioniert. Obwohl wir erst beginnen zu begreifen, wie das Gehirn funktioniert, um die Gedanken und die unwillkürlichen seelischen und körperlichen Reaktionen hervorzubringen, sind in der wissenschaftlichen Forschung einige überraschende Entdeckungen gemacht worden, die meine eigenen Feststellungen bestätigen.

Der wirkliche Durchbruch in der Hirnforschung setzte in den sechziger Jahren dieses Jahrhunderts ein, als Dr. Roger Sperry und seine Studenten mit ihren Experimenten über die Gehirnhälften begannen. In diesen Studien war es ihnen möglich, die geistigen Fähigkeiten der beiden chirurgisch getrennten Hemisphären des menschlichen Gehirns getrennt zu untersuchen. Sie fanden heraus, daß jede Gehirnhälfte ihren eigenen bewußten Gedankengang und ihre eigenen Erinnerungen hat. Von noch größerer Bedeutung ist ihre Entdeckung, daß jede Seite auf grundlegend verschiedene Art denkt, nämlich die linke Gehirnhälfte in Worten und die rechte Gehirnhälfte in Bildern und Gefühlen (siehe Abbildung nächste Seite).

RECHTE HEMISPHÄRE	LINKE HEMISPHÄRE
steuert	steuert
die linke Körperseite	die rechte Körperseite
nichtverbal	verbal
Gestalt	logisch
intuitiv	analytisch
spontan	sequentiell (fortlaufend)
Gefühle	Taten
Kunst, Musik	Sprache, Mathematik
räumlich,	linear
Denken in Bildern	Denken in Worten
ganzheitlich	zeitlich

Die Wissenschaftler sind sich heute einig, daß die Gehirnfunktionen nicht einfach als zur rechten oder zur linken Gehirnhälfte gehörend aufgeteilt werden können. Oftmals treten Funktionen in beiden Hemisphären gleichzeitig auf. Diese schematische Darstellung dient lediglich zur allgemeinen Veranschaulichung.

Die meisten Forscher stimmen heute überein, daß die linke Gehirnhemisphäre, welche die rechte Körperseite steuert, einen Großteil der verbalen, logischen und, wie wir es gewöhnlich nennen, bewußten Funktionen umfaßt. Die rechte Hemisphäre, welche die linke Körperseite steuert, wirkt als visueller, intuitiver und unterbewußter Partner. Die linke Gehirnhälfte lenkt Sprache und logisches Denken, während die rechte Dinge

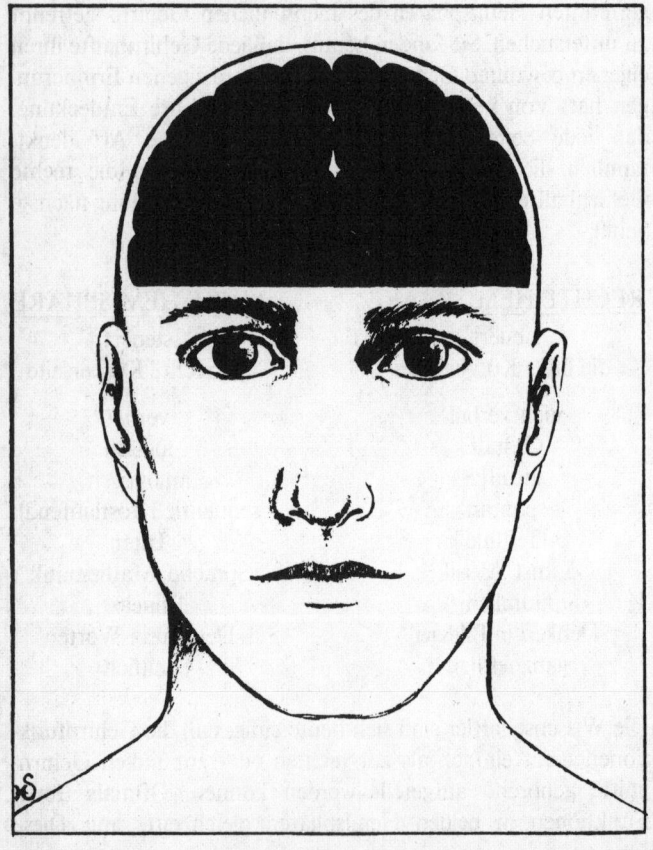

tut, die sich schwer in Worte fassen lassen. Indem sie Bilder statt Worte gebraucht, vermag die rechte Gehirnhälfte ein Gesicht in einer Menge zu erkennen, gute Resultate in einem Videospiel zu erzielen oder Teile eines Zusammensetzspiels zusammenzufügen, was die linke Gehirnhälfte völlig verwirren würde.

Nehmen wir zum Beispiel ein Gespräch, das Sie mit einer anderen Person führen. Im allgemeinen reagiert Ihre linke Gehirnhälfte auf die eigentliche Bedeutung der Worte, die sie hört, und nimmt das ›Gefühl‹ in der Stimme oder ihre Modulation nicht einmal wahr. Die rechte Gehirnhälfte konzentriert sich auf den Ton in der Stimme, den Gesichtsausdruck und die Körpersprache, wogegen die Worte weniger wichtig sind. Ein Beispiel für die verschiedenen Reaktionen jeder der beiden Hemisphären auf dieselbe Person könnte sein: Rechte Hälfte: »Er hat irgend etwas an sich, dem ich nicht traue.« Linke Hälfte: »Unsinn, das Vermögen, das wir laut ihm machen werden, steht schwarz auf weiß hier!«

Der größte Teil unseres ›wachen‹ Lebens wird bewußt von unserer linken Gehirnhälfte gesteuert. Wenn wir einen ›Geistesblitz‹ oder eine ›Erleuchtung‹, eine ›große Idee‹ haben, scheint er oder sie plötzlich dazusein, und zwar in überraschend vollkommener Form. Offenbar wurde die Sache unbewußt in unserer rechten Gehirnhälfte ausgebrütet. Mozart und Beethoven sagten, sie hörten in ihrem Kopfe Symphonien und brauchten sie nur noch niederzuschreiben.

Igor Sikorsky baute das erste viermotorige Flugzeug im Jahre 1913 in Rußland, seinem Vaterland. Die Außenstehenden sagten, es sei lächerlich und das Ding werde niemals fliegen. Als er es mit Erfolg flog, sagten die ›linkshirnigen‹ Kritiker, es werde niemals genügend hoch und genügend weit fliegen, um einen echten wirtschaftlichen Wert zu haben. Er strafte sie abermals Lügen. Als die Kommunisten an die Macht kamen, mußte er flüchten — wie so viele kreative Denker — und gelangte mittellos, doch voller Schaffensdrang in die Vereinigten Staaten. Er betätigte sich in der Folge mit seinen Flying Clippers als Pionier der kommerziellen Ozean-Luftfahrt und entwickelte, als er Mitte Fünfzig war, den Hubschrauber, eine Erfindung, die laut seinen amerikanischen Kritikern niemals fliegen konnte.

Es heißt, Sikorsky habe als Elfjähriger einen Traum gehabt, in dem er einen mit sanften blauen Lichtern beleuchteten Korridor entlangschritt. Er träumte, er befinde sich in einem großen Flugschiff – einem, das er selbst gebaut habe. Rund dreißig Jahre später war er Kopilot auf einem seiner großen Flugboote. Sein Freund Charles Lindbergh steuerte die Maschine, und Sikorsky beschloß, einen kleinen Spaziergang durch die Passagierkabine zu machen. In einer ›Erleuchtung‹ realisierte er, daß er jenen mit sanften blauen Lichtern beleuchteten Korridor in einem großen Luftschiff entlangschritt!

Um unserer Kreativität freien Lauf zu lassen, brauchen Sie und ich bloß ›Ganzhirn‹-Denker zu sein. Vor Jahrtausenden waren wir emotioneller und intuitiver. Als wir Werkzeuge gebrauchen und kommunizieren lernten, entwickelten wir uns zu einer ›linkshirnigen‹ Gesellschaft, die sich der Verbalisierung, der Logik und praktischer, Schritt für Schritt zu vollziehender Lösungen ihrer Probleme bedient. Der technische Fortschritt unserer Zeit ist überwältigend, und wir scheinen in den letzten fünfzig Jahren, was wissenschaftliche Durchbrüche anbelangt, mehr vollbracht zu haben als in all den vorangegangenen Jahren unserer Geschichte zusammengenommen. Und dies ist erst der Anfang. Der Computer ist heute bereits das, was die elektrische Schreibmaschine in den frühen sechziger Jahren war.

Wir haben eine ungeheure Chance zu einem neuen Zeitalter der Kreativität. Während Groß- und Kleincomputer manche unserer rein routinemäßigen und mechanischen ›linkshirnigen‹ Funktionen übernehmen, gewinnen wir mehr Zeit und geistige Kapazität. Wir sollten fähig sein, zwischenmenschliche Beziehungen zu erleben, die mehr auf Gefühlen und seelischer Liebe gründen, als dies in der Vergangenheit der Fall gewesen ist. Statt passiv Fernsehsendungen anzusehen, können wir uns im voraus aktiv unsere Zukunft vergegenwärtigen und gestalten. Zuerst müssen wir daran glauben, daß wir den Erfolg verdienen. Dann müssen wir uns diesen Erfolg bildhaft vorstellen und ihn in Worte fassen, als ob wir Drehbuchautoren eines Fernseh-Dokumentarfilms über unser eigenes Leben seien. Wie wir heute über uns selbst schreiben und sprechen, wird entscheiden, wie sich die Handlung unseres Films morgen und übermorgen entwickelt.

Die Macht des Selbstgesprächs

Sie sind Ihr wichtigster Kritiker. Keine Meinung ist für Ihr Wohlergehen von so ausschlaggebender Bedeutung wie die Meinung, die Sie von sich selbst haben. Und die allerwichtigsten Begegnungen, Besprechungen und Gespräche, die Sie je haben werden, sind diejenigen, die Sie mit sich selbst haben.

Während Sie lesen, sprechen Sie eben jetzt zu sich selbst. »Mal sehen, ob ich verstehe, was er damit meint... wie läßt sich das mit meinen eigenen Erfahrungen vergleichen... das muß ich mir aufschreiben... probier das morgen aus... das habe ich schon gewußt... das mache ich schon... kein schlechtes Beispiel... wann kommen wir zum ›Wie-man-es-macht‹-Teil?«

Ich bin der Meinung, daß dieses Selbstgespräch, diese Psycholinguistik oder Sprache der Seele, so gelenkt werden kann, daß sie für uns arbeitet, insbesondere beim Aufbau von Selbstachtung und Kreativität.

Jeder von uns hat zwei Wesen in sich: das Ich, das man heute ist, und das Ich, das man auf Grund dessen, was man hört und sieht, sein wird. Wie wir gesehen haben, denken wir auch auf zwei deutlich verschiedene Arten, in zwei Kammern, der linken und der rechten Hemisphäre unseres Gehirns.

Wir alle sprechen in jedem Augenblick unseres Lebens zu uns selbst, außer während gewisser Abschnitte unseres Schlafzyklus. Es ergibt sich ganz von selbst. Wir sind uns kaum je bewußt, daß wir es tun. In unserm Kopfe läuft ein fortlaufender Kommentar zu den Ereignissen und unseren Reaktionen darauf ab. Viele unserer Entschlüsse sind unterbewußte Reaktionen in unserer rechten Gehirnhälfte, und da sie nicht in

Worten ausgedrückt werden, verspüren wir ein Gefühl in der Magengegend oder irgendeine Art visueller oder emotionaler Reaktion auf das, was wir sehen, hören oder berühren. Die linke Hemisphäre tadelt und billigt mit Worten, was wir bewußt sagen und tun. Die linke Hemisphäre schimpft auch mit Worten über die unterbewußten Reflexe, die durch die rechte Hemisphäre hervorgerufen werden. Wir können das beispielsweise auf dem Tennisplatz tagtäglich sehen. »Jetzt behalt doch mal den Ball im Feld, du Flasche!« Aber es ist nicht der Partner auf der andern Seite des Netzes, der einen so zurechtweist; es ist einer der beiden Partner im eigenen Kopfe! Und die rechte Hemisphäre weiß, wie sie es der linken heimzahlen kann: Sie läßt einen auf dem Tennisplatz hinfallen, man bekommt Kopfschmerzen, oder es wird einem schlecht.

Sie und ich sind vertraut mit der *inneren Partie Golf,* der *innern Partie Tennis* usw. Wir wissen etwa, wie wichtig es ist, sich bildhaft vorzustellen, wie man mit den Skiern frei und ungezwungen den Hang hinunterfährt und in der scharfen Luft, die einem entgegenschlägt, ein Hochgefühl verspürt, wie man die Bodenwellen mit Schwung nimmt, Ski geschlossen, Belastung auf dem Talski... Dieses Sich-im-voraus-bildhaft-Vorstellen findet zu Hause oder in der Kabine statt, bevor wir überhaupt die Skier anziehen. Es besteht darin, daß wir uns selbst in entspannter Stimmung durch das geistige Auge betrachten — als Vorbereitung auf das wirkliche Ereignis.

Sich-Vorstellen und Bejahung von Erfolg wird manchmal als ›Drehbuch-Schreiben‹ (englisch *Scripting)* bezeichnet. Meine eigenen Theorien über dieses *Scripting* decken sich weitgehend mit denen zweier Kollegen von mir, Dr. Thomas Budzynski in den Vereinigten Staaten und Dr. Georgi Losanow aus Sofia in Bulgarien. Dr. Losanows Methode ist in Amerika allgemein unter dem Namen *Superlearning* bekannt und umfaßt tiefgehende Entspannung, ›suggestopädische‹ Musik und gesprochene Worte. Dr. Budzynski, eine führende Persönlichkeit in Biofeedback-Forschung und Gehirnlateralisierungs-Untersuchungen, hat ein Lernsystem entwickelt, das ›Dämmerungslernen‹ (englisch *Twilight Learning)* genannt wird. Er hat herausgefunden, daß, wenn die linke Gehirnhälfte beruhigt wird, die rechte Gehirnhälfte Botschaften hört, die den Körper verwandeln können. Sowohl Losanow wie Budzynski sind der Meinung, wenn das Vorherrschen der linken Gehirnhälfte unterdrückt werde – durch Entspannung und andere Methoden, Erregung unter Kontrolle zu halten –, sei auch die rechte Gehirnhälfte empfänglich für verbale Eingaben, wie sie es für visuelle Bilder ist.

Da die meisten negativ gearteten Gefühle, Anschauungen und Haltungen, die wir uns selbst gegenüber haben, durch gewohnheitsmäßige Wiederholung in unserer rechten Gehirnhälfte gespeichert werden, müssen wir beginnen, uns zu entspannen und Selbstgespräche zu führen, die konstruktiv und lobend statt destruktiv und abfällig sind.

Wie man das Drehbuch zu seinem eigenen Erfolg schreibt

Ich selbst setze das positive Selbstgespräch auf ähnliche Art und Weise ein, wie es mit der Losanow-Methode getan wird, obwohl ich bei vielen Leistungssportlern Biofeedback-Techniken anwende. Das Folgende ist eine vereinfachte Methode, die Ihnen vielleicht helfen kann, Ihr eigenes Selbstgespräch im Hinblick auf eine bessere Meisterung gewisser Aspekte Ihres Lebens neu zu formulieren:

Wählen Sie eine Zeit und einen Ort so, daß Sie nicht gestört werden und sich entspannen können. Körperliche und geistige Entspannung sind unerläßlich. Die beste Stellung ist entweder liegend oder aber sitzend, mit ungekreuzten Beinen, geradem Rücken und locker an den Körperseiten oder im Schoße liegenden Händen.

Drehen Sie am Radio oder am Plattenspieler leise Musik an; am besten eignet sich klassische Musik der Barockkomponisten (Bach, Händel, Vivaldi usw.). Wählen Sie – wenn Sie einen Plattenspieler oder ein Kassettendeck haben – Barockmusik in langsamem Tempo, zum Beispiel ¼-Takt mit ungefähr einem

Taktschlag je Sekunde oder sechzig Schlägen je Minute. (Sie werden feststellen, daß sich Ihr Herzschlag möglicherweise ebenfalls auf sechzig Schläge pro Minute verlangsamt — oder gar auf noch weniger, wenn Herz und Gefäße in Form sind.)

Entspannung ist das A und O, doch ist es von Nutzen, eine Kassette zu haben, die man mit der eigenen Stimme bespricht. Darauf festgehalten sollen Äußerungen über sich selbst sein — in der ersten Person Präsens, als ob man die Eigenschaften, welche diese Äußerungen beschreiben, bereits besäße. Sie brauchen nicht in ein Tonstudio zu gehen. Nehmen Sie einfach ein unbespieltes Band und Ihren tragbaren Kassettenrecorder, gehen Sie an jenen ruhigen Ort, und nehmen Sie Ihr Ausgangsband auf.

Nachfolgend einige Selbstgespräch-Äußerungen, die ich mit eigener Stimme für meine eigene Gesundheit, Selbstachtung und schöpferische Entwicklung aufgenommen habe:

Ich atme entspannt und mühelos.
Mein Herz schlägt langsam und regelmäßig.

Meine Muskeln sind entspannt und warm.
Ich entspanne mich jetzt. Ich bin ganz ruhig.
Ich habe meinen Körper jetzt unter Kontrolle.
Ich glaube, daß ich einzigartig und besonders bin.
Ich bin lieber ich als irgend jemand anders auf der Welt.
Ich kann spüren, daß mein Körper jetzt gesünder ist.
Jetzt ist die beste Zeit zu leben.

Ich bin stolz auf meine Leistungen und meine Ziele.
Ich gebe in allem mein Bestes.
Ich komme den Verpflichtungen nach, die ich eingehe.
Ich verdiene den Respekt anderer.
Alles ist jetzt für mich gut.
Ich erreiche meine finanziellen Ziele.
Ich bin glücklich, eben jetzt ich zu sein.
Meine Welt öffnet und weitet sich.
Ich bin ganz ruhig. Ich bin ganz ruhig.

Ich freue mich an jedem schönen Tag.
Ich nehme mir Zeit für Blumen und Sonnenuntergänge.
Ich nehme mir auch Zeit für ältere Leute.
Ich bin sanft und liebevoll meinen Angehörigen gegenüber.
Ich nehme mir Zeit, wie ein Kind zu spielen.
Ich bin stark und vital.
Ich bin erfolgreich. Ich bin erfolgreich.
Ich verhelfe auch anderen zum Erfolg.

Ich achte und schätze mich selbst.
Heute ist mein allerbester Tag.
Ich danke Gott für das Geschenk des Lebens.

Wenn Sie Ihr eigenes Selbstgespräch (das teilweise ganz anders als meine Beispiele lauten mag) aufnehmen, so sprechen Sie in normalem Ton. Sie werden feststellen, daß die einzelnen Äußerungen rund vier Sekunden dauern. Sagen Sie sie dreimal, und wechseln Sie dabei von einem bejahenden zu einem befehlenden und zu einem sanfteren Ton.

Wenn Sie sich entspannt haben und die leise Musik ganz für sich genießen, spielen Sie die Kassette mit Ihrem Selbstgespräch ab. Die Musik sollte lauter sein als Ihre Stimme auf Band. Spielen Sie das Selbstgespräch in einer Lautstärke ab, daß es gerade noch gehört werden kann, Ihre Konzentration auf die Entspannung zur Musik jedoch nicht stört. Hören Sie nicht bewußt auf das, was Sie auf dem Band sagen. Lassen Sie Ihre linke Gehirnhälfte sich ausruhen und Ihre rechte Gehirnhälfte die Musik genießen. Ihre rechte Gehirnhälfte wird Ihr positives Selbstgespräch ab Band auch aufnehmen, genau so wie Bilder und Gefühle über Sie selbst zur Unterstützung der Worte.

Ihr geistiges Bild von sich selbst ist der Schlüssel zu Ihrer gesunden Entwicklung. Sie sind der Autor, Regisseur und Hauptdarsteller entweder eines Oscar-würdigen Epos oder aber eines zweitrangigen Streifens. *Wen Sie in Ihrer Phantasie sehen, wird stets Ihre Welt regieren.*

Sie sind auch Ihr größter Kritiker. Sie können Ihre Selbstachtung und Kreativität mit sarkastischen und negativen Rezensionen Ihrer täglichen Vorstellung zunichte machen. Sie können aber auch Ihr Selbstbild mit ermutigendem und positivem Feedback und mit der Vorschau auf kommende Attraktionen heben. Ihr Selbstgespräch wird Minute für Minute von Ihrem Selbstbild empfangen und aufgezeichnet. Wenn Sie mit sich selbst reden, geben Sie auf Ihre Sprache acht!

Zehn Schritte auf dem Weg zu Kreativität

1. Hier ein paar typische Eigenschaften kreativer Menschen. Wie viele davon treffen für Sie zu?

- optimistisch der Zukunft gegenüber
- in konstruktivem Sinne unzufrieden mit dem Status quo
- überaus wißbegierig und aufmerksam
- offen gegenüber Alternativen
- Tagträumer, in die Zukunft projizierend
- unternehmungslustig und vielseitig interessiert
- fähig, üble Gewohnheiten zu erkennen und abzulegen
- unabhängig denkend
- Ganzhirn-Denker (innovative Ideen und ihre praktischen Lösungen)

2. Ist Ihre rechte oder Ihre linke Gehirnhälfte tonangebend?

a) Ist Ihr Arbeitsplatz sauber und aufgeräumt?
   Ihr Wagen? Ihre Garage?
b) Ziehen Sie es vor, zuerst eine Arbeit zu erledigen, bevor Sie eine andere in Angriff nehmen?
c) Besprechen Sie gerne etwas gleich dann, wenn es vorfällt?
d) Lieben Sie Abwechslung im Essen, und essen Sie zu verschiedenen Zeiten?
e) Sitzen Sie gewöhnlich zu bestimmten Zeiten vor dem Fernseher, und sehen Sie sich jeweils dieselben Sendungen an?
f) Unternehmen Sie an Wochenenden immer wieder Neues?
g) Lieben Sie Kunst, gute Musik und Zusammensetzspiele? (zwei von dreien)

(Wenn Sie a, b, c und e mit Ja und d, f und g mit Nein beantwortet haben, so dominiert bei Ihnen wohl die linke Gesichtshälfte; wenn Sie d, f und g mit Ja, a, b, c und e jedoch mit Nein beantwortet haben, so ist wahrscheinlich Ihre rechte Gehirnhälfte die aktivere.) Irgendwelche Schlüsse? Nein, nur mehr Bewußtheit!

3. Verlieben Sie sich nicht in eine Erfindung oder eine Idee! Ideen nutzen sich ab, und es gibt stets eine neue und bessere. Fordern Sie sich selbst dazu heraus, daraus etwas zu machen und sie in die Tat umzusetzen.

4. Lernen Sie eine Entspannungsmethode, die bei Ihnen wirkt. Ihre kreative Phantasie läßt sich am besten vorausschauend oder zurückblendend einsetzen, wenn Sie entspannt sind, ist doch dann das Vorherrschen der linken Gehirnhälfte weniger ausgeprägt und die rechte Gehirnhälfte empfänglich für Ihre visuellen und gewisse auditive Suggestionen. Es gibt Kassetten, auf denen passive Entspannung, sukzessive Muskelentspannung, Tiefatmung und Biofeedback-Techniken beschrieben werden. Probieren Sie ein paar verschiedene Methoden aus, bis Sie eine finden, die Ihnen zusagt.

5. Wenn Sie sich selbst bildhaft ›in der Gegenwart‹ vorstellen, als ob Sie jetzt schon eines Ihrer Ziele erreichten, vergewissern Sie sich, daß Ihr geistiges Bild so ist, wie sie es aus eigener Sicht sähen, und nicht, wie es mit den Augen eines Zuschauers gesehen aussähe.

6. Schelten Sie sich nicht mit ›linkshirniger‹ Kritik aus, wenn Sie einen Fehler machen! Arbeiten Sie eine bejahende Äußerung aus, die etwa fünf Wörter lang ist und Ihre fehlerfreie Ausführung im Präsens beschreibt. Entspannen Sie sich, hören Sie sich selbst zu, wie Sie die bejahende Aussage machen, und vergegenwärtigen Sie sich die entsprechende Tätigkeit und das entsprechende Gefühl.

7. Um Probleme kreativ zu erkennen und anzugehen, betrachtet man sämtliche Probleme am besten als ›Situationen, die ver-

bessert werden müssen‹, als ›vorübergehende Unannehmlichkeiten‹ und ›Gelegenheiten zu wachsen‹. Ändern Sie Ihren Standpunkt oder Ihre Einstellung Problemen gegenüber!

8. Das Sprechen über Ideen und Pläne muß durch das Ausprobieren dieser Ideen und Pläne aufgewogen werden. Theorie und Praxis konvergieren zur Ganzheit. Erproben Sie Ihre Ideen ›im Gelände‹.

9. Wenn Sie vor einer Entscheidung stehen, erwägen Sie das Vorgehen, das Benjamin Franklin als seine Standardmethode bei der Fällung eines Entscheides bezeichnete: Zeichnen Sie auf einem Blatt Papier zwei Spalten ein, und überschreiben Sie sie mit ›Vorteile‹ und ›Nachteile‹. In der Vorteilspalte führen Sie alle Gewinnpunkte und positiven Resultate auf, die Sie erzielen, wenn Sie Ihren Entschluß durchführen. Listen Sie alle Nachteile und möglichen Folgen Ihres Entschlusses in der zweiten Spalte auf. Wägen Sie die Vor- und Nachteile gegeneinander ab. Überwiegen Ihrer Meinung nach die Vorteile, und können Sie sowohl mit den Folgen als auch mit den Gewinnpunkten leben, so führen Sie Ihren Entschluß durch.

10. Sparen Sie sich Zeit aus, mit Ihrem Rad zu fahren, Sandburgen zu bauen, einen Drachen fliegen zu lassen, an einer Rose zu riechen, im Wald zu spazieren oder barfuß im Sand zu gehen. Wir Erwachsenen müssen auch die wundervolle, ›rechtshirnige‹ Welt des kreativen Kindes in uns entdecken! (Tun Sie das dieses Wochenende!)

Fragen zu Ihrer Kreativität

1. Stellen Sie sich Ihren eigenen Erfolg bildhaft vor? Wann haben Sie das zum letzten Mal getan?

2. Ermutigen oder tadeln Sie sich in Ihrem Selbstgespräch? Haben Sie sich eine kurze bejahende Aussage ausgedacht, die Sie dann anwenden, wenn Ihr Selbstgespräch einen negativen Verlauf nimmt?

3. Spielen Sie im Geiste vergangene Mißerfolge wieder durch? Sind die Mißerfolge in diesem ›Wieder-aufleben-Lassen‹ lebhafter als Ihre Erfolge?

4. Wiederholen oder bekräftigen Sie im Geiste vergangene Erfolge? Sehen Sie diese Erfolge aus Ihrer eigenen Sicht?

5. Sehen Sie sich selbst als richtigen Erfolgsmenschen im Leben? Wie kann diese Einstellung Ihnen helfen, Ihre Ziele zu erreichen?

6. Wie oft entspannen Sie sich und lassen Ihre Gedanken in die Höhe schweifen? Machen Sie mit sich selbst ab, dies demnächst zu tun?

3
Die Saat der Verantwortlichkeit

Wir werden zu dem, was wir tun

Im Neuen Testament steht ein Spruch, der vom Säen und Ernten handelt. »Denn was der Mensch sät, das wird er auch ernten«, steht im Galaterbrief 6, 7. Meine Großmutter hat mir über das Säen und Ernten vieles beigebracht; doch sie hat mir nicht nur in ihrem Garten über die Saat der Größe erzählt.

Manchmal fuhren wir für einen Pappenstiel mit der Fähre zwischen dem Harbor-Drive-Pier in San Diego und der Coronado-Insel den ganzen Tag lang hin und her. Wir packten jeweils zu Hause ein Picknick ein, fuhren mit der Straßenbahn ins Zentrum, gingen an Bord, und ich hielt mir die Ohren zu, bis der Hornstoß unsere Abfahrt anzeigte. Wenn wir am Bug der Fähre standen, konnten wir zu unserem Vergnügen die Tümmler (eine Delphinart) Fangen und Verstecken spielen und dabei knapp unter der Wasseroberfläche hin und her schwimmen sehen.

Der höchste Fixpunkt in der Landschaft war auf unserer Fahrt das Hotel del Coronado mit seinen rötlichen runden Dächern, die in schönem Kontrast über das weiße Holz hinausragten. Meine Großmutter erzählte mir von der Zeltstadt, die sich über fast zwei Kilometer am Silver Strand beim Hotel ausdehnte und wohin Hunderte von Touristen in ihren alten Hudsons, Oldsmobiles und Willyses strömten, um hier beim Ozean für ihre Sommerferien die Zelte aufzuschlagen. Die polierten Cadillacs, Packards und Nashes waren beim del Coronado geparkt.

Sie erklärte mir, daß die gewöhnlichen Leute, die mit der Fähre fuhren und draußen in Zelten campierten, besser verstünden, das Leben zu genießen, als all diejenigen mit dem vielen Geld. Ich sagte, ich glaube das auch, doch später fragte ich sie, ob wir nicht einmal die Straßenbahn zum del Coronado nehmen und dort einen Blick in die Hotelhalle werfen oder zuschauen könnten, wie die Wagen mit den Gästen vorfuhren. Sie lächelte und erwiderte: »Vielleicht wenn der Krieg vorbei ist.«

Wenn wir dann jeweils mit der Fähre nach San Diego zurückkehrten, wurde es eben dunkel. Ich liebte es, nach San Diego hinüber zu blicken und zu sehen, wie das höchste Gebäude der Stadt seine Neonreklame aufleuchten ließ — ›El Cortez Hotel‹. An jenem bestimmten Abend im Jahre 1943 fand eben eine Luftschutzübung statt, als wir zurückkamen.

Wenn die Luftschutzsirenen heulten und die Lichter in San Diego ausgingen, war es unheimlich zu sehen, wie sich der Himmel plötzlich mit Sperrballons füllte, die wie kleine graue, an Drahtseilen schwebende Wolken aussahen. Tatsächlich wurden sie von Flugabwehr-Geschützstellungen aus hochgelassen mit dem Zweck, die Flügel von japanischen Bombern abzuscheren und eine mögliche Invasion Kaliforniens von der See her zu verhindern.

»Werden die Japaner uns im Krieg besiegen und die Macht über uns gewinnen?« frage ich meine ergraute Großmutter, die Tabakumschläge für jeden Bienenstich und Weisheit für jede Frage zu haben schien, die ein Neunjähriger nur stellen konnte. »Natürlich nicht«, versicherte sie, während sie die Tür öffnete, als wir in die Sicherheit ihres kleinen Fachwerkhauses zurückkehrten. »Aber sie haben doch unsere ganze Marine versenkt und...«

»Schschsch«, unterbrach sie mich sanft. »Sie werden das über sich selbst bringen, was sie hineingesteckt haben. Sie haben durch ihre eigenen Taten die Saat ihrer eigenen Zerstörung gesät.« (Das mag als schwierige Kost für einen Neunjährigen erscheinen, doch zu meiner — und ihrer — Rechtfertigung sei gesagt, daß wir 1943 ja gezwungen waren, ohne den Segen des Fernsehens zu überleben. Unsere hauptsächlichen Quellen der Zerstreuung waren Gespräche, Bücher, das Radio und so einmal alle zwei Monate das Kino. Es war normal, daß meine Großmutter mit mir mehr wie zu einem Erwachsenen über das Leben sprach.)

Meine Großmutter ging in ihr Zimmer und kam mit einer handgeschriebenen Abschrift einer Rede zurück, die sie, wie sie sagte, in ihrem Büro in einer Zeitung gesehen hatte. Die Rede war von Madame Chiang Kai-shek am Radio gehalten worden. Madame Chiang war die First Lady und die moralische Stütze der Chinesen in ihrem Kampf gegen die japanischen Heere im Zweiten Weltkrieg.

Großmutter setzte sich und rückte ihre Brille zurecht. »Ich habe nicht alles Wort für Wort abgeschrieben«, meinte sie; dann begann sie zu lesen:

Wenn uns die Vergangenheit etwas gelehrt hat, dann dies, daß jede Ursache ihre Wirkung hat, jede Handlung ihre Folge nach sich zieht. Wir Chinesen haben ein Sprichwort, das lautet: »Wenn ein Mensch Melonen pflanzt, wird er Melonen ernten; wenn er Bohnen sät, wird er Bohnen ernten.« Und das trifft auf das Leben eines jeden zu: Gutes erzeugt Gutes, und Schlechtes führt zu Schlechtem.

Zwar scheint die Sonne genauso auf den Heiligen wie auf den Sünder, und nur zu oft scheint es den Bösen gut zu gehen. Aber wir können mit Sicherheit sagen, daß beim einzelnen wie beim ganzen Volk das Gedeihen des Bösen eine Täuschung ist, denn das Leben führt ohne Unterlaß Buch über uns alle.

Am Ende sind wir alle die Gesamtsumme unserer Handlungen. Charakter kann nicht geheuchelt werden, und er kann auch nicht angezogen und abgelegt werden, als sei er ein Kleidungsstück, das der Laune des Augenblicks entgegenkommt. Wie die Maserung im Holz, die tief im Baum drinnen entsteht, braucht Charakter Zeit und Pflege, um zu wachsen und sich zu entwickeln.

Und so — Tag für Tag — schreiben wir auch unser eigenes Schicksal; denn wir werden — unerbittlich — zu dem, was wir tun.

Großmutter legte ihre Brille ab und ging in die Küche, um den Rhabarberkuchen zu wärmen.

Ich gebe zu, ich verstand damals, vor vierzig Jahren, nicht allzu viel. Doch jetzt bin ich ein erfahrener Gärtner. Die Wahrheit jener Worte — der bitteren und der süßen — ist überall gegenwärtig.

Warum die Japaner Erfolg haben

Über die Jahre und zwei weitere Kriege habe ich längst schon den Jugendgroll begraben, den ich gegen Japan hätte hegen können, weil es uns für jene drei Jahre den Vater wegnahm und weil es andere Männer, Frauen und Kinder aus dem Leben riß. Ich habe die Japaner bewundern und achten gelernt, bin ich doch mit vielen Japan-Amerikanern eng befreundet und mache ich doch gerne Japan-Reisen, um mehr über die japanische Kultur zu erfahren. Wie jener Krieg in Hiroshima endete, bereitet mir ebensoviel Schmerz wie sein Anfang in Pearl Harbor. Es scheint doch so, daß stets die Unschuldigen die Wirkungen der Ursachen zu tragen haben, die bei den Führungen liegen.

Vor noch nicht allzu langer Zeit befand ich mich auf einem Flug von San Francisco nach New York. Ein Teil des Flugzeuges war von einer japanischen Reisegruppe besetzt, die sich auf dem Weg zu ihrem ersten Amerika-Erlebnis befand. Es beeindruckte mich zu hören, wie diese Japaner ohne viel Mühe von ihrer eigenen zur englischen Sprache wechselten. Freilich ist Englisch in Japan Pflichtfach, während Fremdsprachen im amerikanischen Schulsystem immer seltener obligatorisch und immer mehr zum Wahlfach werden.

Ich wurde Zeuge eines auf englisch geführten Gesprächs zwischen zwei modisch gekleideten Damen der Gruppe. Sie hatten beschlossen, sich für die Dauer der Reise auf englisch zu unterhalten. Ich horchte nicht absichtlich hin, während ich sie vor mir über den Gang hinweg plaudern und scherzen hörte. »Was willst du als erstes tun, wenn wir ankommen?« wollte die eine wissen. »Aus dem Flugzeug steigen und das Gepäck abholen«, neckte die andere.

»Nein«, lachte die erste, »ich meine doch, nachdem wir im Hotel angekommen sind.« »Mir ist eigentlich alles recht«, kam die Antwort zurück. »Ich möchte mich natürlich in allen

Geschäften und Läden nach Geschenken zum Nach-Hause-Bringen umschauen. Ich habe gehört, die Preise seien hier in Amerika viel vernünftiger.«

»Aber wir müssen schon ein wenig aufpassen«, mahnte ihre Freundin. »Die Sachen sind zwar billiger, aber es hapert an der Qualität.«

Ich steckte meine Nase in mein *Wall Street Journal* zurück und schluckte leer. Diese jungen Japanerinnen meinten es nicht sarkastisch oder schnippisch. Sie sprachen ganz einfach ihre Meinung ehrlich aus, die sie sich aufgrund eigener Vorstellungen und Erkenntnisse gebildet hatten. Ich dachte an meinen Kontakt mit japanischen Produkten in meiner Jugend zurück. Damals bedeutete ›Made in Japan‹ vor allem Drachen aus Holz und Papier, Sonnenschirme, Fächer, Zündhölzer, Schachteln und andere Kuriositäten. Fast alle japanischen Importartikel wurden wegen der zweifelhaften Qualität ihrer Ausführung Billigwarenhäusern zugeteilt.

Wenn ich heute nach den Hudsons, Studebakers, Nashes, Willyses, Kaisers und Packards Ausschau halte, die ich jeweils bei der Zeltstadt stehen sah, als ich ein Kind war, sehe ich vor allem Datsuns, Toyotas, Hondas und Izusus. Ich habe in letzter Zeit im ganzen Land Motivationsseminare für amerikanische Autoverkäufer gegeben. Eines Morgens ergoß ich nun tatsächlich die Produktivitätsbotschaft auf meine Zuhörer. Während ich über das Podium des Saals stampfte, erklärte ich den dreihundert Verkäufern, ich setze mich hartnäckig für die Wiederbelebung der großen amerikanischen Tradition der Güte und der Hingabe ein.

»Meine Herren«, dröhnte ich gebieterisch, »wir sind rundum gegangen. Wir sind jetzt wieder auf der richtigen Spur und gewinnen Schwung auf eine vollständige wirtschaftliche Erholung hin.«

Und ich schloß mit noch größerer Klangfülle in der Stimme: »Meine Herren, wir können das Licht am Ende des Tunnels sehen!« Und eine Stimme aus der Menge schallte zurück: »Genau, und es ist ein japanischer Güterzug, der in die andere Richtung fährt!«

Es scheint doch wirklich unglaublich, daß ein Land, das so klein ist, daß es größenmäßig mühelos in Kalifornien Platz hätte, sich aus dem Schutt des Zweiten Weltkrieges emporrappeln konnte, um in weniger als vierzig Jahren eine der führenden Wirtschaftsmächte der Welt zu werden. Gewiß, wir haben Japan beim Wiederaufbau seiner Fabriken und seiner Wirtschaft geholfen. Doch das allein hat es nicht ausgemacht. Unter den Völkern hat Japan die niedrigste Kindersterblichkeitsziffer, den höchsten Prozentsatz gelehrter Bildung, die höchste Lebenserwartung, den höchsten Bildungsstand unter der Jugend, und es gehört zu den Ländern mit den wenigsten Gewaltverbrechen. Übervölkerung und Rohstoffarmut zum Trotz schreitet Japan voran wie ein furchtloser David gegen Goliath.

Um uns anderen im Westen Gerechtigkeit widerfahren zu lassen, sei darauf hingewiesen, daß Jahrhunderte ererbter Kultur einen bedeutenden Einfluß auf Japans Fleiß und Spannkraft gehabt haben. Das Standardvorgehen der Japaner beim Fällen von Entscheiden wird mit *Nemawashi* (die Wurzeln eines Baumes oder Strauches zusammenpacken und einwickeln, bevor man ihn an einen andern Ort bringt) umschrieben; frei übersetzt könnte das ›Rundum-Übereinkommen‹ heißen. Das Übereinkommen, die Verständigung und Zustimmung, ist in jeder Organisation *durch alle Stufen hindurch* notwendig, bevor man in Japan zur Tat schreitet. Dies ist beschwerlich und kann auf zermürbende Weise zeitraubend sein, doch es reduziert ganz sicher die Wahrscheinlichkeit von Verstimmtheit auf seiten der Arbeitnehmer und von Streiks. Ein erfolgreiches Mittel, das die Japaner in ihrem ›*Nemawashi*-Management‹ anwenden, ist der ›Qualitätszirkel‹, dessen Sinn darin besteht, verschiedene kleine Gruppen von Stabs- und Linienmitarbeitern miteinzubeziehen, die sich regelmäßig treffen, um arbeitsbezogene Probleme zu diskutieren. Ironischerweise wurde das ›Qualitätszirkel‹-Konzept von einem Amerikaner entwickelt, nämlich von W. Edward Deming im Jahre 1948. Seit es von den Japanern mit Erfolg eingesetzt wurde, haben amerikanische Gesellschaften begonnen, dieses Mittel der Gruppenkommunikation wiederzuentdecken im Bemühen, schleppender Produktivität entgegenzuwirken.

Der Hauptfaktor beim Erfolg der Japaner, ›aus der Asche heraus Großes zu schaffen‹, ist vielleicht ihre Bereitwilligkeit, vorwärts, in die Zukunft zu blicken und gleichzeitig in der Gegenwart ein Maximum an Arbeitsleistung und Opferbereitschaft zu erbringen.

Japanische Arbeitnehmer sparen schätzungsweise zwanzig Prozent ihres Nettoeinkommens — mehr als dreimal soviel wie die Amerikaner. In Japan nennt man es ›beliebiges‹ Einkommen, womit gemeint ist, daß man es nach Belieben ausgeben oder sparen kann.

In Amerika wird es ›verfügbares‹ Einkommen genannt, und wenn wir es bekommen, beeilen wir uns, darüber zu verfügen, will heißen es auszugeben!

Das dritte bestgehütete Geheimnis des unumschränkten Erfolges

Es scheint allen — außer uns als einzelnen Menschen — augenfällig zu sein, daß wir Bewohner der westlichen Industrieländer über unseren vergangenen Lohn schneller verfügen, als wir unsere heutige Investition für künftigen Ertrag ergänzen. Statt uns einfach auf unseren Lorbeeren auszuruhen, sind wir möglicherweise auf dem besten Weg, sie zu verpfänden.

Als Gesellschaft protestieren wir im selben Atemzug für individuelle Freiheit und soziale Ordnung. Wir streben nach materiellem Reichtum und wünschen uns seelischen Reichtum als Nebenprodukt. Wir bitten um größeren Schutz vor Verbrechen, fordern aber weniger Einmischung in unsere gesellschaftlichen Gewohnheiten. Wir wollen Steuerreduktionen, gehen das große Risiko ein und gestalten unser eigenes Schicksal und erwarten gleichzeitig von unserer Regierung größere finanzielle Sicherheit. Doch wir können nicht beides haben. Wenn wir Resultate wollen, müssen wir auch gewillt sein, den Preis dafür zu bezahlen.

> Das dritte bestgehütete Geheimnis des unumschränkten Erfolges liegt darin, daß unsere Belohnung im Leben von der Qualität und der Größe unseres Beitrages abhängt.

Wir wollen Freiheit, doch sind wir gewillt, den Preis dafür noch zu bezahlen? Ich glaube, Sie und ich sind es. Darum habe ich dieses Buch geschrieben. Es ist meine Art und Weise, in den Spiegel zu schauen, mein Leben und das meiner Familie zu betrachten und zu mir selbst zu sagen: »Los, wach auf! Spannen wir an, und fahren wir wieder los. Wenn Gott uns das Gesetz von Ursache und Wirkung gegeben hat, damit wir uns klar darüber werden können, wie wir fahren, dann können wir es uns zunutze machen, indem wir die ›Wirkung‹ unserer Lebensweise sorgsam beobachten. Das Geheimnis liegt darin, die ›Ursache‹ zu ändern.«

Die Ursache des Großteils unserer gesellschaftlichen Probleme besteht aus vielen verschiedenen kleineren Ursachen. Ich bin in den letzten vier Jahren beinahe täglich umhergereist, um Studenten jeder Stufe, Eltern, Politiker, Weltraumfahrer, ehemalige Geiseln und Kriegsgefangene, Olympiasportler, Führungskräfte und Fabrikarbeiter zu interviewen. Überall ist laut und deutlich dasselbe zu hören: »Die Verantwortlichkeit muß neu definiert und dieser und sämtlichen kommenden Generationen neu beigebracht werden.« Nichts legt beredteres Zeugnis des Zustandes eines Volkes ab als die Gewohnheiten seiner Jugend. Und die Gewohnheiten der Jugend Amerikas sind nichts anderes als das Spiegelbild dessen, wie Erwachsene mit der Verantwortlichkeit umgehen.

Die Statistik spricht für sich. Während Sie dieses Buch lesen, ereignet sich in Amerika alle fünfzehn Sekunden ein Verkehrsunfall, der von einem minderjährigen Fahrer im Rausch verursacht wird und bei dem andere verletzt werden. Alle dreiundzwanzig Minuten stirbt ein Kind bei einem Autounfall, und in den meisten Fällen liegen die Ursachen bei Drogen oder Alkohol. Von den mehreren hunderttausend jungen Amerikanern, die dieses Jahr versuchen werden, Selbstmord zu begehen, werden über fünftausend ihren Entschluß auch durchführen. Über achtzig Prozent dieser Selbstmörder werden offene Drohungen ausgesprochen haben, ehe sie sie in die Tat umsetzten. Selbstmord steht in Amerika jetzt als Todesursache bei Jugendlichen an zweiter Stelle, Verkehrsunfälle stehen an erster Stelle. Wo liegt der Grund zu diesem Ansturm von Gewalt und Unglück?

Das Übel unmittelbarer Befriedigung

Der Schuldige kommt in der Verkleidung eines Schlagwortes daher: »Erleichterung ist nur ein Schluck weg.« Das größte einzelne Übel, an dem unsere Gesellschaft krankt, ist meiner Meinung nach die unverantwortliche Besessenheit, mit der man nach unmittelbarer sinnlicher Befriedigung jagt. Wir wollen Liebe ohne Verpflichtung. Wir wollen Gewinn ohne Einsatz. Schmerz, Opfer und Anstrengung sind unakzeptabel. Wenn es jetzt sogleich guttut, probiere ich es. Wenn ich nicht sicher sein kann, daß ich gewinne, dann versuche ich es erst gar nicht. Ich will den Traum, den ich am Fernsehen, im Kino gesehen habe und den ich, wie meine Eltern sagten, bekommen werde, weil ich so besonders bin. Und ich will ihn jetzt. Morgen ist zu spät!

In seinem bestechenden Buch ›Ich, der narzißtische Amerikaner‹ erfaßt der Psychoanalytiker Aaron Stern das Problem auf brillante Weise in seinem Kern:

Um seelische Reife zu erlangen, muß ein jeder von uns lernen, zwei entscheidende Fähigkeiten zu entwickeln: die Fähigkeit, mit Ungewißheit zu leben, und die Fähigkeit, unmittelbare Befriedigung zugunsten langfristiger Ziele hintanzustellen.

Das Pubertätsalter ist eine Zeit maximalen Widerstandes gegen weiteres Wachstum. Es ist eine Zeit, die von den sinnreichen Anstrengungen des Jugendlichen geprägt wird, die Vorrechte der Kindheit aufrechtzuerhalten und gleichzeitig die Rechte des Erwachsenseins zu beanspruchen. Es ist ein Punkt, über den die meisten Menschen gefühlsmäßig nicht hinauskommen. Je mehr wir für unsere Kinder tun, desto weniger können sie für sich selbst tun. Das abhängige Kind von heute wird unweigerlich zum abhängigen Elternteil von morgen.

Als Vater von sechs Kindern weiß ich aus Erfahrung, daß das größte Geschenk, das Eltern ihren Kindern (und Vorgesetzte ihren Angestellten) machen können, Wurzeln und Flügel sind: Wurzeln der Verantwortlichkeit und Flügel der Unabhängigkeit. Fehlen diese Wurzeln und Flügel, so sind die Wirkungen beunruhigend, wenn nicht tragisch.

Bradford der Barbar

In meinen Eltern- und Führungsseminaren erzähle ich jeweils die wahre Geschichte von einem jungen Ehepaar, das mich vor einiger Zeit nach einem Ganztagsprogramm an einer Universität zu sich zum Nachtessen einlud. Dieser Mann und diese Frau, beide hochintelligent und mit höheren Bildungsabschlüssen, hatten sich für ein ›kindorientiertes‹ Heim entschieden, damit ihrem fünfjährigen Sohn Bradford alles zur Verfügung stand, um draußen in der Welt des Konkurrenzkampfes erfolgreich zu werden. Als ich auf der Zufahrt zu ihrem eleganten zweistöckigen Haus im Tudorstil, das am Ende einer Sackgasse lag, ankam, hätte ich wissen müssen, was mich erwartete. Ich trat auf seine E.T.-Puppe, als ich aus dem Wagen stieg, und wurde mit den Worten begrüßt: »Paß auf, wo du gehst, sonst mußt du mir einen neuen kaufen!«

Als ich durch die Haustür eintrat, wurde mir sogleich klar, daß dies Bradfords Haus und nicht das seiner Eltern war. Die Einrichtung war, wie es schien, ursprünglich von guter Qualität, doch sah sie ungemein mitgenommen aus. Wir versuchten, im Wohnzimmer eine Tasse heißen Most zu trinken, doch Bradford war eben mit irgendeiner Zerstörungsaktion beschäftigt. Einen Platz zu finden, wo man sich hätte hinsetzen können, war eine Aufgabe, wie mit verbundenen Augen auf einem Fuß durch ein Minenfeld zu hüpfen.

Bradford bekam als erster zu essen, und zwar im Wohnzimmer, damit er sich ja nicht allein fühlte. Ich hätte beinahe meine heiße Tasse in den Schoß fallen lassen, als ich sah, wie sie einen hohen Eßstuhl herbeischafften, der wie ein Schleudersitz mit vier Beinen und mit Gurten aussah. (Insgeheim stellte ich mir eine 20-Millimeter-Patrone vor, die unter dem Sitz mit einem 2-Sekunden-Zünder an einer Feuerwerksrakete befestigt war.) Er war fünf Jahre alt und mußte in einem hohen Eßstuhl festgeschnallt werden, um durch eine einzige Mahlzeit zu kommen!

Als wir im Eßzimmer, das offen an das Wohnzimmer angrenzte, den Salat zu essen begannen, warf Klein-Bradford sein Nachtessen auf den Teppich und leerte dann noch seine Milch darüber, um sicherzustellen, daß die Erbsen und Karotten auch ja tief genug in das feine Gewebe drangen. Seine Mutter flehte: »Brad, mein Schatz, tu das nicht. Mami will doch, daß du groß und stark wirst wie Papi. Ich werde dir frisches Essen holen, während Papi aufputzt.«

Während jeder mit seiner Arbeit beschäftigt war, hatte sich Bradford aus seinem Sitz losgeschnallt, kletterte von dort oben herunter und gesellte sich zu mir ins Eßzimmer, wo er sich alsbald mit meinen Oliven bediente. »Ich denke doch, du solltest auf dein eigenes Nachtessen warten«, sagte ich höflich und zog seine Hand von meiner Salatschale weg. Er holte mit dem Bein weit aus, um mir einen Fußtritt ins Knie zu verpassen, doch meine alten Expiloten-Reflexe ließen mich nicht im Stich, und ich schlug die Beine so schnell übereinander, daß er danebentraf, das Gleichgewicht verlor und hart auf seinem Hosenboden aufschlug. Man hätte meinen können, er sei beim Zahnarzt! Er schrie und lief zu seiner Mutter und schluchzte: »Er hat mich geschlagen!« Als seine Eltern fragten, was geschehen sei, informierte ich sie ruhig, daß er hingefallen sei und daß ich, abgesehen davon, »niemals einen Hausvorstand schlagen würde«.

Ich wußte, daß es Zeit war aufzubrechen, als sie den Heldenprinzen zu Bett brachten, indem sie auf die Treppenstufen Biskuits legten, die ihn hinauflocken sollten. Und er aß sich ins

Bett hinauf! »Wie werden Sie ihm je schmackhaft machen, in die Schule zu gehen?« erkundigte ich mich ruhig. »Oh, da werden wir uns ganz sicher etwas einfallen lassen«, lachten sie. »Gewiß, doch was, wenn die Nachbarhunde fressen, was Sie auslegen? Er wird sich verirren genau wie Hänsel und Gretel!« (Auf der Fahrt zurück zum Flughafen bat ich Gott um Vergebung dafür, nicht geschwiegen zu haben.)

Als reisender Dozent sehe ich viele Kinder, die heute ihre Eltern beherrschen. Ich beobachte auch viele Jugendliche und Erwachsene, die infolge geringer Selbstachtung und mangelhafter Führung ihr Leben nicht im Griff haben.

Ein Drittel unserer Kinder beginnt in der Volksschule, Marihuana zu rauchen, und einer von zehn älteren Mittelschülern raucht es täglich. Und das landesweit, nicht nur in gewissen Gegenden Amerikas. Es gibt in Amerika drei Millionen minderjährige Alkoholiker, und die Zahl steigt an. Ich bin gewiß kein Rechtsgerichteter und kein Radikaler, und ich schlage auch nicht bei jedem Anlaß blinden Lärm. Aber wir müssen über diese Probleme frei heraus sprechen. Pot ist das Landwirtschaftsgeschäft Nummer eins in Kalifornien, Florida, Georgia, und was weiß ich wie vielen anderen Staaten. Und es ist nicht harmlos! Im Gegenteil, THC, der psychoaktive Bestandteil von Haschisch, kann permanenten Gedächtnisverlust und mancherlei ernsthafte Folgen im Fortpflanzungssystem verursachen. Jüngste Untersuchungen der Regierung haben ergeben, daß Potraucher einen Lungenkrebs mit einem Verlauf zu entwickeln beginnen, der dem von Rauchern gewöhnlicher Zigaretten ähnlich ist. All dies läuft auf selbstzerstörerisches Verhalten hinaus, das seine Wurzeln im Drängen von Eltern, Kollegen und Medien auf unmittelbare sinnliche Befriedigung hat.

Wie man sich Selbstvertrauen aufbaut

Unsere wahren Belohnungen im Leben hängen von der Qualität und der Größe des Beitrags, den wir leisten, ab. Von der Heiligen Schrift über die Wissenschaft, die Psychologie bis hin zum Geschäftsleben lautet die Aussage gleich: »Denn was der Mensch sät, das wird er auch ernten.« »An ihren Früchten sollt ihr sie erkennen.« »Man holt heraus, was man hineinsteckt.« »Für jede Aktion gibt es eine gleichwertige entgegengesetzte Reaktion.« »Man bekommt nichts umsonst.«

Man kann sich Selbstvertrauen aufbauen, indem man erkennt, wie viele Möglichkeiten der Wahl man in einer freien Gesellschaft hat. Als ich die heimkehrenden Kriegsgefangenen und die ehemaligen Geiseln aus dem Iran befragte, erklärten sie, am meisten von allem hätte ihnen die ›Freiheit der Wahl‹ gefehlt. Es gibt zwei hauptsächliche Alternativen in unserem Leben: die Bedingungen zu akzeptieren, wie sie sind, oder die Verantwortung auf sich zu nehmen, sie zu ändern.

Eine kürzlich von der Universität von Kalifornien in Berkeley gemachte Studie zeigt, daß die glücklichsten, in ihrem gegenwärtigen wie ihrem späteren Leben bestangepaßten Menschen diejenigen sind, die glauben, ein großes Maß an Kontrolle über ihr Leben zu haben. Sie scheinen zweckmäßigere Reaktionen auf die Geschehnisse zu wählen und unvermeidbaren Veränderungen mit weniger Besorgnis entgegenzutreten. Sie lernen aus ihren vergangenen Fehlern statt sie im Geiste immer wieder abzuspielen. Sie verbringen ihre Zeit damit, in der Gegenwart zu handeln, statt damit, sich vor dem zu fürchten, was geschehen könnte.

Die gegenteilige Art Mensch glaubt an Glück, Schicksal, Unglücksbringer, ungünstige Zeiten und ungünstige Orte, an astrologische und biorhythmische Genauigkeit. Sie neigen dazu, Zweifel und Angst nachzugeben und haben folglich mit größeren seelischen und körperlichen Schwierigkeiten zu kämpfen. Sie sehen sich selbst als Opfer des Systems. Und sie glauben, entweder habe man es oder man habe es eben nicht, und Erfolg sei vornehmlich eine Lotterie oder reiner Zufall. Wenn wir analysieren, was die Japaner seit dem Zweiten Weltkrieg erreicht haben, wenn wir von den Tausenden von Leistungen lesen, die Menschen erbracht haben, die der Misere entronnen und zu Größe aufgestiegen sind, dann wird uns die Wahrheit bewußt. In Amerika und in anderen westlichen

Ländern sind viele Opfer des Systems in Tat und Wahrheit Menschen, die freiwillig Hand bieten zu ihrem eigenen Mißerfolg.

In Kapitel 1 haben wir über die drei großen Ängste gesprochen: Angst vor Ablehnung, Angst vor Veränderung und Angst vor Erfolg. Eine gute Methode, Angst zu bezwingen und sich mehr Selbstvertrauen zu schaffen, ist, sich bewußt zu machen, daß wir alle ›gotterschaffen, aber selbstgestaltet‹ sind und daß wir Liebe, göttliche Führung, Vorschriften und Gesetze erhalten, damit sie uns verstehen helfen, wie wir selbst die Wirkungen durch unsere Entscheide herbeiführen.

Ich habe gelernt, konstruktives Feedback selbst im beißendsten Spott über meine Überzeugungen zu suchen. Ich habe gelernt, daß Mißerfolge als ›Schrittsteine zum Erfolg‹ betrachtet werden sollten. Von den Geiseln und Kriegsgefangenen habe ich gelernt, meine Freiheit und die damit verbundene Verantwortung zu schätzen. Es macht mir Freude, die Wahl zu treffen unter den vielen Möglichkeiten, die ich habe, auf die vielen Herausforderungen zu reagieren, die sich mir stellen.

Um unser eigenes Selbstvertrauen aufzubauen, müssen wir Angst durch Wissen und Tat ersetzen. Ich habe unlängst eine Studie der Universität von Michigan gelesen, die mir geholfen hat, die Rolle, die Angst in meinem Leben spielt, einzuschränken. Die Studie hält fest, daß sechzig Prozent unserer Ängste völlig ungerechtfertigt seien; zwanzig Prozent seien bereits zu vergangenen Tätigkeiten geworden und lägen gänzlich außerhalb unserer Macht; und weitere zehn Prozent seien so unbedeutend, daß sie überhaupt nicht ins Gewicht fielen. Von den verbleibenden zehn Prozent unserer Ängste seien nur vier bis fünf Prozent echte und berechtigte Ängste. Und selbst von diesen seien die Hälfte noch solche, an denen wir ohnehin nichts ändern könnten! Die letzte Hälfte, also ganze zwei Prozent unserer Ängste, die echt seien, könnten wir leicht lösen, wenn wir aufhörten, uns zu sorgen, und anfingen zu handeln... Wissen und Tat.

Hier ein Rezept. Es scheint oberflächlich besehen etwas simpel, doch wird es seinen Wert erweisen, wenn Sie es ausprobieren. Das Jahr hat 365 Tage. Von allen Ängsten, die Sie jetzt verspüren oder je verspüren werden, sind ganze zwei Prozent eine berechtigte Ursache zu Beunruhigung und Aufmerksamkeit. Warum sollte man sie nicht im Keime ersticken? Da also zwei Prozent Ihrer Tage im Jahr ›Angsttage‹ sind, werden Sie sich während rund sieben Tagen pro Jahr berechtigterweise sorgen. Da die meisten von uns jedes Jahr etwa drei Wochen Ferien von ihrer täglichen Routine (und ihrer Angst) nehmen, bleiben uns neunundvierzig Wochen übrig, um sieben Tage Angst zu absorbieren!

Und hier nun die Empfehlung: Wählen Sie alle sieben Wochen einen Tag, und bezeichnen Sie ihn im voraus auf Ihrem Kalender mit einem großen roten A. Obwohl er am Anfang Ihr ›Tag der maskierten Angst‹ sein wird, wird er mit der Zeit die Bedeutung eines ›Tages des Handelns‹ erhalten. Konzentrieren Sie sich an diesem einen Tag in sieben Wochen darauf, sämtliche Quellen gegenwärtiger und möglicher Sorge und Angst Ihrer Welt festzulegen. Schreiben Sie diese gegenwärtigen und künftigen Sorgen auf, und machen Sie eine Liste von einigen Möglichkeiten, die Sie haben, mit diesen Sorgen fertigzuwerden. Als nächstes telephonieren Sie oder verabreden Sie eine persönliche Unterredung mit oder schreiben Sie jemandem, den Sie achten oder von dem man Ihnen gesagt hat, er könne ›Licht in Ihr Problem bringen‹. Bemühen Sie sich um Feedback! Wenn Sie in jeder aufgeführten Angst etwas ganz Bestimmtes unternehmen, werden Sie die Erfahrung machen, daß Ihr ›A‹-Tag – und wenn es sich nur um ein, zwei Stunden an jenem Tag handelt – Ihr vorausschauendes und für jeden Fall vorbereitendes Planungsvermögen schärfen wird. Und wenn dann die Angst kommt und um Aufmerksamkeit bittet, werden Sie bereits positive Schritte unternommen haben, um ihren Anprall zu dämpfen – neunundvierzig Tage zuvor!

Wir sind nicht nur selbsteingekerkerte Opfer unserer eigenen Ängste; wir sind auch Opfer von Gewohnheit und Gruppenkonformität. Im eigentlichen Sinne wird jeder von uns zum Sklaven von Hunderten von Einschränkungen, die wir uns selbst auferlegen. Als Kinder nahmen wir die Umwelt-›Uniformen‹, die uns unsere Eltern übergaben, entweder an, oder wir lehnten sie ab. Als Jugendliche und junge Erwachsene verspürten einige von uns ein starkes Bedürfnis, sich den Normen der Kameraden anzupassen. Während wir uns selbst der Täuschung hingaben, ›anders‹ zu sein, waren wir tatsächlich genauso reglementiert wie jede Armee, die in Paradeuniform im Takt marschiert.

Um selbstvertrauende Erwachsene zu sein, müssen wir uns gewisse Richtlinien setzen.

Seien Sie anders, wenn es ein höheres persönliches und berufliches Verhaltensniveau bedeutet.

Seien Sie anders, wenn es sauberer, ordentlicher und gepflegter als die Gruppe sein bedeutet. Es ist immer besser, zu jedwelcher Art von Anlaß leicht besser als leicht schlechter als die anderen aussehend zu kommen.

Seien Sie anders, wenn es bedeutet, mehr Zeit und Mühe in alles, was Sie tun, zu investieren.

Seien Sie anders, wenn es das kalkulierte Risiko auf sich nehmen bedeutet. Das größte Risiko im Leben ist, für seine Sicherheit auf andere zu warten und abzustellen. Die größte Sicherheit ist, zu planen und zu handeln und das Risiko einzugehen, das einen unabhängig macht.

Die sieben Punkte der Selbstbeherrschung

Gibt es bestimmte Schritte zum Anders-Sein? Das gibt es tatsächlich, und ich nenne sie ›die sieben Punkte der Selbstbeherrschung‹:

1. *Wir beherrschen die Uhr.* Das tun wir wirklich. Obwohl die Uhr immer läuft, können wir sie brauchen, wie es uns beliebt. Wir können wählen, wie lange wir arbeiten, wie lange wir spielen, wie lange wir ruhen, wie lange wir uns sorgen und wie lange wir etwas aufschieben. Wir können zwar nicht immer unser Arbeitsprogramm festsetzen, doch auf lange Sicht können wir es. Wir können Änderungen vornehmen. Um die

Uhr besser zu beherrschen, stehen Sie eine halbe Stunde früher auf, und beschließen Sie, was Sie mit dem Tag anfangen werden, das Ihnen und Ihren Nächsten Nutzen bringt. Erledigen Sie Telephonanrufe zu bestimmten Zeiten, lassen Sie eingehende Telephonanrufe zu bestimmten Zeiten zu, halten Sie sich für Rendezvous zu bestimmten Zeiten frei, nehmen Sie jedes Stück Korrespondenz nur einmal in die Hand, und delegieren Sie alle Arbeit, die der Prüfung »Ist dies eben jetzt der beste Gebrauch meiner Zeit?« nicht standhält.

2. *Wir beherrschen unsere Vorstellungen.* Wir beherrschen unsere Gedanken und unsere schöpferische Phantasie. Wir müssen uns in Erinnerung rufen, daß Phantasie, zusammen mit Simulation, zur Verwirklichung führt. Man braucht nur die Kriegsgefangenen zu fragen, ob sie ihre Vorschau künftiger Dinge beherrschten.

3. *Wir beherrschen unsere Kontakte.* Wir können uns nicht alle Leute auslesen, mit denen wir zusammenarbeiten oder zusammensein möchten; doch wir bestimmen, mit wem wir am meisten Zeit verbringen, und wir können neue Begegnungen suchen. Wir können unsere Umgebung ändern und uns erfolgreiche Vorbilder auswählen, um von ihnen zu lernen.

4. *Wir beherrschen unsere Kommunikation.* Wir bestimmen, was wir sagen und wie wir es sagen. Ein Großteil unserer Kommunikation muß aus Zuhören, Beobachten und Werten bestehen. Wenn wir kommunizieren (Sie und ich), so sind wir bereit, eine Mitteilung zu machen, die etwas Wertvolles bietet und von unserem Gesprächspartner verstanden wird.

5. *Wir beherrschen unsere Verpflichtungen.* Wir bestimmen, welche Vorstellungen, Kontakte und Kommunikationen am meisten Aufmerksamkeit und Mühe rechtfertigen. Wir haben dafür die Verantwortung, welche davon verbindlich werden — mit Prioritäten und Fristen. Wir schaffen uns unsere eigene Bahn, auf der wir in unseren Verpflichtungen langsam, mittelmäßig oder schnell laufen.

6. *Wir beherrschen unsere Ziele.* Mit unseren Vorstellungen, Kontakten und Verpflichtungen setzen wir unsere langfristigen Ziele im Leben, die zur ›Sache‹ werden, für die wir kämpfen und mit der uns die anderen am meisten identifizieren. Sie und ich haben würdige Ziele und einen Plan für das Leben, der uns Mut und Zuversicht gibt.

7. *Wir beherrschen unsere Sorgen.* Die meisten Leute reagieren auf alles, was sie als Bedrohung ihres Selbstwertes auslegen, gefühlsmäßig.

Weil Sie und ich ein kreatives Selbstbild und ein tiefverankertes Selbstwertgefühl haben − ungeachtet dessen, was um uns vorgeht −, reagieren wir, indem wir ›linkshirnige‹ Logik gepaart mit ›rechtshirniger‹ Intuition einsetzen. Und unsere Reaktionen sind gewöhnlich konstruktiv. Was uns am meisten beschäftigt, ist die Freude zu leben.

Wir sind uns bewußt, daß wir unsere eigenen Wirkungen im Leben verursachen. Wir packen die schwierigsten, uns am meisten herausfordernden Aufgaben in unserem Leben zuerst an und wissen dabei, daß die Befriedigung erst nach getaner Arbeit und aufgewandter Mühe kommt. Wir sagen unseren Arbeitgebern, was wir ihnen an Leistung bieten werden, bevor wir uns nach dem Lohn und den Sozialleistungen erkundigen. Wir sind uns wohl bewußt, daß unsere wahren Belohnungen im Leben von der Qualität und der Größe des Beitrags, den wir leisten, abhängen. Auf lange oder kurze Sicht ernten wir, was wir säen.

Zehn Schritte auf dem Weg zum Vorbild für Verantwortlichkeit

Es beginnt zeitig...

1. Wenn Kinder alt genug sind, um zu verstehen, sollten sie ihre eigenen Spielsachen und Spiele, ihr besonderes Eßbesteck und ihre Badesachen weglegen. Sie sollten die Verantwortung übernehmen, regelmäßig ihre Betten selbst zu machen und ihre per-

sönlichen Sachen in Ordnung zu halten. Bezahlen Sie niemals Kinder dafür, daß sie für sich selbst etwas tun; das würde sie ihrer Selbstachtung berauben und wäre eine Art Bestechung.

2. Es sollte jedem Familienmitglied Verantwortung übertragen werden. Zur Führung des Heims (später wird daraus das Geschäft) sollten regelmäßige Arbeiten zu bestimmten Zeiten an bestimmten Tagen verrichtet werden. Die Bezahlung darf in Form von Zärtlichkeit, Zugeständnissen oder besonderen Vorrechten erfolgen. Was immer an Arbeit getan wird, sollte nachgeprüft, anerkannt und in einem gesunden Verhältnis entschädigt werden — ähnlich, wie das später geschehen wird, wenn die Betreffenden weg von zu Hause sind. Größere Kinder und Jugendliche sollten ihr eigenes Sparkonto haben und persönlich auf der Bank Einzahlungen und Bezüge tätigen. Wunschlisten sollten unterstützt und an einem gut sichtbaren Orte aufgehängt werden. Die Kinder sollten ermutigt werden, für ganz bestimmte Träume zu sparen, die sie mindestens drei bis sechs Monate lang, wenn immer möglich jedoch noch länger gehabt haben.

Es geht weiter...

3. Der Fernsehapparat sollte abgeschaltet sein, wenn niemand hinschaut. Die Sendungen sollten aufgrund des Fernsehprogramms hinsichtlich ihres Gehalts ausgewählt werden. Andere Formen der Freizeitgestaltung sollten einbezogen werden: Bücher, Theater, Konzerte, Museen, Kurse, Lernkassetten, Wanderungen, Gespräche, Geschichten, Spiele — alles, was die schöpferische Phantasie anregt und einen weiterbringt. Sieht man am Fernsehen strittige Sendungen, sollten sie hernach diskutiert werden, wobei alle Meinungen angehört statt zerredet werden sollen. Fernsehsendungen sollten nicht in die rechte Gehirnhälfte, das Unterbewußte eines Kindes, Jugendlichen oder Erwachsenen gelangen, ohne daß sie zumindest einer logischen Überprüfung unterzogen werden.

4. Bis Ihre Teenager ausfliegen, sind Sie verantwortlich dafür zu wissen, wo sie sich aufhalten, mit wem sie zusammen sind,

was sich in groben Zügen abspielt und wann sie heimkommen werden. Jeder Freund oder jede Freundin sollte bei Ihnen zu Hause willkommen sein. Die beste Methode herauszufinden, in was für einer Umgebung sich Ihre Kinder bewegen, ist die, ihre Kollegen einzuladen und sich aus eigener Anschauung eine Meinung zu bilden. Die zweite Möglichkeit besteht darin, die Eltern der Freunde Ihrer Kinder kennenzulernen. Stellen Sie Vorschriften auf, für deren Einhaltung sich sowohl die Eltern der einen wie die Eltern der andern Seite einsetzen. Stellen Sie sie im voraus zusammen mit Ihren Kindern auf, und fragen Sie die Kinder, was für eine Strafe angemessen wäre, wenn die Vorschriften nicht eingehalten würden. Die Strafen, die sich Kinder auferlegen, sind, wenn die Kinder in den Prozeß des Regeln-Aufstellens einbezogen werden, meistens viel härter als diejenigen, die von Eltern ausgesprochen werden. Seien Sie in Ihren Anforderungen und in Ihren disziplinarischen Maßnahmen konsequent!

5. Kaufen Sie Ihren Kindern kein Auto. Wenn Sie müssen — nachdem die Kinder für die Anzahlung gespart haben —, so halten Sie schriftlich auf der Bank fest, daß sie sich zur Rückzahlung verpflichten. Kinder sollten für ihre Auto- und Versicherungskosten selbst aufkommen. Autos, welche die Eltern ihren Kindern schenken, fallen mindestens drei Jahre früher dem Schrotthaufen anheim als solche, welche die Kinder selbst kaufen. Ein Jugendlicher, der sein Auto selbst kauft, wäscht es doppelt so oft. Gibt es irgendwelche Anzeichen von Alkohol- oder Drogenkonsum im Zusammenhang mit dem Gebrauch eines Wagens, ergreifen Sie unverzüglich Maßnahmen für eine Zeitspanne von drei bis sechs Monaten.

Und es geht weiter, ein Leben lang...

6. In allem, was Sie lehren, folgen Sie dem Motto: »Das Leben ist ein Do-it-yourself-Vorhaben.« Wenn Ihre Untergebenen mit einem Problem zu Ihnen kommen, sollten Sie sie zuerst fragen: »Was sollen wir Ihrer Meinung nach tun?« Wenn Sie Vorschläge machen, überlassen Sie auf jeden Fall dem Untergebenen die

Verantwortung für die Lösung und das Handeln. Widerstehen Sie der Versuchung, den einfachen Weg zu gehen und die Sache für die anderen zu erledigen.

7. Sprechen Sie nicht von Drogenmißbrauch und Unverantwortlichkeit, während Sie selbst von einem Mittagessen mit reichlichem Alkoholkonsum spät zurückkommen. Predigen Sie nie, was Sie nicht selbst in die Praxis umsetzen.

8. Werden Sie zum Vorbild für Ihre Kollegen und diejenigen, die Sie führen wollen. Und nehmen Sie sich selbst stets Leute zum Vorbild, die Sie achten. Folgen Sie nicht einfach dem, was in der Gruppe getan wird, zu der Sie gehören. Ich habe gesehen, wie ein ganzes Verkaufspersonal dieselbe Zigarettenmarke rauchte wie der Marketingleiter (und dabei war die Firma eine Krankenkasse!).

9. Lassen Sie Ihre Kinder, Angestellten und Untergebenen Fehler machen, ohne daß sie sich vor Strafe oder Ablehnung zu fürchten brauchen. Zeigen Sie ihnen, daß Fehler Lernmittel sind, die zu Schrittsteinen zum Erfolg werden.

10. Suchen Sie sich nie zu entschuldigen. Kann eine Verpflichtung nicht eingehalten werden, gehen Sie sofort dem Grund nach. Bringen Sie nicht hinterher Entschuldigungen vor. Das Verschieben jeglicher Entscheidung führt zum Rechtfertigen von Mißerfolg. Entschuldigen Sie sich nie bei den Menschen, die Sie führen.

Fragen zu Ihrer Verantwortlichkeit

1. Was hält Sie am meisten davon ab, mehr Erfolg zu haben? Was können Sie dagegen tun?

2. Leben Sie mit vielen ›Ich muß‹ in Ihrer Welt?

3. Haben Sie das Gefühl, Ihr Schicksal in der Hand zu haben? In welchen Bereichen Ihres Lebens verschieben Sie die Befriedigung, um langfristige Ziele zu erreichen?

4. Geben Sie mehr, als man von Ihnen erwartet? Finden Sie ein paar Beispiele, wo Sie dies in letzter Zeit getan haben.

5. Sind Sie das Opfer vieler äußerer Umstände? Wie könnten Sie diese Umstände dazu verwenden, jemand anderem Verantwortlichkeit beizubringen.

6. Wie können Sie das, was Ihnen passiert, besser in den Griff bekommen? Damit Ihnen die Antworten leichter fallen, gehen Sie noch einmal kurz die ›sieben Punkte der Selbstbeherrschung‹ durch.

4
Die Saat der Weisheit

Was es bedeutet, ›ohne Wachs‹ zu leben

Im alten Rom war die Bildhauerei sehr beliebt. Man gehörte nicht wirklich dazu, wenn man zu Hause oder am Arbeitsplatz nicht mehrere Götterstatuen als Schmuck hatte. Wie in jedem Gewerbe gab es nun auch im Statuenhandwerk gute und schlechte Qualität. Wenn ein Bildhauer beim Meißeln einer Statue einen Fehler machte, so wurde der Sprung oder die abgeschlagene Stelle jeweils mit Wachs gefüllt. Die Bildhauer beherrschten schließlich dieses ›Nachmodellieren‹ mit Wachs so, daß die meisten Leute den Qualitätsunterschied mit bloßem Auge nicht zu erkennen vermochten.

Wollte jemand eine Statue von verbürgter Qualität, eine, die von einem Bildhauer gemeißelt worden war, der seinen Stolz in seine Arbeit setzte, so ging er auf den Handwerks-Marktplatz in Rom und hielt nach den Schildern an den Buden Ausschau, auf denen *sine cera* (ohne Wachs) geschrieben stand. An den *sine-cera*-Ständen fand er jeweils das Richtige und Echte.

In allem, was wir im Leben tun, halten wir jeweils nach den Dingen und den Menschen Ausschau, die das Richtige, Echte verkörpern. Mehr als jede andere Tugend, die wir bei den Menschen suchen, schätzen wir Aufrichtigkeit − ohne Wachs.

Im vorangegangenen Kapitel habe ich Verantwortlichkeit als das Verstehen von Gottes großem Gesetz von Ursache und Wirkung beschrieben. Dieses Kapitel ist der Weisheit gewidmet, welche die durch Erfahrung angewandte Verbindung von

Ehrlichkeit und Wissen ist. Weisheit ist ehrliches Wissen in Aktion. Es gibt kein schöneres Beispiel für das Gesetz von Ursache und Wirkung als dasjenige, das sich über eine gewisse Zeit in den Folgen der Ehrlichkeit oder Unehrlichkeit eines Menschen zeigt. Es kann keinen wahren Erfolg ohne Ehrlichkeit geben. Irgendwann wird der Wachsmensch oder das Wachshaus irgendwo und irgendwie schmelzen und den Schwindel im Innern offenbaren.

Man kann die persönliche Ehrlichkeit als ›unfehlbaren Bumerang‹ bezeichnen. Ich habe immer gesagt, daß wer man sei, immer auf einen zurückkomme, und genau diesen Zweck hat ein Bumerang. Jedesmal, wenn Menschen sich auf unehrliche Tätigkeiten irgendwelcher Art einlassen, kommen die Auswirkungen davon auf sie zurück und verfolgen sie. Wenn sich ein Politiker oder eine Politikerin um ein hohes Amt bewirbt, versuchen seine oder ihre Helfer allfälligen Familiengeheimnissen aus der Vergangenheit den Wind aus den Segeln zu nehmen, die möglicherweise während einer Kampagne oder einer Amtszeit auf den Betreffenden oder die Betreffende ›zurückkommen‹ könnten.

Es gibt heute bekanntlich Möglichkeiten, sich ein Zeugnis oder einen Titel zu kaufen. Achtung und Ansehen jedoch kann man sich nicht kaufen. Sie sind nicht käuflich. Sie werden mit Ehrlichkeit geschmiedet. Sie schmelzen nicht unter der Hitze der Untersuchung oder der Prüfung der Zeit. Sie sind ohne Wachs.

Mehr als jede andere Eigenschaft erwarte ich von meinen sechs Kindern Ehrlichkeit. Es scheint, daß wir sie, wenn sie uns früh beigebracht wird, niemals verlieren. Sie wird Teil unserer selbst und damit Teil unseres Handelns; und mehr als alles andere gewährleistet sie unseren Erfolg im Leben als Menschen.

Wenn Sie auf dem Trottoir eine Brieftasche voller Geld fänden, was würden Sie tun? Sie würden über die Vielfalt der Antworten staunen, die ich während meiner Seminare von meinen Zuhörern erhalte.

»Kommt darauf an, wieviel Geld drin ist.«

»Ich würde sie behalten und während einer Woche ein Inserat in der Zeitung erscheinen lassen, und wenn sich niemand darauf meldete, würde ich das Geld ausgeben.«

»Ich würde das Geld behalten und die Brieftasche dem Eigentümer zurückschicken.«

Wenn Sie oder ich auf dem Trottoir eine Brieftasche voller Geld fänden, würden wir uns aufgrund der Identitätshinweise in der Brieftasche mit dem Eigentümer in Verbindung setzen und sowohl die Brieftasche wie das Geld intakt zurücksenden. Wir würden keine Belohnung erwarten außer einem Dankeschön. Ist denn dies nicht auch das, was wir uns erhoffen würden, wenn wir unsere Brieftasche verloren hätten? Doch ganz bestimmt. Wir suchen auf Ehrlichkeit in unseren Beziehungen zu stoßen, indem wir sie selbst in all unserm Tun unaufgefordert darbieten. Selbst wenn uns unsererseits in den meisten unserer täglichen Angelegenheiten und Kontakten keine Ehrlichkeit entgegengebracht wird, so wird doch, wenn wir niemals von unseren eigenen tiefverwurzelnden Werten abweichen, das Ergebnis auf die Dauer zu unseren Gunsten ausfallen. Dies ist einer der grundlegenden, offensichtlichsten und leider auch am wenigsten verstandenen Lebensgrundsätze. Guten Taten folgen mit der Zeit gute Ergebnisse.

Das Integritäts-Dreieck

Das Alter meiner Kinder reicht von unter zehn Jahren bis zu Mitte Zwanzig. Sie alle bemühen sich, gemäß ihres eigenen inneren Gütemaßstabes persönlich zu wachsen. Keines der sechs kennt Alkohol- oder Drogenprobleme, niedrige Selbstachtung, Feindseligkeit, Depressionen oder fehlende Motivation. Sie alle stellen Fragen zu wahrer Integrität, Verhaltensnormen, Karriereorientierung, finanzieller Stellung und realistischen Erwartungen.

In meinen Seminaren und in unseren Gesprächen im Familienkreis versuche ich, das Wesen der persönlichen Ehrlichkeit zu vereinfachen, weil es von so grundlegender Bedeutung ist.

Als Muster, wie wir uns Tag für Tag selbst testen können, mag das, wie ich es nenne, ›Integritäts-Dreieck‹ dienen. Es besteht aus drei Grundfragen, die wir bei jeglicher Entscheidung stellen können:

1. Ist das richtig?

2. Ist dies, was ich glaube, tun zu müssen?

3. Deckt sich das, was ich sage, mit dem, was ich tue?

Diese drei Fragen bilden die Ecken des Dreiecks, weil sie bedeuten, konsequent das zu denken, zu tun und zu sagen, was Sie für richtig halten. Die Grundlinie des Dreiecks enthält eine zusätzliche Frage, die Sie angehen, nachdem Sie sich überzeugt haben, daß Sie in den drei Ecken folgerichtig handeln können. Die Grundlinienfrage, auf der das ganze Dreieck ruht, lautet: »Wie wird sich dieser Entschluß auf die anderen Beteiligten auswirken?« Diese Grundlinienfrage bedingt Wissen und Verständnis sowie Integrität.

Es genügt nicht, das Richtige zu denken, das Richtige zu tun und das Richtige zu sagen, obwohl diese drei Dinge in Übereinstimmung tun zu können bedeutet, im Leben erfolgreich zu sein. Um wirkungsvolle Menschen zu sein, müssen wir auch die Folgen bedenken, die unsere Entscheidungen auf andere Menschen in unserem Leben haben können. Die Fähigkeit, die möglichen Auswirkungen unserer Entscheidungen sowohl auf das Leben anderer Menschen als auch auf unser eigenes vorauszusehen, ist das, was ich für Weisheit halte. Wenn wir ehrlich an das Wohl anderer denken, bevor wir beschließen, selbst zu profitieren, dann werden wir wahrhaft reich im tiefsten Sinne.

Auf das Wissen kommt es an

Laut dem Hirnforschungsinstitut der Universität von Kalifornien in Los Angeles ist das Potential des menschlichen Gehirns, zu kreieren, zu speichern und zu lernen, im wesentlichen unbeschränkt. Der herausragende sowjetische Gelehrte Iwan Yefremow hat zum sowjetischen Volk gesagt: »Unser Leben lang brauchen wir nur einen Bruchteil unserer Denkfähigkeit. Wir könnten ohne jegliche Schwierigkeit vierzig Sprachen lernen, eine Reihe Enzyklopädien von A bis Z auswendig lernen und die erforderlichen Kurse von Dutzenden von Hochschulen absolvieren.«

Wenn das stimmt (und es stimmt tatsächlich), warum lernen und vollbringen dann die meisten Leute nicht mehr im Laufe ihres Lebens? Ein augenscheinlicher, aber schmerzlicher Grund liegt darin, daß sie nicht glauben, daß dies den Aufwand von so viel Zeit und Anstrengung wert sei. Deshalb ist niedrige Selbstachtung ein so verheerender Wachstumshemmer. Ich meine jedoch, der Hauptgrund, warum sie nicht mehr lernen und vollbringen, sei der, daß sie zu träge sind, die Anstrengung auf sich zu nehmen. Die Menschen haben eine Aversion dagegen, mehr zu tun, als nötig ist, um durchzukommen.

Die einzige Methode, Wissen zu erwerben, ist Lernen. Lernen ist jedoch für die meisten Leute so etwas wie Steuern zahlen oder zum Zahnarzt gehen. Es ist etwas, das die Leute nicht gerne tun und etwas, das nur wenige tun, wenn es nicht absolut erforderlich ist. Die meisten Leute glauben, der Schulabschluß sei das Ende allen Lernens. Nicht nur in Amerika, auch zum Beispiel in vielen Ländern Europas steht eine unglaubliche Fülle frei zugänglichen Bildungsmaterials zur Verfügung. Die Bibliotheken, Volkshochschulen und so weiter sind voll von Daten über jedes Thema, so daß jeder, der gewillt ist, im Durchschnitt eine halbe Stunde pro Abend aufzuwenden, gescheit und erfolgreich werden kann. Darin liegt einer der Hauptgründe, weshalb die Japaner uns in Wirtschaft und Wissenschaft überholen: Sie messen der Weiterbildung eine weit größere Bedeutung zu. Sie stellen beispielsweise fünfundneunzig Prozent der Fernsehgeräte her, die wir Amerikaner benutzen, um unsere Stunden der Apathie und Langeweile totzuschlagen.

Der bekannte Management-Experte Peter Drucker ermahnt uns: »Heute hat Wissen Macht. Es öffnet die Türen zu Möglichkeiten und zum Vorwärtskommen. Wissenschaftler und

Gelehrte stehen nicht mehr nur den anderen zur Verfügung, sie stehen selbst ganz oben. Sie bestimmen weitgehend, welche Politik in so entscheidenden Bereichen wie Verteidigung oder Wirtschaft verfolgt werden soll. Sie leiten weitgehend die Ausbildung der Jungen. Und die Gelehrten sind nicht mehr arm. Im Gegenteil, sie sind die wahren Kapitalisten in der Wissensgesellschaft.«

So wie in der Informationsrevolution der Computer die Schreibmaschine, die Rechenmaschine und das Ablagesystem ersetzt, wird mehr und mehr Macht den Menschen mit Wissen übertragen werden. Genau wie die industrielle Revolution sich um Linienvorgesetzte mit Produktions- und Materialkenntnissen bemühte, so ruft die Informationsrevolution nach ›intellektuellen Unternehmern‹ mit solider Ausbildung im technischen Bereich und im Rechnungswesen.

Als ich Mitglied des Salk-Instituts für biologische Forschung in La Jolla war, besuchte ich gerne Vorlesungen des in der Zwischenzeit verstorbenen Dr. Jacob Bronowski, des genialen Mathematikers und Philosophen, welcher ›Der Aufstieg des Menschen‹ schrieb. Ich habe noch immer meine Notizen von einer seiner Vorlesungen, in der er ausführte: »Wissen ist kein Loseblatt-Notizbuch mit Fakten. Es ist eine Verantwortung für die Integrität dessen, was wir sind. Man kann unmöglich diese informierte Integrität aufrechterhalten, wenn man andere Leute die Welt für einen leiten läßt, während man selbst fortfährt, aus einem Lumpensack überholter Information aus alten Überzeugungen zu leben.«

Sei dir selber treu

Unser Leben setzt sich aus vielen Gedanken, Tätigkeiten und Gefühlen zusammen. Unsere Gedanken und unsere Erfahrungen bilden fortlaufend eine Erinnerungsbank, die wir zu organisieren und wirksam einzusetzen suchen. Wir unterscheiden uns voneinander vornehmlich in der Gründlichkeit und Klarheit der Organisation unseres Wissens.

Sokrates, einer der weisesten Menschen, die je gelebt haben, war der Ansicht, daß »Wissen *das* Gut und Unwissenheit *das* Übel« sei. Er vertrat auch die Meinung, daß jeder von uns einen starken individuellen Charakter und viele persönliche Tugenden entwickeln sollte.

William Shakespeare stellte unsere individuellen Unterschiede und unsere Verantwortung, diese Unterschiede zu erkennen, im ›Hamlet‹ dar, wo er Polonius sagen läßt: »Dies über alles: Sei dir selber treu; und daraus folgt, so wie die Nacht dem Tage, du kannst nicht falsch sein gegen irgendwen.« Shakespeare hat nicht gemeint: »Wenn es guttut, so tu es.« Er meinte wirklich: »Wenn man in Rom ist, muß man nicht das tun, was die Römer tun!« Wir sollten entsprechend unseren tiefen inneren Überzeugungen, unserer Integrität und unserm sozialen Gewissen leben. Das bedeutet, uns selbst treu zu sein und gleichzeitig die Rechte anderer zu respektieren.

Wir alle sehnen uns danach, unser Schicksal zu suchen und unser Leben auf unsere eigene Art zu leben. Indes, die meisten von uns sehen sich vom Zeitpunkt an, da sie zu Jugendlichen heranwachsen, und während des größten Teils ihres Erwachsenenlebens demselben Dilemma gegenüber: Wie wollen wir denn wirklich unser Leben leben? Was sollen wir damit anfangen? Was können wir tun, um unserem Leben Sinn zu verleihen? Wie sollen wir wissen, ob wir die richtige Laufbahn oder die richtigen Ziele gewählt haben?

Das sind schwierige Fragen. Sie sollten nicht auf die leichte Schulter genommen werden. Wir sollten nicht den erstbesten zahlenden Job, den wir nach der Schule oder der Universität annehmen, für den Rest unseres Lebens unseren Beruf bestimmen lassen. Wir sollten nicht unsere Eltern, unsere Lehrer oder Professoren oder unsere Freunde beschließen lassen, welche Laufbahn wir einschlagen sollen. Wir sollten nicht finanzielle Erwägungen allein unsere langfristigen Entschlüsse festsetzen lassen. Ehe wir uns selbst treu sein können, gibt es einen ersten Schritt. Ehe wir uns sinnvolle Ziele setzen oder einen Lebenszweck erarbeiten können, gibt es einen Ausgangspunkt. Es ist wie mit dem Huhn und dem Ei. Die meisten Leute beginnen mit dem Huhn, das eine Arbeit ist. Erfolg läßt sich jedoch besser sicherstellen, wenn wir vom Ei ausgehen, das Wissen ist. Die meisten Menschen sind in ihren Hobbys besser gerüstet und mehr motiviert als in ihrem Lebenswerk.

Wenn ich mein Leben noch einmal leben könnte

In meinen Zielsetzungs-Seminaren baue ich einen ›Traumteil‹ ein, der die Bezeichnung »Wenn ich mein Leben noch einmal leben könnte« trägt und den Teilnehmern die Möglichkeit geben soll zu erwägen, warum und wie wir uns damit befassen sollten, einige unserer Träume zu verwirklichen. Während die Betreffenden sich schriftlich zum Thema »Wenn ich mein Leben noch einmal leben könnte« äußern, bedenken sie Möglichkeiten, die sie noch nicht erforscht haben. Jedesmal wenn dieser Seminarteil abgeschlossen ist, erstaunt es mich zu sehen, wie viele Leute im Grunde genommen an eine Arbeit geraten sind, die sie eigentlich nie wollten.

Als ich Margaret E. Broadleys ›Deine natürlichen Begabungen‹ zum erstenmal las, wurde mir klar, daß sich mir da auf dem Gebiet der persönlichen und beruflichen Entfaltung etwas Bedeutendes auftat. Ich wünschte, ich wäre ihr mit fünfzehn und nicht erst vor kurzem begegnet! Margaret Broadleys schriftstellerische Arbeit konzentriert sich auf die erstaunliche Verhaltensforschung der Johnson-O'Connor-Forschungsstiftung. Seit mehr als einem halben Jahrhundert hat sich die Stiftung der Entdeckung angeborener Talente und der Untersuchung gewidmet, wie diese Begabungen in der heutigen Arbeitswelt gewöhnlich ausgedrückt oder vernachlässigt werden.

Als ich ›Deine natürlichen Begabungen‹ zu Ende gelesen hatte, wurde mir bewußt, daß ich ein fehlendes Glied in meinen eigenen Seminaren für persönliche und berufliche Entfaltung gefunden hatte. Zehn Jahre lang war ich in der ganzen Welt umhergereist und hatte den Leuten erzählt, ob man Erfolg habe, sei einzig und allein eine Frage der ›Einstellung‹. Ich hatte mit einem unvollständigen Spiel Karten gespielt. Ich hatte zu wenig Nachdruck auf die Notwendigkeit des Selbstverständnisses natürlicher Fähigkeiten gelegt. Sowohl Jonas Salk wie Hans Selye hatten mich freundschaftlich gewarnt, daß die sogenannten Motivatoren zuviel über Einstellung predigten, ohne dabei die ›Eignung‹ richtig abzuwägen.

Johnson O'Connor war überzeugt, daß ein gut Teil der Frustration, Depression und Rastlosigkeit in der Gesellschaft mit Fähigkeiten zusammenhängt, die brachliegen oder nicht richtig zum Ausdruck kommen. Ich glaube, O'Connor und seine Mitarbeiter haben die Sache genau erkannt. Meine Forschungsarbeit, meine eigene Erfahrung und meine Beobachtungen meiner sechs Kinder erhärten die Notwendigkeit zu lernen, ›worin wir gut sind‹, statt zu versuchen, das Leben anderer nachzuahmen, die gänzlich andere Talente besitzen als wir.

Was mich angeht, so habe ich stets eine Neigung zu mündlichem Ausdruck, Fremdsprachen, Dichtung, Philosophie und zwischenmenschlichen Beziehungen gehabt. Ich habe wenig Fähigkeit zu oder Interesse an Technik, Mechanik, räumlichem Vorstellungsvermögen und Physik bekundet. Als es darum ging, mich für eine höhere Schule zu entscheiden, ließ mich mein Vater wissen, daß sein Traum aller Träume wäre, wenn ich die Militärakademie in West Point oder die Marineakademie in Annapolis absolvierte. Daß mein Vater das gesagt hatte, führte mich zu einem frühen Entschluß. Ich wurde besessen von dem Wunsch, seinen Traum wahr werden zu lassen.

1955 schloß ich an der US-Marineakademie von Annapolis ab. Vom akademischen Standpunkt aus war es für mich mühsam gewesen, die vier Jahre durchzustehen. Während ich vorher in der Schule nur die besten Noten gehabt hatte, kam ich mir hernach an der Akademie, die vorwiegend auf Mechanik und Marinetechnik ausgerichtet war, wie ein Fisch auf dem Trockenen vor. In Englisch, Fremdsprache und Rhetorik stand ich an der Spitze der Klasse. Ich schrieb und leitete eine musikalische Komödie, die weitherum großen Anklang fand. Das war jedoch eine Nebenbeschäftigung, die außerhalb meiner Laufbahn lag und keinen Platz in einer Marinekarriere fand.

Bezeichnend ist, daß ich in Mechanik, Elektrotechnik und höherer Mathematik — den wichtigsten Fächern im Hinblick auf meine Karriere als trägerstationiertem Marine-Angriffspiloten — als Klassenschlechtester abschloß. Meinem Vater zuliebe hatte ich mich unbewußt auf eine Bahn begeben, die mich von meinen ›natürlichen‹ Talenten wegführte.

Wenn ich die vergangenen fünfundzwanzig Jahre meines Lebens überdenke, so bin ich meinen Eltern ewig dankbar für die Opfer, die sie gebracht, und die Ermutigung, die sie mir in meinem Streben nach Bildung und Weisheit gegeben haben. Meine neunjährige Karriere als Marineflieger war anregend und lohnend. Ich habe darin mehr über Selbstdisziplin, Zielsetzung und Teamwork gelernt, als mir in irgendeinem andern Beruf möglich gewesen wäre. Was ich jedoch festzuhalten versuche, ist, daß ich ein Vierteljahrhundert gebraucht habe, um mein Leben so umzugestalten, daß meine wahren Talente in einem Beruf zum Ausdruck kommen, an dem ich wahrhaft Freude habe. Heute ist Arbeit für mich Vergnügen. Ich mag es kaum erwarten, am Morgen zu erwachen und mehr über unsere Denk -und Verhaltensweise zu lernen. Meine Frau Susan und ich haben es uns zu einem unserer vordringlichsten Lebensziele gemacht, unseren Kindern ihre natürlichen Fähigkeiten entdecken zu helfen, damit sie diese Talente mit erworbenen Fertigkeiten und erworbenem Wissen verbinden können, um in ihrem persönlichen Leben größtmögliche Befriedigung zu erlangen.

Susan und ich haben unsere sechs Kinder in eine Vielfalt von Tätigkeiten auf dem Bildungssektor und im kulturellen Bereich eingeführt, um ihr Interesse im Hinblick auf Karriere und Nebenbeschäftigungen zu wecken. Wir haben sie — jedes für sich — ermutigt, ihre natürlichen Begabungen aufgrund von Tests zu erforschen, welche die Johnson-O'Connor-Forschungsstiftung durchführt und die der Öffentlichkeit zugänglich sind. Ich fand die Tests so faszinierend und aufschlußreich, daß ich beschloß, sie selbst zu machen.

Die Tests beurteilen neunzehn verschiedene Fähigkeiten:

1. *Persönlichkeit* — ob objektiv und am ehesten geeignet, mit anderen zusammenzuarbeiten, oder subjektiv und eher zu einer spezialisierten, individuellen Arbeit gehörend

2. *Rechnerische Kreativität* — bestimmt die Fähigkeit, mit Zahlen und Symbolen umzugehen

3. *Schöpferische Phantasie* oder kreativer Ideenausdruck

4. *Räumliches Vorstellungsvermögen* — die Fähigkeit, sich Körper vorzustellen und dreidimensional zu denken

5. *Induktives Denken* — die Fähigkeit, aus einzelnen Tatsachen einen logischen Schluß zu ziehen

6. *Analytisches Denken* — die Fähigkeit, eine Idee in ihre Bestandteile zu zerlegen

7. *Fingerfertigkeit* — die Fähigkeit, die Finger geschickt zu handhaben

8. *Instrumentenfertigkeit* — die Fähigkeit, kleine Instrumente präzise zu handhaben

9. *Beobachtung* — die Fähigkeit, auf etwas genau zu achten

10. *Zeichnungsgedächtnis* — die Fähigkeit, Zeichnungen, Dessins und Muster im Gedächtnis zu behalten

11. *Klanggedächtnis* — die Fähigkeit, Klänge im Gedächtnis zu behalten, und Musikgehör

12. *Tonhöhenunterscheidung* — die Fähigkeit, Musiktöne zu unterscheiden

13. *Rhythmische Begabung* — die Fähigkeit, einen gegebenen Rhythmus einzuhalten

14. *Klangfarbenunterscheidung* — die Fähigkeit, charakteristische Klänge derselben Höhe und Lautstärke voneinander zu unterscheiden

15. *Mengengedächtnis* — die Fähigkeit, viele Dinge gleichzeitig im Gedächtnis zu speichern

16. *Proportionenabschätzung* — die Fähigkeit, relative und harmonische Proportionen zu unterscheiden

17. *Silogramme* — ein Test zur Bestimmung der Fähigkeit, unbekannte Wörter und Sprachen zu lernen

18. *Voraussicht* — die Fähigkeit, umsichtig vorauszuschauen

19. *Farbwahrnehmung* — die Fähigkeit, Farben zu unterscheiden

Lassen Sie sich nicht durch die Terminologie vom praktischen Wert dieser Tests in Ihrem täglichen Leben ablenken. Diese Art Selbstanalyse ist nicht den intellektuellen Typen vorbehalten. Die Tests sind für Menschen in allen Berufen durchgeführt worden — von Studenten über Schnellimbißlokal-Angestellte und Unterhaltungskünstler bis zu Präsidenten großer Unternehmungen. Selbst ein Präsident der Vereinigten Staaten hat sich auf seine natürlichen Begabungen hin getestet.

Ein Grund, weshalb es so wichtig ist, die natürliche Begabung zu erkennen, ergibt sich daraus, daß das Fehlen eines einzigen wichtigen Talentes eine ganze Karriere behindern oder vereiteln kann. Ein junger Mann zum Beispiel konnte nicht in die Fußstapfen seines Vaters, der ein berühmter Chirurg war, treten, weil er bei einfachen chirurgischen Vorgängen zu sehr zögerte. Was sein Vaater fälschlicherweise als Feigheit brandmarkte, war in Tat und Wahrheit fehlende Instrumentenfertigkeit. Auch räumliches Vorstellungsvermögen ist eine Vorbedingung für Menschen, die Chirurg werden möchten.

Ehe Väter ihr Herz daran hängen, daß ihre Söhne als Chirurgen in ihre Fußstapfen treten, täten sie gut daran, ihre Söhne noch während deren Schulzeit auf ihr räumliches Vorstellungsvermögen hin zu prüfen. Räumliches Vorstellungsvermögen wird nicht vom Vater auf den Sohn vererbt; es wird den Söhnen ausschließlich von mütterlicher Seite vererbt. Töchter können räumliches Vorstellungsvermögen sowohl von der Mutter wie vom Vater erben. Chirurgen sollten vielleicht eher auf ihre Töchter rechnen, wenn es darum geht, die große Familientradition fortzusetzen!

So wichtig natürliche Fähigkeiten auch sind, es wäre gefährlich zu sagen, wir sollten unsere Karrierewahl einzig auf eine Serie von Eignungstests abstellen. Unsere Laufbahn ist ein Gemisch aus natürlichen Fähigkeiten, Formung durch die Umgebung, erworbenen Fertigkeiten und Erfahrung. Vielfach hängen unsere Karrieren von den ökonomischen Bedürfnissen im entscheidenden Alter und von familiären Überlegungen ab. Sollten wir jedoch unser Leben dem Weg der größten Weisheit entlang führen, so sollten wir uns damit befassen, unsere angeborenen Fähigkeiten so früh wie möglich zu entdecken.

Selbst wenn wir uns entschließen, unseren Begabungen in Hobbys, zur Ablenkung oder in Nebenbeschäftigungen nachzugehen, sind wir erfüllter und zufriedener, wenn wir unsere Talente kreativ und regelmäßig ausdrücken können. Manche unserer Frustrationen stecken tief in uns. Wir vermögen sie nicht einmal den Menschen zu erklären, die wir lieben. Wir können nur das hilflose Eingeständnis machen: »Ich weiß nicht, aber ich habe das Gefühl, daß ich mein Leben vergeude.«

Das vierte bestgehütete Geheimnis des unumschränkten Erfolges

Ein bedeutender Punkt dieses Kapitels hat sich mir als Folge meiner Untersuchungen im Zusammenhang mit Eignungstests und ihrem wahren Wert beim Aufdecken des Erfolges, den die Menschen in ihrem Alltagsleben erleben, aufgetan. Fünfzig Jahre Verhaltensforschung zeigen an, daß eine der wichtigsten ›Eignungen‹ zum Erfolg für fünfundneunzig Prozent der Weltbevölkerung ebenfalls ein Geheimnis ist.

> Das vierte bestgehütete Geheimnis des unumschränkten Erfolges liegt darin, daß ein großer Wortschatz — der ein großes Allgemeinwissen anzeigt — die erfolgreicheren Menschen kennzeichnet — unabhängig von ihrem Beruf.

Wissen ist die Grenze von morgen. Geistesstärke beherrscht mehr und mehr die Muskelkraft. Unser Kampf um das physische Überleben ist heute – und in Zukunft – möglicherweise nicht so entscheidend wie unsere Fähigkeit, inmitten all des ›Ausstoßes‹ unseres technischen Fortschritts intellektuell zu überleben und zu koexistieren. Eine unserer Hauptschwierigkeiten beim Versuch, gemeinsam auf allseits nützliche Lösungen unserer Probleme hinzuarbeiten, liegt in unserer Unfähigkeit, unsere Gedanken in Worten auszudrücken. Die sich aus dieser Unfähigkeit ergebende Frustration äußert sich oft in physischer Gewalt. Während die Gewalt von Jahr zu Jahr zunimmt, nimmt der Wortschatz zum Beispiel in Amerika gleichzeitig jährlich um rund ein Prozent ab.

Unabhängig von ihrem Bildungsstand brauchen die meisten Menschen bloß etwa vierhundert Wörter in über achtzig Prozent ihrer täglichen Unterhaltung. Obwohl in einem ungekürzten Wörterbuch der englischen oder der deutschen Sprache rund 500 000 Wörter aufgeführt sind, gebrauchen wir immer und immer wieder dieselben Wörter. Würden wir während eines einzigen Jahres täglich nur zehn neue Wörter lernen, so könnten wir zu den gelehrtesten und wortgewandtesten Menschen der Welt gehören.

Lesen ist die beste Methode, das Wissen und den Wortschatz zu erweitern. Doch von den in den Vereinigten Staaten lebenden Menschen werden dieses Jahr ganze fünf Prozent ein Buch kaufen oder lesen. Während Sie fortfahren zu lernen, werden Sie Ihr Wissen über Ihre natürlichen Talente und die Fähigkeiten erweitern, die Sie entwickeln können, um sie sich zunutze zu machen. Durch das Lesen werden Sie die Fähigkeit erwerben, Ihre Gedanken klarer auszudrücken. Sie werden sich die besten Vorbilder aussuchen, die Ihnen helfen werden, Ihren Erfolg zu beschleunigen. Je mehr Bildung Sie erhalten, desto glücklicher werden Sie sein.

Thomas Wolfe* faßte das in ›Geweb und Fels‹ so zusammen: »Wenn wir ein Talent haben und es nicht nutzen können,

---

* Thomas Clayton Wolfe, 1900–1938; amerikanischer Schriftsteller. Anm. d. Übers.

so haben wir versagt. Wenn wir ein Talent haben und es nur zur Hälfte nutzen, so haben wir teilweise versagt. Wenn wir ein Talent haben und irgendwie lernen, es ganz zu nutzen, so haben wir glorreichen Erfolg gehabt, eine Befriedigung erfahren und einen Triumph errungen, die wenige je kennenlernen.«

Sie und ich wissen, daß Weisheit nicht so sehr von der Anzahl Wörter abhängt, die wir kennen, als vielmehr davon, wie wir sie gebrauchen, um uns anderen gegenüber auszudrücken. Sie hängt auch von der ehrlichen Einschätzung unserer Begabungen und vom Willen, sie vollumfänglich auszuschöpfen, ab. Wir wenden diese Weisheit auf unsere Kinder und unsere Mitarbeiter an. Wir drücken diese Weisheit jeden Tag in unserm Leben aus. Halten Sie nie inne in Ihrem Streben!

Zehn Schritte auf dem Weg zu Weisheit

1. Setzen Sie Ihre Bildung ungeachtet Ihres Alters fort. Untersuchungen haben ergeben, daß ältere Erwachsene in Hochschulkursen um zehn Prozent die bessere Leistung erbringen als ihre jüngeren Mitstudenten.

2. Halten Sie beim Lesen stets ein Wörterbuch neben sich bereit, um die Wörter nachzuschlagen, die Sie nicht ganz verstehen. Wenn Sie die Bedeutung des Wortes sogleich nachschlagen, kann es leicht für immer in Ihren Wortschatz übergehen.

3. Beschaffen Sie sich ein gutes Grund-Wörterbuch. Nur etwa 3500 Wörter trennen den Durchschnittsmenschen von denjenigen mit dem besten Wortschatz. Lesen Sie Ihren Kindern sehr früh vor – sogar vor ihrem ersten Geburtstag. Sie nehmen mehr auf, als Sie sich je vorstellen können. Ermutigen Sie Ihre Kinder, mehr zu lesen als fernzusehen.

4. Befassen Sie sich mit dem Gedanken, einen angesehenen Eignungstest zu machen. Bibliotheken, Universitäten, anerkannte

Schulen oder Berufsberatungsstellen werden Ihnen entsprechende Hinweise geben können.

5. Ehe Sie eine Entscheidung fällen, fragen Sie sich: »Ist dies, was ich am ehrlichsten tun sollte? Wie wird sich das auf die anderen Beteiligten auswirken?« Mit dieser Prüfung können Sie nicht fehlgehen.

6. Prüfen Sie die Eignungen Ihrer Kinder spätestens, wenn sie die oberen Volksschulklassen besuchen. Nach sechs oder acht Schuljahren sollten sie entscheiden, welche Mittelschule sie durchlaufen oder welche Lehre sie absolvieren wollen. Indem Sie ihre Begabungen prüfen und ermutigen, geben Sie ihnen eine Angelrute in die Hand, mit der sie während ihres ganzen vor ihnen liegenden Lebens fischen können. Übertragen sie nicht Ihre Karrierewünsche auf Ihre Kinder, es sei denn, sie hätten beschlossen, sich auf Ihrem ausgewählten Gebiet zu betätigen.

7. Denken, sagen und tun Sie, was Sie für richtig halten — konsequent — in all ihren Handlungen.

8. Beschaffen Sie sich und jedem Mitglied Ihrer Familie einen Bibliotheksausweis. Bücher sind die Quelle der Weisheit. Sie führen uns dahin, wo wir selbst nicht hingehen können.

9. Übersehen Sie Fernkurse, Weiterbildungsseminare und Abend- oder Wochenendkurse nicht! Auch gibt es hervorragende Audio- und Video-Heimkurse. Es lassen sich auf diese verschiedenen Arten Prüfungen im Hinblick auf Berufstitel erarbeiten.

10. Nehmen Sie sich Menschen zum Vorbild, die Sie am meisten bewundern und achten. Und geben Sie vor allem Ihren Kindern und Ihren Untergebenen ein Beispiel an Integrität und Aufrichtigkeit. Leben Sie Ihr Leben wie einer der *sine-cera*-Handwerker: Vergewissern Sie sich, daß Ihr Vorbild echt, daß es ohne Wachs gemeißelt ist!

Fragen zu Ihrer Weisheit

1. Sind Sie sich selbst und anderen gegenüber ehrlich? Wie würden zwei Personen, die Sie gut kennen, diese Frage beantworten?

2. Vertrauen Ihnen andere voll und ganz? Rufen Sie sich ein Beispiel aus der jüngsten Vergangenheit in Erinnerung, bei dem Sie sich als vertrauenswürdig erwiesen haben.

3. Gehen Sie dorthin, wo Sie hingehen wollen, tun Sie, was Sie tun wollen, und werden Sie, wer Sie sein wollen?

4. Wenn Sie Ihr Leben noch einmal durchleben könnten, wer wären Sie? Halten Sie es schriftlich fest.

5. Nutzen Sie in Ihrem Beruf Ihre wahren Begabungen auf die bestmögliche Art und Weise? Wie können Sie diese Begabungen zum Ausdruck bringen?

6. Was tun Sie, um Ihren Wortschatz und Ihr Wissen zu erweitern? Welches der drei folgenden Dinge werden Sie nächste Woche tun: Sich einen Bibliotheksausweis beschaffen — ein Buch kaufen oder sich ausleihen und auf einem Ihrer Interessensgebiete zu lesen beginnen — mit einem Wortschatz-Aufbauprogramm beginnen?

5
Die Saat des Zwecks

Die Goldgrube in ihren Zielen

Erinnern Sie sich an die Stelle in ›Alice im Wunderland‹, wo Alice zu dem Punkt gelangt, an dem der Weg sich in verschiedene Richtungen teilt, und sie die Katze um Rat fragt?

»Mieze... würdest du mir bitte sagen, welchen Weg ich von hier aus nehmen soll?«

»Das hängt schon sehr davon ab, wohin du gehen willst«, antwortete die Katze.

»Es ist mir eigentlich gleich, wohin –«, meinte Alice.

»Dann kommt es auch nicht darauf an, in welche Richtung du gehst«, versetzte die Katze.

Das grinsende Katzentier sprach wahre Worte, oder nicht? Wenn wir nicht wissen, wohin wir gehen wollen, dann ist jeder Weg recht – und es ist eigentlich egal, was wir im Leben tun.

Gemäß dem US-Arbeitsamt haben ganze drei von hundert Amerikanern mit fünfundsechzig Jahren eine gewisse finanzielle Sicherheit. Siebenundneunzig von hundert Amerikanern im Alter von fünfundsechzig und darüber sind auf ihre monatliche Altersrente angewiesen, um zu überleben. Ist das nun so, weil sich der ›amerikanische Traum‹ zerschlagen hat? Ist die galoppierende Inflation daran schuld? Ist der Grund der, daß das OPEC-Kartell unsere Energieversorgung beherrscht und im Westen Rezessionen verursacht? Die Wirtschaftslage der ganzen Welt wirkt sich auf unser persönliches Leben aus. Es ist schwieriger, während schwerer Rezessionen und künstlich angekurbelter Erholungsphasen, in denen der Geldwert ausgewaschen wird, zu überleben und vorwärtszukommen. Es gibt da jedoch auch *innere* Gründe, die meiner Meinung nach von ebenso großer Bedeutung sind wie die äußeren Umstände.

Ist es nicht verwunderlich, daß nur fünf von hundert Amerikanern der oberen Einkommensklassen, wie Rechtsanwälte und Ärzte, fünfundsechzig werden, ohne auf die Altersrente angewiesen zu sein? Es hat mich erstaunt zu erfahren, daß so wenige Menschen ein gewisses Maß an finanziellem Erfolg erlangen, ungeachtet der Höhe ihres Einkommens während ihrer produktivsten Jahre.

Die meisten Menschen verbringen ihr Leben im irrigen Glauben, unsterblich zu sein. Sie vergeuden ihr Geld, ihre Zeit und ihren Geist mit Tätigkeiten, die ›Spannung lösen‹ statt ›Ziele erreichen‹. Die meisten Leute arbeiten, um so durch die Woche zu kommen, daß genug Geld übrigbleibt, um es am Wochenende auszugeben.

Das fünfte bestgehütete Geheimnis des unumschränkten Erfolges

Die meisten Leute hoffen, die Winde des Schicksals würden sie in irgendeinen reichen und geheimnisvollen Anlaufhafen wehen. Sie freuen sich darauf, *irgendwann* in ferner Zukunft in den Ruhestand zu treten und *irgendwo* auf einer Phantasieinsel zu leben. Ich frage sie, wie sie dies zu erreichen gedenken. Sie antworten: *irgendwie*.

Das fünfte bestgehütete Geheimnis des unumschränkten Erfolges liegt darin, daß so viele Menschen ihre Ziele im Leben nie erreichen, weil sie sie sich gar nicht erst setzen.

In den Zielsetzungsseminaren, die ich in den Vereinigten Staaten und in der ganzen Welt gebe, zeigt sich deutlich, daß die Mehrzahl der Menschen mehr Zeit darauf verwendet, eine

Weihnachtseinladung oder Ferien zu planen, als darauf, ihr Leben zu planen. Indem sie es unterlassen zu planen, planen sie geradezu zu versagen.

In einem meiner jüngsten Seminare teilte ich zweihundert Teilnehmer in Sechsergruppen auf. Sie saßen an runden Tischen, schrieben ihre persönlichen Antworten auf eine fünfteilige Frageserie nieder und diskutierten sie. Die Fragen, die ich stellte, lauteten:

1. Welches sind Ihre größten persönlichen und beruflichen Fähigkeiten und Unzulänglichkeiten?

2. Welches sind Ihre wichtigsten persönlichen und beruflichen Ziele im Hinblick auf die Jahresbilanz?

3. Was ist für Sie ein vordringliches persönliches und berufliches Ziel für das nächste Jahr?

4. Welches werden Ihre berufliche Stellung und Ihr Jahreseinkommen in fünf Jahren sein?

5. In zwanzig Jahren:
   Wo werden Sie leben?
   Was werden Sie tun?
   Was werden Sie geleistet haben, von dem Ihre Familie oder Ihre Kollegen sprechen oder über das sie schreiben könnten?
   In was für einem Gesundheitszustand werden Sie sich befinden?
   Welches wird Ihr Vermögensstand sein?

Nachdem sich das Stöhnen und Brummen gelegt hatte, machten sich die Gruppen an die Arbeit. So schwierig und unmäßig diese Fragen scheinen mögen, so ist doch zu bedenken, daß diese zweihundert Personen je fünfzig Dollar bezahlten, um an einem Zielsetzungs-Workshop teilzunehmen. Sie schienen verblüfft, daß sie jemand tatsächlich dazu herausforderte, ganz konkret über ihr eigenes Leben nachzudenken. Es machte zwar Spaß, dazusitzen und den Geschichten von Leuten zuzuhören, die aus der Misere zu Größe krabbelten; doch daran zu denken, das selbst tun zu müssen, bereitete entschieden weniger Spaß. Das war, als sei man wieder in der Schule!

Eric zeigte uns, wie man es macht

Als die Sechsergruppen zu arbeiten begannen, bemerkte ich den Jungen. Eric hatte rotes Haar und war etwa zehn Jahre alt. Ich fand, es sei von seinem Vater klug gewesen, ihn mitzubringen, damit er einmal Einblick in die Erwachsenenwelt erhalte. Er hatte aufmerksam zugehört, während ich gesprochen hatte, und war dann zu mir gekommen, um sich zu erkundigen, was die Leute an den runden Tischen taten. Ich erklärte ihm, daß ich ihnen fünf Fragen zu ihren Lebenszielen gegeben habe, die sie in kleinen Gruppen diskutieren und hernach mit dem gesamten Seminarpublikum besprechen sollten.

Er meinte dazu, es habe den Anschein, als redeten viele von ihnen über andere Dinge und als lachten einige bloß und erzählten sich Witze. Ich erwiderte, wir könnten nicht erwarten, daß jedermann diese Zielsetzungsübung ernst nehme, weil viele Leute glaubten, sich Ziele setzen sei so etwas wie entscheiden, ob man fernsehen oder ins Kino gehen solle. Er fragte mich, weshalb denn ich nicht an einem der Tische an meinen Zielen arbeite. Ich gab ihm zur Antwort, daß meine Ziele recht genau feststünden und daß es ihm vielleicht Spaß machen würde, die Fragen von meinen Notizen abzuschreiben und zu versuchen, sie mit Blick auf sein eigenes Leben zu beantworten. Er nahm sich einen meiner Schreibblocks und einen Kugelschreiber und begann alsbald, ernsthaft zu schreiben. Als die Zeit von vierzig Minuten vorbei war, rief ich die kleinen Gruppen wieder zusammen für die Schlußdiskussion.

Frage Nummer eins war recht einfach gewesen. Wie ich erwartet hatte, wurden Fähigkeiten wie ›gut im Umgang mit Menschen‹, ›Gespür habend für die Bedürfnisse anderer‹, ›einsatzfreudig‹ und ›ehrlich‹ am häufigsten genannt. Unzulänglichkeiten wie ›sollte Zeit und Prioritäten besser organisieren‹ und ›möchte mehr Zeit für Selbstentfaltungsprojekte aufwenden und mehr sinnvolle Zeit mit der Familie verbringen‹ wurden ebenfalls vorgebracht. Das waren gängige Antworten jeder Gruppe.

Doch neunzig Prozent der Gesamtgruppe fanden es schwierig, wenn nicht unmöglich, sich zu Frage zwei bis fünf zu äußern. Ziele im Hinblick auf die Jahresbilanz (Frage zwei) hießen etwa ›ein besseres Jahr als das zuvor haben‹, ›mehr tun, mehr unternehmen, mehr verdienen und mehr sparen‹ und ›ein besserer Mensch‹ sein. Dieselbe Art allgemeiner, unverbindlicher Antworten wurde auf Frage drei zu den Zielen für das kommende Jahr gegeben.

Die wahren Schwierigkeiten ergaben sich bei Frage vier und fünf. Auf die Frage nach ihrer beruflichen Stellung und ihrem Einkommen wichen fast alle aus und brachten die gleichen Entschuldigungen vor: »Wer kann in diesen ungewissen Zeiten schon etwas voraussagen?« »Das hängt von der Inflationsrate ab.« »Das bestimmen mein Chef und die Firma.« Immerhin gaben die meisten zu, daß sie erwarteten, in fünf Jahren eine höhere Stellung innezuhaben und mehr Geld zu verdienen.

Frage fünf war die wahre Knacknuß. In zwanzig Jahren — wo, was tuend, was geleistet, wie gesund und was für ein Vermögensstand? Sie wanden sich, kicherten und machten alberne Sprüche. Ein Teilnehmer mittleren Alters meinte, bis dann werde er wohl tot sein. Die anderen lachten. Lachen entspannt. Die meisten Seminarteilnehmer hatten sich über die Frage nie zuvor Gedanken gemacht und brachten leere, unsinnige Antworten vor. Sie sagten, sie würden Millionäre mit luxuriösen Jachten sein oder sie hätten bis dann berühmte Romane geschrieben oder würden ihre eigene Fernsehserie produzieren. Fast in jeder Gruppe war die Reaktion dieselbe. Niemand wollte seine Zukunft vorhersehen oder voraussagen. Sie waren genau wie alle anderen Klassen, die ich gehabt hatte — mit einer Ausnahme: dem Jungen namens Eric.

Als Eric sich meldete, um aufs Podium zu kommen und seine Antworten auf die fünf Zielsetzungsfragen vorzulesen, war das Seminarpublikum begeistert. Es freute sich auf weitere Belustigungen. Ich wußte nicht, was ich erwarten sollte, doch ich sagte mir, seine Aussagen könnten kaum saft- und kraftloser sein als die der Erwachsenen.

»Wo liegen deine größten Begabungen, Eric, und was möchtest du am meisten verbessern?« begann ich.

Er zögerte keinen Augenblick. »Im Modellflugzeugbau und in Video-Computerspielen bin ich am besten, und mein Zimmer aufräumen ist das, was ich besser tun sollte.«

Ich ging schnell weiter zu seinen persönlichen und beruflichen Zielen für den Rest des Jahres. Er erklärte, sein persönliches Ziel sei es, ein Modell der Columbia-Raumfähre fertigzustellen, und sein berufliches Ziel sei es, mit Rasenmähen und später mit Schneeschaufeln etwa vierhundertfünfzig Dollar zu verdienen. Die Zuhörer murmelten beifällig. *Jetzt kommen wir endlich irgendwohin,* dachte ich bei mir.

Ich frage ihn, welches seine persönlichen und beruflichen Ziele für das kommende Jahr seien. Er antwortete, sein persönliches Ziel sei es, eine Reise nach Hawaii zu machen, und sein berufliches Ziel, siebenhundert Dollar zu verdienen, damit er die Reise bezahlen könne. Ich erkundigte mich nach Einzelheiten im Zusammenhang mit der Reise. Er sagte, sie solle in den Sommerferien stattfinden, nach Honolulu und Maui führen, und die Fluglinie werde Western oder United Airlines sein — je nachdem, welche das bessere Arrangement anbiete. Ich wollte von ihm wissen, welches wohl die größte Schwierigkeit beim Erreichen dieses seines Zieles sein werde, und er meinte, sie werde darin bestehen, seine Mutter und seinen Vater dazu zu bringen, genug zu sparen für ihre Flugkarten, damit sie ihn begleiten könnten.

Wir gingen weiter zu Erics Fünfjahreszielen. Als ich ihn über seine berufliche Stellung und sein Einkommen in fünf Jahren befragte, zögerte er noch immer nicht. »Ich werde dann fünfzehn und in der zehnten Klasse der High School sein«, sagte er klar und deutlich ins Mikrophon. »Ich habe vor, Computerkurse zu belegen, wenn sie das haben, und Naturwissenschaften. Ich sollte pro Monat mindestens zweihundert Dollar mit einer Teilzeitarbeit verdienen«, verkündete er zuversichtlich. Das Seminarpublikum lachte nicht mehr. Selbst Erics Vater schien sich sehr dafür zu interessieren, was der Zehnjährige in diesem ›Phantasieinsel-Spiel‹ alles für Pläne hatte.

Eric mußte einen Augenblick nachdenken, als ich ihm die Frage stellte, was in zwanzig Jahren sein werde. Er hub an: »Ich werde dann dreißig sein, stimmt's?« Ich nickte, und er fuhr fort: »Ich werde in Houston oder Cape Canaveral in Florida leben. Ich werde Raumfährten-Astronaut sein und bei der NASA oder einer großen Gesellschaft arbeiten. Ich werde neue Fernsehsatelliten auf die Erdumlaufbahn gebracht haben, und ich werde Bestandteile für eine neue Weltraumstation liefern. Und ich werde körperlich groß in Form sein. Man muß in guter körperlicher Verfassung sein, um Weltraumfahrer zu sein«, schloß er stolz.

Es war phantastisch, Eric so zielgerichtet und bestimmt bis in die Einzelheiten sprechen zu hören, während all die Erwachsenen im Kreise herum redeten. Die Wirkung dessen, was er gesagt hatte, schlug sich langsam in den Seminarteilnehmern nieder. Sie hatten je fünfzig Dollar bezahlt, um herzukommen und ihre Zielsetzungsfähigkeiten zu verbessern. Und da war ein zehnjähriger Gast aufgetreten und hatte ihnen gezeigt, wie man es macht. Der entscheidende Unterschied in Eric war der, daß er noch nicht zu glauben begonnen hatte, er könne seine Ziele nicht erreichen. Er hatte noch nicht so viele Enttäuschungen erlebt, daß sein Traum dadurch zunichte gemacht wurde. Er hatte sich die Tagesschau noch nicht oft genug angesehen oder die Zeitung noch nicht oft genug gelesen. Er hatte noch nicht genug persönliche Niederlagen einstecken müssen. Er war unverdorben, unzynisch. Seine ›Schwäche‹ der Unerfahrenheit war seine größte Stärke.

Erics gedankenreiche Antworten hatten mir einen der besten Abschlüsse verschafft, die ich je an einem Ganztagsseminar gehabt habe. Dieses rothaarige Kind hatte in zehn Minuten mehr zustande gebracht als ich in fünf Stunden des Redens. Er hatte uns beigebracht, daß wir sehr wohl in viel bestimmterer, konkreterer Art und Weise über unsere Träume sprechen können, wenn wir nicht zulassen, daß unser Zynismus uns im Wege steht. Eric, ein zehnjähriger Junge, hatte uns allen ein lebendiges Beispiel gegeben, wie man sich Ziele setzen und sie verfolgen sollte.

Die Kraft im Innern

Die Vorstellung, die Eric als zehnjähriger Junge hatte, beweist, daß der Mensch von Natur aus Ziele sucht. Den Vergleich, den ich in diesem Zusammenhang am liebsten heranziehe, habe ich von meinem verstorbenen Freund Dr. Maxwell Maltz, der plastischer Chirurg war und den Bestseller ›Erfolg kommt nicht von ungefähr. Psychokybernetik‹ (Düsseldorf 1970) schrieb. Dr. Maltz verglich den Geist mit der Selbststeuerung eines Torpedos oder mit der Steuerautomatik eines Flugzeugs. Hat man das anvisierte Ziel einmal eingestellt, empfängt dieses Selbststeuerungssystem laufend Feedback-Signale aus der Zielgegend. Aufgrund der Feedback-Daten paßt es den festgesetzten Kurs in seinem eigenen Navigationscomputer an und nimmt die nötigen Korrekturen vor, um den Kurs einzuhalten. Wird er unvollständig oder unbestimmt programmiert oder wird er auf ein außer Reichweite liegendes Ziel ausgerichtet, so irrt der selbstgesteuerte Torpedo umher, bis sein Antriebssystem versagt oder er sich selbst zerstört.

Der einzelne Mensch verhält sich ziemlich gleich. Hat man sich sein Ziel einmal gesteckt, empfängt der Geist laufend Selbstgespräch und Feedback aus der Umgebung über das entsprechende Ziel. Aufgrund dieses negativen und positiven Feedbacks paßt der Geist auf dem Weg die Entscheidungen an und nimmt unterbewußt Berichtigungen vor, um das Ziel zu erreichen. Wird er mit vagen, ziellosen Gedanken programmiert oder wird er auf ein unrealistisches Ziel außer Sichtweite ausgerichtet, so irrt der Mensch umher, bis er frustriert aufgibt, sich erschöpft oder selbst zerstört.

Haben Sie schon Menschen gekannt, die sich nicht hinreichend vorbereiteten, um ihre Ziele entweder zu erreichen oder zu organisieren? Haben sie eine große Chance verpaßt oder eine Beziehung vermasselt? Haben sie frustriert aufgegeben? Gab es welche, die sich selbst zerstörten? Ich sehe diese Art des Verhaltens immer öfter in unserer Gesellschaft, wo wir unmittelbare sinnliche Befriedigung suchen in einer Welt, die noch immer nur denen lange währende Belohnungen gewährt, die dafür arbeiten. Wenn die Menschen zur Einsicht gelangen, daß es wenige Abkürzungen auf dem Weg zum Erfolg gibt — wenn überhaupt —, dann werden viele von ihnen mit der Enttäuschung nicht fertig. Ihre Eltern haben ihnen nicht beigebracht, wie man mit dieser Art Frustration lebt.

Was ist die Kraft im Innern, das Triebwerk, das uns zu unseren vorherrschenden Gedanken hin treibt? Wir haben gesehen, daß das unterbewußte Selbstbild wahrscheinlich in unserer rechten Gehirnhemisphäre sitzt und daß es nicht zwischen einem Ereignis, das tatsächlich stattgefunden hat, und einem, das man sich lebhaft vorgestellt hat, zu unterscheiden vermag (Kapitel 2). Es scheint, daß, wenn das Selbstbild einmal eine Meldung mit genügender Frequenz empfängt, diese Meldung zu einer Gewohnheit wird, die wir als Teil unserer selbst akzeptieren.

Haben Sie sich je Zeit genommen, um über Ihre Gewohnheiten nachzudenken? Wie viele haben Sie, die Sie eigentlich gar nicht wollen oder die nicht gut für Ihre geistige oder körperliche Gesundheit sind? Rauchen, trinken, zu viel essen, zu spät kommen, Nägel kauen, deprimiert oder zynisch sein — das alles sind unterbewußte Gewohnheiten, die man sich anlernt. Alle lassen auf ein Selbstachtungsproblem schließen und bedürfen gewöhnlich einer Änderung des Selbstbildes, damit eine bleibende Veränderung eintritt. Die einzige andere Möglichkeit zu einer sofortigen Veränderung liegt darin, daß uns jemand sagt: *Wenn du damit nicht aufhörst, wirst du sterben!* Doch selbst unter dieser Drohung bringen viele Menschen die Kraft im Innern nicht auf, sich zu ändern.

Wir können uns aber ändern, wenn wir wollen. In meiner Arbeit mit Kriegsgefangenen, Astronauten, Spitzensportlern, Führungskräften und ihren Familien bin ich einer Besessenheit begegnet, die anfänglich ein dünnes Gewebe von einer Idee war und in langen Stunden der Übung und Anstrengung sich zu so etwas Greifbarem und Lohnenswertem wie einer olympischen Goldmedaille verfestigte. Wir alle haben die Kraft im Innern. Es liegt eine potentielle Goldgrube in jedem unserer Ziele.

Der Hüter Ihres Geistes

Sie und ich sind anders als die meisten Leute, weil wir wahrhaft darauf zählen, daß sich unsere Träume verwirklichen. Es liegt uns daran, unser Leben und dasjenige der uns Nahestehenden zu verbessern. Wir sind keine Fanatiker. Wir fallen nicht auf wunderliche oder der Mode unterworfene Meinungen und Mittelchen herein. Wir wollen verstehen, wie wir denken und warum wir etwas tun. Wir wollen genügend darüber lernen, wie unser Geist funktioniert, damit wir ihn so einsetzen können, daß er für uns statt gegen uns arbeitet. Ein Mechanismus in Ihrem Hirn, den Sie verstehen sollten, heißt ›Hüter Ihres Geistes‹.

Vom Hirnstamm dehnt sich strahlenförmig ein kleines Zellengeflecht aus, das etwa zehn Zentimeter lang ist und ›retikuläres (netzartiges) Aktivierungssystem‹ genannt wird. Es hat etwa die Größe und Form eines Viertels eines Apfels. Ich bezeichne es gerne als unsern eingebauten ›Apple‹-Computer.

Das retikuläre Aktivierungssystem erfüllt die einzigartige Funktion, die Sinnesreize (Sehen, Hören, Riechen, Berühren) zu filtrieren und zu bestimmen, welche davon im Geiste einen Eindruck machen werden. Es beschließt, von Moment zu Moment, welche Information zu einem Teil unserer Welt werden soll.

Wie viele Menschen kennen Sie, die nicht auf die Vernunft hören wollen? Haben Sie Freunde, die Sie um Hilfe bitten und trotzdem auf einer Mißerfolgsbahn weiterschreiten? Haben Sie Menschen gesehen oder von solchen gehört, die dauernd Schwierigkeiten zu suchen scheinen? Natürlich sehen Sie sie alle Tage. Es wird ihnen dieses eine nicht bewußt: daß sie, indem sie absichtlich die negativen Inputs und die Probleme suchen, von denen sie sagen, daß sie sie zu vermeiden trachten, ihr retikuläres Aktivierungssystem so eingestellt haben, daß ihr Geist vor Erfolg bewahrt wird. Indem sie so oft die Möglichkeiten des Mißerfolgs in Betracht ziehen, ist ihr Gehirn so eingerichtet worden, daß es als Mißerfolg suchender selbstgesteuerter Torpedo arbeitet.

Halten Sie einen Augenblick im Lesen dieses Buches inne. Sitzen Sie einfach ruhig da, und hören Sie aufmerksam auf alle Geräusche um Sie her. Ist es nicht interessant, wie Sie sich auf das Lesen konzentrieren können, ohne all die Ablenkungen zur Kenntnis zu nehmen? Das retikuläre Aktivierungssystem filtert die unwichtigen Reize aus und konzentriert sich auf das im Augenblick Wichtige. Ein weinendes Kind, eine Sirene oder das läutende Telephon zu hören, würde Ihre Aufmerksamkeit vom Buch ablenken und dem Geräusch zuwenden, das Sie hören. Haben Sie einmal erkannt, daß ein gewisser Wert, ein Gedanke, eine Idee, ein Geräusch, Bild oder Gefühl für Sie von Bedeutung ist, so wird Ihr retikuläres Aktivierungssystem in Alarmbereitschaft versetzt. Unverzüglich übermittelt es jegliche Information, die es im Zusammenhang mit diesem bedeutenden Gegenstand empfängt, Ihrem Bewußtsein.

Um zu veranschaulichen, wie das retikuläre Aktivierungssystem für Sie arbeitet, nehmen wir einmal an, Sie hätten vor kurzem in der Nähe eines Flughafens mit großem Flugverkehr ein Haus gekauft. Hinter dem Kauf standen Ihre Überlegungen, daß Sie die Woche über den ganzen Tag arbeiteten und nur abends zu Hause weilten, wenn der Flugverkehr ohnehin wesentlich eingeschränkt sei. Sie haben sich auch ausgerechnet, daß Sie sich mit dem Geld, das Sie sich mit dem Kauf eines billigeren Eigenheims im Flughafengebiet gespart hätten, eine kleine Hütte oder ein Boot für die Wochenenden kaufen würden. Sie haben beschlossen, ein gewisses Maß an Lärm und Erschütterung für einen finanziellen Vorteil hinzunehmen.

Kurz nachdem Sie in Ihr neues Heim gezogen sind, kommen Sie zur Einsicht, daß Sie verrückt gewesen sein müssen, als Sie es kauften. Alle fünfzehn Minuten zittern die Fensterscheiben, wackeln die Möbel und bereitet Ihnen das Aufheulen der Jet-Triebwerke fürchterliche Kopfschmerzen. Beim Abwägen der

Situation kommen Sie jedoch zu dem Schluß, daß Sie im Hinblick auf Ihre finanzielle Zukunft mindestens zwei Jahre in dem Haus ausharren sollten. Innerhalb von wenigen Wochen findet alsbald eine erstaunliche Verwandlung statt. Sie können nachts besser schlafen. Der Fluglärm wird zu so etwas wie dem sanften Rauschen des Meeres. Sie scheinen es nicht mehr zu merken, daß die Fensterscheiben klirren und der Tisch wackelt. Ihr retikuläres Aktivierungssystem ist dazu übergegangen, die unwichtige Information auszusperren und Ihnen so zu helfen, sich auf Ihre Prioritäten zu konzentrieren.

Ein paar Wochen später laden Sie Freunde zum Nachtessen zu sich ein. Diese Freunde wohnen auf einem Hügel vom Verkehr entfernt, doch nur drei, vier Kilometer von Ihrem Wohnort weg. Wie Sie zusammen an Ihrem Eßzimmertisch Platz nehmen, überfliegt eben eine DC-10 Ihr Haus auf ihrem normalen Landeanflug. Das Geschirr zittert, und die Deckenlampe schwingt hin und her. Ihre Gäste sind völlig erschüttert. »Wie haltet ihr es hier bloß aus?« stöhnen sie. »Oh, ihr meint den Fluglärm?« sagen Sie darauf leichthin und meinen es ehrlich. »Ja«, antworten sie und blicken einander vielsagend an. »Wie oft am Tage müßt ihr das über euch ergehen lassen?« »Wir bemerken es kaum mehr«, geben Sie zur Antwort. »Uns stören die Motorräder viel mehr, die bei Euerm Haus über die Naturwege hinwegdröhnen!« Ihre Freunde reagieren darauf genau so, wie Sie es erwarteten. »Dröhnende Motorräder? Was für Motorräder? Wir hören bei unserm Haus keine Motorräder mehr. Die sind längst woanders hingegangen«, beteuern sie.

Das Schöne am retikulären Aktivierungssystem ist, daß man es programmieren kann, für erfolgsbezogene Inputs wachsam zu sein. Es weckt einen am Morgen ohne jeden Wecker. Wenn es weiß, daß man sich auf einen weiteren erfüllten Tag freut, wird es einen rechtzeitig aus dem Bett holen. Wenn es weiß, daß man in anderen Menschen Werte und gute Eigenschaften sucht, so peilt es sich auf Werte und gute Eigenschaften ein. Wenn man nach vermehrtem finanziellem Lohn strebt, wird es für jeglichen finanzorientierten Wert, der einem helfen könnte, sehr hellhörig sein.

Das retikuläre Aktivierungssystem liefert die Erklärung für die Unfallneigung gewisser Menschen oder umgekehrt für die Erfolgsneigung anderer. Es macht klar, weshalb bestimmte Leute in jeder Lösung ein Problem sehen und weshalb andere eine Lösung für jedes Problem sehen. Gewisse Menschen sind mit einem ›Apple‹-Computer in ihrem Gehirn gestraft, den sie programmiert haben, in allem das Schlimmste zu finden. Weil wir uns programmieren, positiv zu sein, sind Sie und ich mit einem ›Apple‹-Computer gesegnet, der in jeder Situation das Beste sucht. Achten Sie sorgfältig darauf, welchen Dingen Sie in Ihrem Denken und in Ihren Gesprächen mit anderen Bedeutung zumessen. Ihr retikuläres Aktivierungssystem registriert alles und wird Ihre Wünsche oder Ängste zu Ihren Zielen machen. Richten Sie Ihre Aufmerksamkeit darauf, *wohin Sie gehen wollen,* nicht darauf, wo Sie nicht sein wollen. Sie werden sich stets in der Richtung Ihrer gegenwärtig vorherrschenden Gedanken bewegen.

Der imaginäre Hund

Meine Kinder lernen die Kraft der Zielsetzung früh kennen. Sie verstehen zwar das retikuläre Aktivierungssystem nicht ganz, aber sie begreifen die Idee, daß man sich stets in der Richtung seines vorherrschenden Gedankens bewegt. Ich werde nie vergessen, was sich abspielte, nachdem meine Tochter Dayna, die damals etwa elf Jahre alt war, eines meiner Zielsetzungsseminare besucht hatte. Als wir nach Hause fuhren, war sie ungewöhnlich still. Irgend etwas braute sich in ihrem hübschen kleinen Kopf zusammen.

Ein paar Tage später fielen mir in unserm Haushalt seltsame Dinge auf. Ich stieß mit dem Fuß an eine Metallschüssel, die in der Küche stand. »Wer hat diese Landmine vor den Kühlschrank gelegt?« schrie ich meine Kinder an, die eben ihre Frühstücksflocken aßen.

Dayna erwiderte strahlend: »Ich, Papa. Das ist mein Hundefreßnapf.«

»Wie kann das bloß dein Hundefreßnapf sein, wo wir ja gar keinen Hund haben?« entgegnete ich recht scharf, wobei mir bewußt war, daß wir uns da ein gespieltes Geplänkel lieferten.

»Es ist mein imaginärer Hund, Papa. Aber er wird langsam so wirklich, daß ich ihm diese Woche seinen Freßnapf kaufen mußte, damit wir ihn füttern können, wenn er hierher kommt!« sprudelte es ganz aufgeregt aus ihr hervor.

»Da werde ich aber mal ganz schnell kaltes Wasser über dieses Hundeziel gießen, das du dir da gesteckt hast«, schalt ich, während ich einen Löffel voll Frühstücksflocken hinunterschluckte. »Die Schüssel da ist ja groß genug für ein Pferd, und abgesehen davon werden wir uns jetzt nicht sofort einen Hund zulegen, basta!«

Schlagfertig kam es sogleich zurück: »Aber du hast doch gesagt, wenn man seinen Sinn ernsthaft auf eine Sache richte und sich die ganze Information darüber beschaffe, dann...« Ich unterbrach sie, wie Eltern dies zu tun pflegen. »Ich weiß, was ich gesagt habe«, entgegnete ich, »aber das war im Seminar, und jetzt sind wir zu Hause. Kinder können sich nicht ihre eigenen Ziele stecken ohne das vorgängige Einverständnis ihres großen Zielhüters, und das bin ich!« Die Kinder aßen schweigend ihre Frühstücksflocken, packten ihren Lunch ein, gaben ihrer Mutter einen Abschiedskuß und gingen zur Schule.

Als ich am darauffolgenden Samstag nachmittag von einer Tagung nach Hause kam, sah ich Dayna im Hof umhergehen und zu einer langen Kette sprechen, die sie mit einer Hand hinter sich herzog. Sowie ich aus der Garage kam, fragte ich sie aus. »Was machst du da und redest mit dir selbst mit dieser Kette in der Hand?« »Das ist keine Kette, Papa«, korrigierte sie mich. »Das ist die Leine meines Hundes, und ich übe spazierengehen mit ihm.« Ich wies sie an, in ihrem Zimmer zu üben, weil die Nachbarn zuschauen könnten und sicher schon dachten, wir seien ein wenig seltsam.

Ich war mir bewußt, daß ich mit meinen Kindern in der Hundesache ein bißchen schroff gewesen war, und darum beschloß ich, die Angelegenheit etwas auszubügeln und zu meiner Tochter nett zu sein, indem ich mich an ihrem Ziel interessiert zeigte. »Wenn du tatsächlich einen Hund bekämst — irgendwann einmal, wenn wir umziehen —, was möchtest du denn für einen haben, Schatz«, erkundigte ich mich sanft, »einen Yorkshire-Terrier oder einen Pudel?«

»Du weißt, daß ich Schoßhündchen nicht mag«, seufzte sie. »Mein Hund ist ein Alaskan Malamute.«

Meines Wissens waren Malamutes große Hunde mit riesigem Appetit, die in der Arktis als Schlittenhunde eingesetzt werden. Ich erinnerte meine Tochter daran, daß wir in Südkalifornien wohnten, wo es das ganze Jahr mild war, und daß das arme Tier schwer atmen und die Haare verlieren und den ganzen Sommer über unter einem Baum Schutz suchen würde.

»Und abgesehen davon«, fügte ich hinzu, »würde er wahrscheinlich riechen!«

Ihr Denken war völlig eingleisig. »Du hast recht, Papa«, erwiderte sie. »Malamutes haben gute Nasen. Er wird immer seinen Weg nach Hause finden, und er wird ein ausgezeichneter Wachhund sein, du wirst schon sehen.«

Die Situation wurde hoffnungslos, doch ich wußte, daß ich am längeren Hebel saß, weil ich Chef der Finanzen war und das absolute Vetorecht hatte, wenn ich in Familienrats-Versammlungen überstimmt wurde. »Wenn du diesen Hund tatsächlich bekämst, was für mindestens ein Jahr nicht der Fall sein wird, weißt du ungefähr, wie er aussehen würde?« frage ich Dayna nach dem Abendessen. Ihre Antwort kam für mich etwas überraschend.

»Er hat ein schwarzes Fell, wobei der Bauch und der obere Teil der Beine braun sind«, erklärte sie bewundernd. »Auf der Stirn hat er ein weißes Karo, und seine Augen sind braun und wunderschön«, strahlte sie. Sie zog ein kleines Taschenbuch mit dem Titel ›Pflege und Fütterung von Malamutes‹ hervor und schlug die Seiten schnell durch. »Du wirst Kheemo mit der Zeit gern haben, Papa«, versicherte sie und erinnerte mich damit daran, wie ich die Kinder jeweils zu überzeugen versuchte, daß Spinat und Blumenkohl ausgezeichnet schmeckten.

»Was soll das heißen — Kheemo?« machte ich, wobei ich mich bemühte, die Gereiztheit zu unterdrücken, die ich angesichts dieses unmöglichen ›Wunschdenkens‹ zu verspüren begann.

»So heißt er, Papa – Kheemo«, seufzte sie. »Das ist eine Abkürzung für Kheemosabe, was ein indianischer Ausdruck ist und ›guter Freund« heißt.« Ich bedankte mich für die Belehrung und machte klar, daß ich ihrer nicht bedurfte, da mir die Bedeutung des indianischen Ausdrucks längst bekannt war. Ich spürte, daß wir mit unserem Gespräch in einer Sackgasse gelandet waren, und so brach ich die Hundedebatte ab, und wir gingen ins Wohnzimmer zu den anderen Familienmitgliedern.

Tags darauf war Vatertag. Ich hätte mir eigentlich denken können, daß es ein spezieller Tag werden würde. Ich war von meinen Kindern dazu auserkoren worden, mit einem wahren Coup überrumpelt zu werden, und das ausgerechnet an dem Tag, an dem sie mir die Ehre hätten erweisen sollen.

Ich kam an jenem Sonntag morgen die Treppe herunter in der festen Absicht, die Art Vatertag zu verbringen, die ich mir schon immer gewünscht hatte. Ich trat an den Frühstückstisch, angetan in Pyjama, Morgenrock und Pantoffeln, das Fernsehprogramm in der einen, die Zeitung in der andern Hand. »Heute«, verkündete ich der Familie, »gehen wir zum zweiten Gottesdienst in die Kirche, und danach werde ich mich ganz und gar dem süßen Nichtstun hingeben. Ich werde mir den Morgenrock wieder anziehen, mich entspannen und mir den ganzen Tag Baseball und alte Filme ansehen«, setzte ich mit leicht arrogantem Unterton hinzu. Ich bemerkte, daß die Kinder alle schön zurechtgemacht waren, Jacken an, Haare gekämmt, als ob sie einen Ausflug vorhätten. Ich öffnete meine Vatertagskarte; ganz unten, nach all der zärtlichen Poesie, klebte ein ausgeschnittenes Zeitungsinserat:

Zu verkaufen als letzter aus einem Wurf: reizender junger Malamute, männlich. Reinrassig, Ausweise, geimpft. Nur $500. Kommen Sie heute noch vorbei. Dieser Hund ist schnell weg. Ideal für Kinder.

»Möchtest du deine Kinder am Vatertag nicht zu einer kleinen Fahrt nach der Kirche einladen?« flöteten die süßen Kleinen im Chor.

»Das ist genau das, was ich nicht tun möchte«, gab ich zurück und steckte die Nase ins Fernsehprogramm, um herauszufinden, wann das Spiel übertragen wurde. Ihre Antwort war offensichtlich gut geprobt worden und das vermutlich unter Anleitung ihrer Mutter.

»Macht nichts, Papa, sei nicht sauer, eines Tages machen wir's wie du«, sangen sie, »wenn du alt bist und auch grauer, wollen wir auch unsre Ruh', statt am Vatertag zu dir zu gehn, wolln wir lieber TV sehn. Macht nichts, Papa, sei nicht sauer, eines Tages machen wir's wie du...«

Unterwegs zum Hundezwinger predigte ich den Kindern die Verhaltensregeln für den Rest des Tages. Sie sollten hingehen und mit dem Malamutejungen ein paar Minuten spielen, derweil ich im Wagen bleiben und dem Baseballspiel zuhören würde. Sie sollten sich die ganze Information über den Hund geben lassen, und dann würden wir besser informiert nach Hause gehen, damit wir für den Fall, daß wir je ernsthaft daran dachten, uns einen Hund anzuschaffen, Bescheid wüßten. Ich brachte sämtliche Gründe vor, warum wir den Hund nicht kaufen würden. Ich begann bei den Verpflichtungen, dem Pflegeproblem, wenn wir nicht zu Hause sein würden, der Gefahr von Tollwut, der Möglichkeit, daß er den Briefträger beißen könnte und wir verklagt würden. Und ich endete mit all den wichtigen Punkten, die eine umsichtige Familie zu berücksichtigen hatte, ehe sie eine so kostspielige Anschaffung tätigte.

Beim Hundezwinger fragte ich mich, warum sie so lange brauchten, um sich die Information über den jungen Hund geben zu lassen. Die Hundezüchter hatten doch bestimmt Wichtigeres zu tun, als eine Horde Kinder eine halbe Stunde lang mit ihrer Ware spielen zu lassen. Als ich die Wagentür öffnete, um hinzugehen und nachzusehen, was die Kinder aufhielt, rollte ein wolliger Ball mit vier Beinen auf mich zu. Er war schwarz mit einem braunen Bauch, und auf der Stirn hatte er ein weißes Karo zwischen zwei großen braunen Augen. Ich glaube, die Augen waren schuld. Er leckte meine Schuhe und zupfte an meinen Hosenaufschlägen. Er rannte im Kreise um mich herum, und dabei wedelte er so aufgeregt mit seinem kleinen gebogenen Schwänzchen, daß er wie ein am Boden verankerter Helikopter aussah, der versuchte abzuheben. Er legte sich auf den Rücken und blickte zu mir auf in der Erwartung, daß ich ihm die Unterseite kraulte. Er wußte, wer sein Meister war! »Steig ein, Kheemo«, sagte ich zu ihm, »wir fahren heim und schauen uns das Spiel an!«

Der Hund kostete fünfhundert Dollar. Der Zaun kostete fünfhundert Dollar. Der Hund fraß die Tuchbespannung der Gartenmöbel ab. Er zerstörte den Blumengarten. Er zerkaute meine Pantoffeln und meine besten Joggingschuhe. Er kam direkt durch die mit Kunststofflamellen versehene Tür ins Haus, die verschlossen war!

Kurze Zeit nach seiner Ankunft tollten die Kinder und ich mit ihm im Wohnzimmer herum, während meine Frau beim Einkaufen war. Unglücklicherweise hatten wir ausgerechnet den Lieblingsperserteppich meiner Frau ausgewählt, um uns darauf zu balgen, und das Spiel artete bald aus. Als Kheemo und ich miteinander rauften, nahm der Hund auf einmal den Teppich in Angriff, daß die Gewebefetzen nur so in alle Richtungen flogen.

Das persische Meisterstück zeigte eine Winterszene, die aus feinverschlungenen verschiedenfarbigen Fäden und Garnen verschiedener Beschaffenheit gewoben war. In der Mitte war eine kanadische Schneegans abgebildet, die von einem friedlichen Weiher wegflog. Offensichtlich sind Malamutes weitsichtig, denn Kheemo fraß die Gans, als sei sie ein Leckerbissen. Ich packte seine Kiefer und vermochte den Großteil der losen Fäden herauszubekommen, bevor er sie verschluckte. Während der folgenden zwei Stunden versuchte ich, die losen Schnüre wieder in Kette und Schuß des Teppichs zu einem Muster hineinzuweben, das einer kanadischen Schneegans ähnlich sehen würde. Was jedoch dabei herauskam, sah eher wie ein nasser Truthahn aus!

Als meine Frau vom Einkaufen zurückkam, waren meine Kinder und ich dabei, den Teppich glattzuziehen und unsere Webutensilien zu verstauen. »Was ist mit meinem Teppich passiert?« rief sie aus und kam näher, um ihn sich genau anzusehen. Ich winkte ab. »Kein Grund zur Besorgnis«, sagte ich leichthin. »Die Kinder und ich sind im Garten und im Haus herumgerannt, und dabei wurde dein Perserteppich etwas schmutzig. Wir haben ihn für dich schamponiert, und du solltest eine Weile nicht darauf gehen. Warte doch bis morgen, ehe du ihn dir besiehst, da ist er dann trocken«, schlug ich nervös vor. »Er sieht gar nicht gut aus«, erklärte sie und schüttelte den Kopf. Ehe ich mich's versah, packte sie den Staubsauger und saugte geradewegs die Mitte aus dem Teppich heraus, wo die Gans gewesen war. »Um Gottes willen!« schrie sie laut auf. »Was habt ihr mit meinem kostbaren Teppich gemacht?« Ich brachte die schwache Ausrede vor, daß es wohl einer dieser Teppiche sei, die sich in normaler Umgebung nicht hielten.

»Das hat dein Hund getan, nicht wahr?« fragte meine Frau mit vor Erregung bebender Stimme. »Es war nicht mein Hund«, verteidigte ich mich, »es war der Hund unserer Tochter Dayna. Er hat den Teppich gefressen.« »Du hast ihn gekauft!« erwiderte meine Frau kalt. »Aber sie hat ihn sich gedacht«, entgegnete ich, um damit meine Unschuld kundzutun.

So ein, zwei Wochen lang herrschte im Hause eine eher frostige Atmosphäre. Jedesmal wenn meine Frau an der Stelle vorbeiging, wo der Teppich gelegen hatte, murmelte sie etwas über Hunde und Ehemänner, als ob sie zusammengehörten. Auch sagte sie, sie wünschte, Seminarleiter würden das, was sie predigten, auch ausüben.

Was Kheemo anbelangt, so wurde er mit der Zeit ein feiner Freund der Familie und ein guter Wachhund. Dayna und die anderen Kinder glauben an ihre Träume. Doch sie sind sich bewußt, wie wichtig es ist, jemanden zu haben, der einem hilft, seine Ziele zu erreichen.

Das Glücksrad

Um die Unterstützung unserer Mitarbeiter, unserer Familie oder unserer Freunde beim Erreichen unserer Ziele zu gewinnen, müssen wir diese Ziele zuerst definieren. Allein dadurch, daß wir genau zu bezeichnen beginnen, was wir im Leben wollen, ist die Leistung halb vollbracht. Die meisten Leute betrachten das Leben als Glücksspiel, bei dem man das Rad dreht, sein Glück versucht und einen teuren Preis gewinnt oder aber leer ausgeht.

Ich möchte Sie mit einer andern Art Glücksrad bekannt machen. Mit diesem Rad können Sie vorausplanen, daß die Gewinnchancen von Anfang an zu Ihren Gunsten stehen. Wenn Sie die Grundregeln verstehen und die einzelnen Schritte befolgen, können Sie planmäßig gewinnen.

Als erstes wollen wir uns einige wichtige Begriffe und Definitionen ansehen:

Glück: In genauer Kenntnis arbeiten. Wissen wir einmal, was wir tun wollen, und fangen wir an, es vorzubereiten und zu tun, dann beginnen wir auch Glück zu haben.

Angst: Fehlerziehung, die wirklich erscheint. Wie wir gesehen haben, ist das meiste von dem, wovor wir Angst haben, bloß eingebildet, bereits geschehen, einfach zu lösen, wenn man es einmal genau bestimmt hat, oder es liegt nicht in unserer Macht.

Hinauszögern: Zaudern, dem die Angst vor Folgen zugrunde liegt, die ebensooft die Angst vor Erfolg wie die Angst vor Mißerfolg sein kann.

Ziele: Bestimmte, handlungsorientierte Zielobjekte, die man definieren, diskutieren, sich vergegenwärtigen und schriftlich festhalten kann. Ziele sollte man sich gerade außerhalb der gegenwärtigen Reichweite, aber nicht außer Sichtweite stecken.

Träume: Tagträume sind Ziele im formenden Stadium. Nachtträume sind normalerweise unterbewußte Episoden, die uns unsere seelischen Konflikte lösen helfen.

Vorherrschende Gedanken: Ziele oder fixe Ideen, die unser tägliches Leben und unsere Prioritäten lenken.

Selbstgespräch: Die stillen Gespräche, die man jede Minute mit sich selbst über sein Leben führt. Selbstgespräch ist aber auch das Gespräch, das man mit anderen Menschen über sich selbst und seine Ziele führt.

Spielregeln: Es gibt nur eine einzige Regel. Ihr Glücksrad ist kein Glücksspiel. Es ist ein Wählspiel. Man verbringt sein Leben nach den Wahlen, die man trifft. Es gibt keine Unterbrechungen, keinen Ersatzspieler, und die Uhr läuft pausenlos.

Anwärmübungen: Bevor wir das Rad richtig drehen, wollen wir unser Hirn mit ein paar Dehnungsübungen für den Geist geschmeidig machen. Beantworten Sie die folgenden Fragen mit Ja oder Nein:

_____ Vollende ich die Projekte, die ich anfange?

_____ Vergegenwärtige ich mir im Geiste meine Ziele immer wieder aufs neue?

_____ Habe ich ein paar schlechte Gewohnheiten, die ich nicht scheine ablegen zu können?

_____ Habe ich immer und immer wieder dieselben Tagträume von meinem Erfolg auf einem bestimmten Gebiet?

_____ Spreche und denke ich gewöhnlich in positiver Art und Weise über meine Ziele?

_____ Weiß ich, wohin ich im Leben gehe?

Als nächstes setzen wir unsere Phantasie ein und denken uns etwas Erfreuliches, das wir tun wollen. Wenn sich Ihre Träume erfüllt hätten, wie würde Ihr Leben aussehen? Träumen Sie ein wenig, indem Sie die nachstehenden Sätze vervollständigen:

Ein Ziel, das ich wirklich erreichen möchte, ist, _____

Wenn ich viel Geld hätte, würde ich _____

Ich möchte die Art Mensch sein, die _____

Ein Ort, wo ich gern hingehen möchte, ist _____

Mein Leben wäre besser, wenn _____

Wenn ich Zeit hätte, würde ich _____

Wenn ich nochmals von vorn anfangen könnte, würde ich _____

Als letzte Anwärmübung überlegen Sie sich ehrlich, welches die Hindernisse waren, die verunmöglichten, daß Sie Ihr Glücksrad ungehemmter Ihren Lebensweg entlang und an mehr Bestimmungsorte rollten. Nachstehend sind verschiedene Hindernisse aufgeführt, von denen die Menschen sagen, sie hätten sie am meisten daran gehindert, aus dem Leben das herauszuholen, was sie wollten. Prüfen Sie, welche davon Ihrer Meinung nach Sie eingeschränkt haben:

_____ ungenügende Bildung

_____ ungenügendes Kapital

_____ wirtschaftlich schlechte Zeiten

_____ Geldentwertung

_____ die Regierung

_____ unkooperativer Ehepartner

_____ negative Erziehung

_____ den falschen Beruf gewählt

_____	zu viele Unterstützungsberechtigte
_____	äußerlich nicht attraktiv genug
_____	Diskriminierung aufgrund des Geschlechts, der Rasse usw.
_____	Beförderungspolitik der Firma
_____	mit den falschen Leuten zusammen
_____	gering eingeschätzte Kreditwürdigkeit
_____	die falsche politische Partei an der Macht
_____	Alkohol, Drogen usw.
_____	schlechtes Horoskop
_____	nicht im gleichen Schritt mit der Zeit
_____	nehme stets den falschen Job an
_____	teilnahmsloser Chef
_____	begrenzte Unterstützung von seiten der Familie
_____	wirtschaftlich schlecht gestellte Stadt
_____	eine überholte Branche gewählt

Erinnern Sie sich, daß ich weiter vorn in diesem Kapitel sagte, Sie und ich seien anders als die meisten Leute? Ich meinte das tatsächlich so. Ich glaube, Sie hätten dieses Buch nicht so weit gelesen, wenn Sie nicht ein erfolgreicher Mensch wären. Menschen mit geringer Selbstachtung, die wenig motiviert sind, lesen selten – wenn überhaupt – Bücher, die dazu da sind, ihnen zu helfen. Sie konzentrieren sich strikt auf Zeitvertreib als ›Flucht‹. Dieses Buch ist aber eine Reise zur Entdeckung des

Selbst, nicht zur Flucht vor dem Selbst. Ich erwähne das, weil ich bezweifle, daß Sie viele Punkte abgehakt haben, die es Ihnen als Hindernisse verunmöglichten, Ihre Ziele im Leben zu erreichen.

Ich denke, Sie und ich können zu sich selbst ehrlich sein. Vielleicht haben Sie nicht die Bildung genossen, die Sie sich wünschten. Ihre Vorgesetzten mögen Ihre außergewöhnlichen Fähigkeiten nicht erkennen. Das Hauptziel Ihres Ehepartners scheint darin zu liegen, dafür zu sorgen, daß Sie bescheiden bleiben. Wo immer das Problem liegen mag, Sie und ich wissen, daß wir dafür die Verantwortung tragen, wie unser Leben letztlich herauskommt. Sie haben die größte Macht der Welt bekommen: die Macht der Wahl. Sie erkennen, daß die Ziele und Entscheidungen, die Sie in der Vergangenheit gewählt haben, Sie zu Ihrer gegenwärtigen Lage geführt haben. Sie sind sich auch bewußt, daß Ihre Zukunft in hohem Maße von den Zielen bestimmt wird, die Sie sich gesteckt haben und die Ihre täglichen Entscheidungen lenken. Sie und ich wissen, daß unsere Selbstachtung, unsere schöpferische Phantasie und unser Gefühl der Verantwortung dafür, daß wir unsere eigenen Wirkungen verursachen, die wesentlichen Hindernisse oder Grünlichter auf unserm Lebensweg sind. Denken wir an diese Dinge, während wir uns damit befassen, wie man das Glücksrad betätigt.

Wenn Sie die Abbildung des Glücksrades betrachten, werden Sie im Rad acht Segmente finden. Für jedes der acht Segmente habe ich ein paar Zielanregungen aufgeführt, von denen Sie ausgehen können, um Ihr eigenes Glücksrad aufzubauen. Ich bin mir bewußt, daß Sie dieser als Grundlage dienenden Methode, an die Zielsetzung heranzugehen, vielleicht weit voraus sind, doch selbst wenn dem so ist, bitte ich Sie mitzuspielen, damit Sie Ihren eigenen Fortschritt prüfen können.

Wählen Sie eine der Zielanregungen, die ich für jedes der acht Segmente angeführt habe, oder nehmen Sie eine bestimmte Idee, an der Sie gearbeitet haben. Wählen Sie etwas, das Sie bis Ende dieses Jahres zustande bringen werden, und setzen Sie sich dafür einen Termin.

Zielanregungen

Wählen Sie eine der untenstehenden Ideen, oder tragen Sie eine eigene ein:

Körperliches

Sportliche Fähigkeiten
Körpergewicht
Eßgewohnheiten
Körperliche Betätigung

Beispiel:
Ich bringe mein Gewicht auf 74 kg (Mann).
Ich bringe mein Gewicht auf 54 kg (Frau).
Wann? Bis zum 1. Dezember.

Familie

Beziehung zum Ehepartner
Beziehung zu den Eltern
Beziehung zu anderen Verwandten
Neue Familienaktivitäten

Beispiel:
Meine Mutter öfter anrufen.
Wann? Jetzt und zweimal im Monat von jetzt an.

DAS GLÜCKSRAD

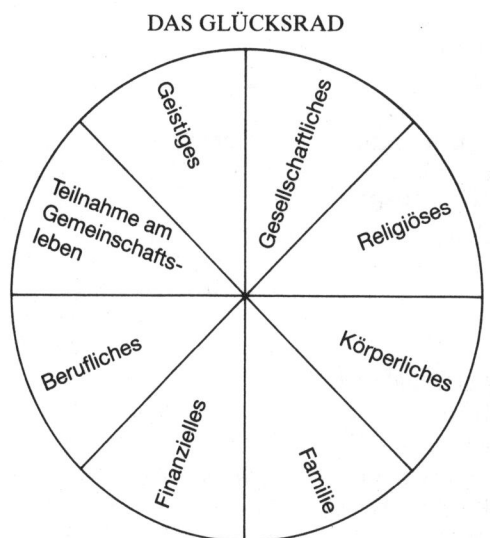

Finanzielles

Altersvorsorge
Eigentum oder Anlagen   _____
Geschäftskapital
Bildungsfonds   Wann?_____

Berufliches

Weiterbildung
Höhere Gehaltsstufe   _____
Beförderung
Berufsverband oder -lizenz   Wann?_____

*Teilnahme am
Gemeinschafts-
leben*

Dienstleistungs-
organisationen
Freiwilligenarbeit   _____
Übernehmen eines Amtes
oder Arbeit in einem   Wann?_____
Komitee
Volksmärsche, Radfahr-
veranstaltungen u.ä.

Geistiges

Fachliteratur und Sach-
bücher lesen   _____
Weiterbildungskurse
Wortschatzerweiterung   Wann?_____
Anschaffung eines Klein-
computers

Gesellschaftliches

Neue Freunde gewinnen
Gepflegtes Äußeres   _____
Clubaktivitäten
Neue Freizeitbeschäf-   Wann? _____
tigungen

Religiöses

Regelmäßig Gottesdienste
besuchen
Religiöse Publikationen   _____
lesen
Mehr Zeit für Meditation   Wann? _____
und Gebet
Größeres Bemühen, andere
zu lieben und anderen zu
dienen

Wie man aus seinem ›Zielgeist‹ schöpft

Nun, da Sie aus dem Glücksrad acht Ausgangsziele gewählt haben, ist es an der Zeit, da fortzufahren, wo die meisten Seminare aufhören. Erinnern Sie sich, daß wir am Anfang dieses Kapitels sagten, die meisten Leute erreichten ihre Ziele im Leben nie, weil sie sie sich gar nicht erst setzten? Ich bin überzeugt, daß dieser nächste Schritt bei der inneren Verankerung selbst Ihrer grundlegenden Ziele äußerst wichtig ist.

Ich habe in Denver im Staate Colorado einen Freund und Geschäftspartner – Mike Mullinnix –, der mit mir zusammen einen speziellen Zielsetzungs-Workshop mit dem Titel ›Der Zielgeist‹ entwickelt und verfaßt hat. Das Programm wird in den Vereinigten Staaten und den westlichen Ländern als eigenständiges Seminar und auch als Folge-Workshop zu meinen Videoseminaren zum Thema ›Psychologie des Erfolgs‹ gelehrt. Im Kontakt mit mehreren tausend Seminarteilnehmern haben

Mike und ich herausgefunden, daß die Formulierung einer bestimmten ›Selbstbild‹- oder ›Selbstgespräch‹-Aussage zu jedem größeren Ziel ein bedeutender Schritt im Zielsetzungsprozeß ist.

Indem Sie diese ›Selbstgespräch‹-Aussagen mehrmals täglich lesen oder sich die Zielaussagen anhören, die Sie selbst auf Band gesprochen haben, als hätten Sie sie bereits erreicht, können Sie die innere Verankerung Ihrer Ziele beschleunigen. Ihr Selbstbild vermag ja nicht zu unterscheiden zwischen der Wirklichkeit und etwas, das Sie sich lebhaft vorstellen. Die Gewohnheit, sich Ihre eigenen Ziele immer wieder zu bekräftigen, als stünden sie in der Gegenwart, bringt auf der unterbewußten Stufe visuelle, emotionale und verbale Anregungen in Ihre schöpferische Phantasie. Wenn diese Anregungen in entspannter Umgebung häufig wiederholt werden, werden sie sich darauf richten, Ihre bisherigen Gewohnheitsmuster mit einem neuen Vorgehensplan umzustoßen, den Sie im Hinblick auf Erfolg aufgestellt haben.

Um Ihr Glücksrad richtig zu lenken und Ihren ›Zielgeist‹ in eine ›Goldgrube‹ zu verwandeln, nehmen Sie die acht Ausgangsziele, die Sie in jedem Bereich gewählt haben, und definieren Sie sie genau in einem einzigen Satz.

BEISPIEL

1. Mein körperliches Ziel ist es, 74 Kilo zu wiegen und meine Muskeln zu stärken. Wann? Bis 1. Dezember.

2. Mein familiäres Ziel _____
   Wann? _____

3. Mein berufliches Ziel _____
   Wann? _____

4. Mein Ziel hinsichtlich Teilnahme am Gemeinschaftsleben _____
   Wann? _____

5. Mein geistiges Ziel _____
   Wann? _____

6. Mein gesellschaftliches Ziel _____
   Wann? _____

7. Mein religiöses Ziel _____
   Wann? _____

Es ist für erfolgreiche Menschen nicht ungewöhnlich, in jedem der acht Bereiche an vier oder fünf Zielen gleichzeitig zu arbeiten. Ich kenne viele Spitzenmanager und führende Persönlichkeiten auf jedem Gebiet, die jeden Tag auf dem Arbeitsweg Kassetten anhören, auf denen sie in ihrer eigenen Stimme ihre Ziele festgehalten haben. Interessanterweise scheinen genau diese Menschen die glücklichsten, am besten angepaßten, am glücklichsten verheirateten, die besten Eltern und die finanziell gesichertsten Menschen zu sein, die ich je kennengelernt habe. Sie wissen, wohin sie im Leben gehen wollen, und sie befinden sich auf dem rechten Weg.

Wenn Sie nun in jedem der acht Bereiche ein Ziel definiert haben, und zwar so, daß feststeht, worin es besteht und wann Sie es zu erreichen gedenken, beschaffen Sie sich einen Stoß kleiner linierter Karteikarten (7,5 cm × 12,5 cm). *Schreiben Sie jedes der acht Ziele so auf eine separate Karte, als sei es bereits erreicht worden:*

- Gebrauchen Sie das Pronomen ›ich‹ und
- Verbformen im Präsens (tue, freue mich, verdiene usw.)
- Modaladverbien (leicht, regelmäßig)
- Gefühlswörter (begeistert, glücklich)
- Ziel (Präsens)

BEISPIEL

Körperliches Ziel (Frau): »Ich freue mich darüber, 54 Kilo zu wiegen und in meinem neuen Badeanzug schlank auszusehen.«

Körperliches Ziel (Mann): »Ich wiege athletische 74 Kilo und freue mich, jeden Tag zu trainieren.«

Wenn Sie diese ›Selbstgespräch‹-Zielaussagen auf die Karteikarten schreiben, sollten Sie in der Formulierung auf sprachliche Feinheiten achten; das kann den Unterschied zwischen Erfolg und Mißerfolg bei Ihrer inneren Verankerung der Zielanregungen ausmachen. Bei meiner Arbeit mit Astronauten, Olympiaathleten und Klinikpsychologen, die sich mit Verhaltensänderung befassen, habe ich die Erfahrung gemacht, daß die folgenden Grundsätze bei positiven Selbstaussagen am wirksamsten sind:

1. Gebrauchen Sie stets Personalpronomen. Wörter wie ›ich‹, ›mein‹, ›mich‹ und ›mir‹ machen Ihre Aussagen persönlich, und dadurch können Sie sie leichter bekräftigen und in sich aufnehmen.
Unwirksam: »Jogging ist gutes Training.«
Wirksam: »Es macht mir Spaß, täglich fünf Kilometer zu joggen.«

2. Führen Sie Ihr Selbstgespräch stets im Präsens. Bezieht man sich auf die Vergangenheit oder die Zukunft, so wird die Wirkung der inneren Verankerung Ihrer Ziele abgeschwächt oder vielleicht gar ins Gegenteil verkehrt.
Unwirksam: »Eines Tages werde ich nach Hawaii gehen.«
Wirksam: »Ich liebe die Brandung und den Sand in Maui.«

3. Halten Sie Ihre Zielaussagen kurz und bündig (vier bis fünf Sekunden lang).
Unwirksam: »Jetzt, wo ich fünfzehntausend Mark gespart habe, kann ich mich vielleicht selbständig machen, und ich hoffe, Erfolg zu haben.«
Wirksam: »Mein Geschäft ist mit den fünfzehntausend Mark, die ich hineingesteckt habe, mit genügend Kapital ausgestattet.«

4. Richten Sie Ihr Selbstgespräch auf das aus, was Sie sich wünschen, statt zu versuchen, von dem wegzukommen, was Sie nicht wollen. Ihr Geist kann sich nicht auf das Umgekehrte einer Idee konzentrieren. Wenn Sie sich zu sagen versuchen, sie sollten Fehler nicht immer wieder machen, so wird Ihr Geist den Fehler bekräftigen. Sie wollen ja aber Ihren gegenwärtig vorherrschenden Gedanken auf Ihre Wünsche und nicht auf Ihre Abneigungen konzentrieren.

Unwirksam:	»Ich kann mit Rauchen aufhören.«
	»Ich werde neun Kilo abnehmen.«
	»Ich werde nicht mehr zu spät kommen.«
	»Ich schreie die Kinder nicht an.«
	»Ich werde den Ball nicht verschlagen.«
Wirksam:	»Ich habe meine Gewohnheiten unter Kontrolle.«
	»Ich wiege schlanke 56 Kilo.«
	»Ich komme pünktlich zu Verabredungen.«
	»Ich bin mit meinen Kindern geduldig.«
	»Ich beherrsche den Ball.«

5. Richten Sie Ihr Selbstgespräch nicht auf Wettbewerb aus, vergleichen Sie sich nicht mit anderen.

Unwirksam: »Ich werde vor ihm oder ihr zum Ersten des Teams.«
Wirksam: »Ich werde im Team aufrücken und meine Arbeit gut machen.«

6. Bringen Sie in Ihren Aussagen zum Ausdruck, daß Sie nach Verbesserung Ihres gegenwärtigen Status streben. Streben Sie nicht nach Vollkommenheit!

Unwirksam: »Ich bin der beste Verkaufsleiter der Firma und verdiene am meisten.«
Wirksam: »Ich tue dieses Jahr mein Bestes und bringe zwanzig Prozent mehr als letztes Jahr herein.«

Haben Sie auf diese Art für jeden der acht Bereiche des Glücksrades eine Zielaussage auf eine Karte niedergeschrieben, machen Sie es sich zur Gewohnheit, die Karten immer bei sich zu tragen – jeden Tag, wo Sie auch hingehen. Lesen Sie die Aussagen morgens zu Beginn Ihres normalen Tagesablaufs, sehen Sie sie während des Tages durch, und lesen Sie sie noch einmal, ehe Sie zu Bett gehen. Stellen Sie sich sich selbst vor, wie Sie jedes Ziel bereits erreicht haben. Erlauben Sie sich, den Stolz zu verspüren, es gut zu machen. Sprechen Sie, wenn möglich, Ihre Ziele auf ein Kassettenband, wie wir im Kapitel über ›Die Saat der Kreativität‹ vorschlagen.

Die eindrückliche Macht der Suggestion

Die Methoden, mit denen die Sowjetunion, die DDR und Bulgarien ihre Olympiaathleten trainieren, durch suggestopädisches Lernen zu Spitzenleistungen zu gelangen, beeindrucken mich. Diese Länder weisen ihre Sportler an, klassische Musik zu hören, während gleichzeitig ein Band leise abläuft, auf dem die Ziele des betreffenden Sportlers in seiner eigenen Stimme festgehalten sind. Der Betreffende genießt die Musik und konzentriert sich auf sie; die Zielaussagen werden zu einem unterbewußten Klang im Hintergrund. Die Ziele sollten jedoch hörbar und verständlich sein.

Der regelmäßige Takt der langsamen klassischen Musik verschafft dem Gehirn, wie sich zeigt, Entspannung, macht es höchst empfänglich für Suggestion und schaltet das Vorherrschen der linken Gehirnhemisphäre aus, so daß die rechte Hemisphäre auf die Zielbekräftigungen reagieren kann. Da die rechte Hemisphäre die meisten unserer negativen unterbewußten Gefühle über uns selbst zu beherbergen scheint, können unsere wiederholten Zielaussagen förmlich die Art und Weise, wie wir uns selbst betrachten, und mithin die Richtung unseres Lebens ändern.

Die Methode des Bekräftigens und Simulierens darf Ihnen nicht den falschen Eindruck vermitteln, wir würden mit uns selbst Gehirnwäsche betreiben oder uns selbst belügen. Was ich empfehle, ist das Gegenteil von Gehirnwäsche und Täuschung. Wir werden ja, ohne uns dessen bewußt zu sein, Tag für Tag einer Gehirnwäsche unterzogen. Was wir im Fernsehen sehen, am Radio hören, in Zeitungen und Zeitschriften lesen, was die Leute sagen − all dies vermittelt uns einen dramatisierten, auf Sensation ausgerichteten Begriff dessen, was in der Welt vor sich geht. Ich empfinde die meisten ›Inputs‹ der Gesellschaft als negativ. Wäre es nicht an der Zeit, daß Sie und ich uns auf Information konzentrierten, die auf unseren Erfolg und nicht auf unsere Frustration abzielt? Wäre es nicht an der Zeit, daß wir, statt unser Gehirn mit ›Seifen‹ zu waschen, dazu übergingen, unseren Geist mit Zielen zu programmieren?

Der Geist strebt von Natur aus nach Zielen. Erfolgreiche Menschen haben Absichten und Vorgehenspläne, die klar definiert sind und auf die sie fortwährend zurückgreifen. Sie wissen, wohin sie gehen – jeden Tag, jeden Monat, jedes Jahr. Die Dinge geschehen nicht einfach in ihrem Leben. Sie sorgen dafür, daß sich das Leben für sie und ihre Angehörigen abspielt. Sie kennen den Unterschied zwischen zielgerichteten Handlungen und Tätigkeiten, die bloß Anspannung abbauen.

Zweck ist die Triebkraft unseres Lebens. Jedermann hat einen Zweck. Für einige ist es zu essen; für andere, den Tag zu überstehen. Für viele ist es, bis zum Freitag durchzuhalten, damit man dann am Wochenende dem Vergnügen frönen kann. Für Sie und mich sind persönliche Entwicklung, Mitwirkung, kreativer Ausdruck, wertvolle Beziehungen und seelische Harmonie die gewöhnlichen Ziele, die uns dazu drängen, zu versuchen, ungewöhnliche Menschen zu sein. Bestimmte, schriftlich festgehaltene Ziele sind die Mittel, mit denen sich der Zweck erreichen läßt. Da der Geist ein Biocomputer ist, braucht er ausdrückliche Instruktionen und Anweisungen. Die meisten Menschen erreichen ihre Ziele nicht, weil sie sie nicht definieren, sich nicht über sie informieren oder sie nie ernsthaft als glaubwürdig und erreichbar betrachten.

Während die anderen im Zuschauerpublikum zusehen, werden Sie und ich unser Glücksrad in die Hand nehmen und es selbst lenken. Wir können den anderen sagen, wohin wir gehen, wie lange wir dazu ungefähr brauchen, weshalb wir gehen, was wir unterwegs zu tun gedenken und wer das Unternehmen mit uns teilen wird. Sie und ich leben unser Leben – mit Absicht!

Zehn Schritte auf dem Weg zu Ihren Zielen

1. Stecken Sie sich kurzfristige Ziele, die Sie schrittweise zu Ihrem langfristigen Zweck führen. Es ist viel wirksamer, Ziele auf einen Monat, auf sechs Monate oder ein Jahr zu setzen, als allzu weit in die Zukunft zu planen. Genaue Fristen sind wichtige Meßvorrichtungen.

2. Setzen Sie sich Ziele, die gerade außer Reichweite, aber nicht außer Sichtweite liegen. Es ist von entscheidender Bedeutung, sich dem Erfolg mit einem Gefühl des Wachsens zu nähern. Setzt man sich Ziele auf niedrigerer Stufe — solche, die verhältnismäßig leicht zu erreichen sind —, so ist es leichter, Korrekturen anzubringen, wenn man vom Kurs abgekommen ist. Dadurch, daß man seine Ziele schrittweise eines nach dem andern erreicht, wird auch das Selbstvertrauen gehoben.

3. Verschaffen Sie sich Bestärkung durch eine Gruppe, indem Sie sich mit motivierten Menschen umgeben, die an derselben Leistung interessiert sind. Gehen Sie Ihre Ziele auch mit erfahrenen Menschen an. Holen Sie sich Rat bei Menschen, die erwiesenermaßen eine Erfolgsbahn durchlaufen haben.

4. Setzen Sie im voraus eine Belohnung oder eine Feier fest, damit Sie jeweils beim Erreichen eines Ihrer Ziele etwas Bestimmtes zu feiern haben. Das kann z. B. eine Reise sein, ein Familienessen, eine Unterhaltung, eine Erholung oder eine Neuanschaffung.

5. Probieren Sie eine neue Art aus, Neujahr zu feiern. Legen Sie Ihre Ziele für dieses Jahr in einen Briefumschlag. Ermuntern Sie Ihre Familie, das ebenfalls zu tun. Öffnen Sie am Silvesterabend oder am Neujahrstag die Umschläge, und kontrollieren Sie, wieweit es Ihnen gelungen ist, das zu erreichen, was Sie sich vorgenommen haben. Es ist eine großartige Art und Weise, ein weiteres gutes Jahr abzuschließen. Stecken Sie sich dann die Ziele für das neue Jahr.

6. Tragen Sie Ihre Ziele für den kommenden Monat in einem Schreibtischkalender oder einer Taschenagenda ein. Was werden Sie tun, wo werden Sie hingehen, und mit wem werden Sie Kontakt haben?

7. Tragen Sie in einer Taschenagenda, in der Sie jede Woche mit einem Blick erfassen können, Ihre Tätigkeiten für die kommende Woche ein, die Sie schrittweise zu Ihren Monats- und Jahreszielen führen werden.

8. Benützen Sie einen A4-Schreibblock, um darauf Ihre allerwichtigsten Ziele festzuhalten: Ihre täglichen Prioritäten. Setzen Sie am Ende jeden Tages Ihre Prioritäten für den folgenden Tag fest. Gehen Sie Ihre Liste zu Beginn jedes neuen Tages durch, ehe Sie Ihren ersten Telephonanruf tätigen oder Ihre erste Verabredung treffen. Haken Sie jeden Punkt ab, wenn er erledigt ist, und übertragen Sie die unerfüllten Prioritäten auf die Liste des folgenden Tages.

9. Sprechen Sie nicht mit negativen Menschen oder mit Zynikern über Ihre Ziele. Lassen Sie Menschen daran teilhaben, die es mit Ihnen aufrichtig gut meinen und Ihnen helfen wollen. Und sorgen Sie dafür, daß Sie den Rat von Erfolgsmenschen befolgen. Denken Sie daran: Elend liebt Gesellschaft. Gewisse Leute sähen es ebenso gern, Sie würden in demselben alten Geleise weiterfahren wie sie!

10. Rechnen Sie für Ihre langfristige finanzielle Sicherheit nicht mit dem Staat. Legen Sie sich jeden Monat eine bestimmte Summe auf einem Sparkonto für die Zukunft auf die Seite, wie wenn Sie Ihre Wohnungsmiete oder Ihren Hauszins bezahlten. Sie sind Ihre beste Altersvorsorge.

Fragen zu Ihrem Zweck

1. Welches ist diesen Monat eines Ihrer persönlichen Ziele? Was werden Sie heute tun, um diesem Ziel näherzukommen?

2. Welches ist diesen Monat eines Ihrer beruflichen Ziele? Haben Sie mit jemandem über dieses Ziel gesprochen, der Ihre Absicht bekräftigen kann?

3. Haben Sie einen Vorgehensplan für das ganze Jahr?

4. Haben Sie festgesetzte Ziele hinsichtlich körperlicher Fitneß? Vergewissern Sie sich, daß sie genau formuliert sind.

5. Werden Sie in späteren Jahren in der Lage sein, ohne staatliche Altersvorsorge auszukommen? Haben Sie entschieden,

wieviel Sie jeden Monat als Ersparnisse auf die Seite legen wollen?

6. Was werden Sie morgen tun? Werden Sie die Punkte, die Sie heute nicht erledigen konnten, übertragen und sie zu den Zielen für morgen machen?

6
Die Saat der Kommunikation

Sich bemühen, jemandem nahezukommen

Bibliotheken und Buchhandlungen sind voll von Lesestoff über wirkungsvolle Kommunikation. Ich möchte mich auf zwei grundlegende Aspekte der Kommunikation beschränken, von denen ich glaube, daß sie die wichtigsten sind: Empathie und Liebe.

Ich habe die Bedeutung von Empathie an einem Seminar kennengelernt, das in Carefree in Arizona abgehalten wurde und zu einem Programm gehörte, mit dem Führungskräfte und Ehepaare unter anderem in Selbsterkenntnis geschult wurden und das diesbezüglich einen hervorragenden Ruf genießt.

Der Initiator des Programms, Jim Newman, war Leiter des viertägigen Seminars. Er hat eine spezielle Begabung, tiefsinnige Wahrheiten mit aus dem Leben gegriffenen Beispielen zu veranschaulichen. Als wir darüber redeten, daß Kommunikation und unsere Beziehungen zu anderen einer der entscheidenden Schlüssel zum Glück sei, erzählte Jim eine Geschichte von einer Dame, die an einem seiner früheren Seminare teilgenommen hatte.

In eines andern Mokassins gehen

Die Dame hatte ihren fünfjährigen Sohn in der Vorweihnachtszeit zu Einkäufen in einem großen Warenhaus mitgenommen. Sie wußte, daß es ihm Spaß bereiten würde, all die Dekorationen, Schaufenster, Spielsachen und den Nikolaus zu sehen. Als sie ihn an der Hand hinter sich her zog — doppelt so schnell, wie seine Beinchen gehen konnten —, begann er zu quengeln und zu weinen und klammerte sich an Mutters Mantel. »Was ist denn bloß mit dir los?« schalt sie ungeduldig. »Ich habe dich mitgenommen, damit du die Weihnachtsstimmung spürst. Das Christkind bringt kleinen Schreihälsen keine Geschenke!«

Während sie sich bemühte, im Ansturm kurz vor dem Heiligen Abend ein paar besonders günstige Angebote zu finden, fuhr der Kleine fort zu quengeln. »Wenn du mit diesem Gewimmer nicht aufhörst, werde ich dich nie mehr zum Einkaufen mitnehmen«, warnte sie. »Nun, vielleicht kommt es davon, daß deine Schuhe offen sind und du über deine eigenen Schuhbänder stolperst«, meinte sie und kniete zwischen den Ladentischen nieder, um seine Schuhe zu binden.

Als sie sich neben ihm hinkniete, schaute sie zufällig auf. Und zum ersten Mal sah sie ein riesiges Warenhaus aus dem Blickwinkel ihres fünfjährigen Sohnes. Aus dieser Sicht gab es keinen Tand, keine Kugeln und Ketten, keine Geschenke, keine lustig dekorierten Schautische und kein Spielzeug. Alles, was man von hier aus sehen konnte, war ein Labyrinth von Korridoren, die zu hoch waren, als daß man hätte darüber hinausschauen können, und die voller riesenhafter Beine und Hinterteile waren. Diese hünenhaften Fremden stießen und schubsten, pufften und knufften, drängten und quetschten sich durch die Gänge. Statt lustig war die Szene ganz und gar erschreckend anzusehen! Die Mutter entschloß sich, mit ihrem Kind nach Hause zu gehen, und schwor sich, ihm nie wieder ihre Version von Vergnügen aufzuzwingen.

Indem sie sich niederkniete und den Schuh ihres Sohnes zuschnürte, wurde der Mutter eine seltene Lektion in Empathie zuteil, einem Gefühl, das allzu wenige von uns je für diejenigen empfinden, die sie am liebsten haben.

Newmans Geschichte von dem kleinen Jungen gab uns Seminarteilnehmern Anlaß, über unsere eigene Kommunikation mit anderen nachzudenken. Als er das Seminar abschloß, verteilte Newman Buchzeichen, auf denen das alte Gebet der

Sioux-Indianer gedruckt stand: »O Großer Manitu, hilf mir, niemanden zu verurteilen, bevor ich nicht in seinen Mokassins gegangen bin.«

Nach Jim Newmans Vortrag fanden Diskussionen in kleinen Gruppen statt, und wir waren uns einig, daß in der Kommunikation nichts so wichtig sei wie ›in eines andern Mokassins gehen‹, ehe man seine Meinung sagt. Empathie ist einer der Schlüssel zur Kommunikation. Sie bedeutet ›Einfühlung in einen andern‹. Im Gegensatz zum ›Mitgefühl für einen andern‹ ist Empathie der Versuch, den Standpunkt eines andern Menschen zu verstehen, als ob man dieser andere sei.

Am Ende des Seminars herrschte Hochstimmung, und die meisten Teilnehmer gingen mit dem Gefühl weg, sie könnten in ihrer eigenen persönlichen oder beruflichen Arena Champions sein. Auf mich wirkte es anders. Ich machte einen Spaziergang in der Dämmerung der Wüste, um über das nachzudenken, was ich gelernt hatte. Die hohen Saguaro-Kaktusbäume standen wie schweigende Fremdlinge da und warfen stille Schatten auf den Sand. Als ich so zwischen ihnen hindurchschlenderte, fragte ich mich, ob wohl von meiner Familie oder meinen Mitarbeitern mich einige betrachteten, als ob ich etwas Entferntes, Verschlossenes sei wie der Kaktus.

Ich fragte mich, wie einfühlsam ich wirklich sei. Ich stellte mir einige Fragen und suchte mir die Antworten darauf vorzustellen. *Wie gern hätte ich einen Vater wie mich, wenn ich an Stelle meiner Kinder stünde? Wie gern wäre ich mit mir verheiratet? Wie gern hätte ich einen Manager wie mich?* Das waren schwierige Fragen.

Lege ich bloß ein Lippenbekenntnis ab, wenn ich sage, man müsse gute Kommunikation betreiben? Ich erforschte mich selbst. *Nehme ich meine Beziehungen als selbstverständlich an, oder weiß ich wirklich, was die anderen in meinem Leben fühlen, brauchen, wollen und sagen?*

Ich konnte nicht alle die Fragen ehrlich mit Ja beantworten. Ich war mir bewußt, daß ich mich hinsichtlich ›Einfühlung‹ und ›Mitgefühl‹ gegenüber den Menschen in meinem Leben bessern könnte.

Sich auf ihre Wellenlänge einschalten

Eine der besten Methoden, damit zu beginnen, Empathie zu praktizieren, ist die, gegenüber den Bedürfnissen und der Verschiedenheit anderer offener und empfindsamer zu sein. Erfolgreiche Menschen vertreten einen relativen, nicht einen absoluten Standpunkt. Gewissermaßen das Vorspiel zu Empathie ist die Einsicht, daß jeder Mensch auf Erden ein gleiches Recht hat, sich selbst im Leben zu verwirklichen. Es ist die Erkenntnis, daß Hautfarbe, Geburtsort, politische Überzeugung, Geschlecht, finanzielle Stellung und Intelligenz keine Wertmaßstäbe sind. Der Weg zur Kommunikation besteht darin, die Tatsache zu akzeptieren, daß jeder Mensch ein ausgeprägt einzigartiges Wesen ist – und zu denken, wie gut das sei. Keine zwei Menschen sind einander gleich, nicht einmal eineiige Zwillinge.

Wir sind einzigartig in unseren Fingerabdrücken, unseren Fußabdrücken, ja selbst unseren Stimm›abdrücken‹! Im Wissen, daß jeder von uns mit einer Tonfrequenz spricht, die kein anderer Mensch nachahmen kann, entwickelt die amerikanische Firma AT&T ein ›Stimmabdruck‹-System, das auf elektronischem Wege eine unverzügliche, sichere Identifizierung ermöglicht. Man spricht seinen Namen hörbar in ein Mikrophon am Bankschalter oder an der Kasse eines Geschäftes, worauf die ›Stimmabdruck‹-Frequenz mit derjenigen verglichen wird, die in einem Zentralcomputer gespeichert ist. Dieses Vorgehen räumt auf mit falschen Schecks und gestohlenen Kreditkarten. Selbst der beste Imitator kann eines andern Tonfrequenz nicht nachmachen.

Wir sprechen in verschiedenen Frequenzen und denken in verschiedenen Frequenzen. Oftmals hört man sagen: »Wir haben nicht dieselbe Wellenlänge.« Seit vielen Jahrhunderten versuchen die Menschen, untereinander dieselbe Wellenlänge zu finden. Es ist wenig verwunderlich, daß es in der Familie, der Gesellschaft und der Welt überhaupt so viel Uneinigkeit gibt. Jeder hört etwas anderes, sieht die Dinge durch eine andere Brille und nimmt sie durch einen anderen Filter wahr.

Empathie heißt zum Beispiel einsehen, daß die Leute, die in einem vollgestopften Bus von der Arbeit durch die Stadt nach Hause fahren, dieselbe Szene von völlig verschiedenen Gesichtspunkten aus sehen. Der eine sieht die deprimierenden schäbigen Häuser. Der andere sieht ein ideales Objekt für ein Wiederaufbauprojekt. Der nächste ist in seine eigenen Probleme versunken und sieht gar nichts. Und wieder ein anderer ist in ein Lehrbuch vertieft und sieht einen Weg aus der Misere.

Es ist wichtig, daß man versucht, die Welt anderer Menschen so zu betrachten, wie sie sie sehen — nicht wie man sie selbst sieht. Eine Möglichkeit, dies zu tun, ist die, in anderen das Gute zu sehen, ungeachtet dessen, wie verschieden ihr Äußeres, ihr Lebensstil und ihre Anschauungen von unseren eigenen sind. Indem man in anderen das Gute sucht, übermittelt man Liebe. Liebe ist *die* Botschaft, die wir alle am meisten brauchen.

Definitionen der Liebe

Eine wesentliche Definition von Liebe ist — als Verb — ›wertschätzen‹. Liebe sollte ein Verb sein, nicht ein Substantiv. Liebe ist ein aktives Gefühl. Sie ist nichts Statisches. Liebe ist eine der wenigen Erfahrungen im Leben, die wir am besten erhalten können, wenn wir sie verschenken. Liebe heißt aktiv einen andern Menschen wertschätzen und in ihm das Gute sehen.

Jemanden lieben heißt bedingungslos und vorurteilslos seinen Werten und Bedürfnissen zuhören.

Jemanden lieben heißt seine Mängel und Fehler übersehen und statt dessen das Gute in ihm suchen.

Jemanden lieben heißt ihm regelmäßig mit Worten Bestätigung geben. Es gibt keinen Ersatz für aufrichtige Unterstützung, liebe Worte und Lob.

Jemanden lieben heißt sich unablässig bemühen, Zeit aufzuwenden, Opfer zu bringen, ein Zusätzliches zu tun, um seine Anteilnahme zu zeigen.

In einem vorangegangenen Kapitel über Selbstachtung haben wir von der Notwendigkeit gesprochen, sich selbst zu lieben, bevor man diese Liebe auch weiterschenken könne. Lieben erfordert Unabhängigkeit und fußt auf der Fähigkeit, sich aus freiem Willen und nicht aus Abhängigkeit mit anderen zusammenzutun. Wahre Liebe ist die Beziehung zwischen zwei Menschen, die beide die Fähigkeit haben, für sich selbst zu sorgen. Nur unabhängige Menschen können frei entscheiden, eine Beziehung aufrechtzuerhalten. Abhängige Menschen erhalten eine Beziehung aus Notwendigkeit aufrecht.

Weil wir zu einer abhängigeren, narzißtischen Gesellschaft geworden sind, die vom Verlangen nach unmittelbarer Befriedigung angetrieben wird, sind viele Leute in geringerem Maße in der Lage, sich in spontaner, intimer Kommunikation auszudrücken. Obwohl sie erfahrene ›Techniker‹ des Geschlechtsaktes geworden sind, haben sie Angst, sich der Verwundbarkeit auszusetzen, die der Intimität innewohnt. Auch wenn Sexualinformation reichlich vorhanden ist, so hat sich doch die Qualität sexuellen Verhaltens nicht wesentlich verbessert. Vielleicht leiden unsere intimen Beziehungen gar unter dem Einfluß der Massenmedien, die vielmehr der Leistung statt enger Bindung und Verpflichtung das Wort reden. Während Sex allgegenwärtig ist, scheint Intimität fast ganz verschwunden zu sein. Ironischerweise ist aber das Geheimnis der Intimität gar nicht schwer zu lernen.

Das sechste bestgehütete Geheimnis des unumschränkten Erfolges

Ich liebe meine Frau. Der Gedanke, mit ihr zusammenzusein, und das Zusammensein mit ihr machen mich glücklich; aber ich bin nicht auf sie angewiesen. Sie liebt mich auch, und ich weiß, daß sie mich für ihre Sicherheit nicht braucht. Sie war selbständig, bevor wir uns kennenlernten, und sie ist es auch jetzt. Wir sind zwei unabhängige Menschen, die ihre Werte miteinander teilen und einander gern haben.

Ich berühre meine Frau gerne. Ich berühre auch unsere Kinder gerne und halte sie gerne in den Armen. Ich hoffe, ich werde meine Gewohnheit, meine Familie zu berühren, nie verlieren. Ich habe gewiß bei der Erziehung unserer Kinder meine Fehler gemacht, doch an Liebe hat es nicht gefehlt.

Ich habe im Verlauf meines Lebens viele Bücher über Liebe, über die Kunst zu lieben und über die Fähigkeit zu lieben gelesen. Ich glaube indes nicht, aus irgendeinem davon eine größere Wahrheit zitieren zu können als diese: »Eine Berührung ist tausend Worte wert.« Eine der rührendsten Szenen, an die ich mich erinnern kann, ist, wie ein Ehepaar, das goldene Hochzeit feierte, unter dem Tisch Händchen hielt, während die Kellner ›Zum Hochzeitstag viel Glück‹ sangen.

Es gibt keine Verhaltensregeln, die vorschreiben, wie man den Kontakt mit denen gestalten soll, die man wirklich gern hat. Im folgenden sind aber ein paar Ideen wiedergegeben, die für mich wertvoll gewesen sind:

Es sollte kein Morgen vergehen, ohne daß die ersten Minuten dazu verwendet werden, sich gegenseitig liebe Dinge zu sagen oder zu tun. Die ersten Worte, die ich jeden Morgen meines Lebens zu Susan sage, lauten: »Guten Morgen. Ich liebe dich.«

Wenn die Tagesarbeit getan ist und die Familie oder das Ehepaar wieder zusammenkommt, sollte man die ersten paar Minuten der Begrüßung ganz und gar der andern Person widmen. Begrüßen Sie nie jemanden mit einer dringenden Frage oder einer Klage. Vergessen Sie die Berührung nicht! Entspannen Sie sich bald, nachdem Sie nach Hause kommen. Überraschen Sie Ihren Ehepartner mit einer Karte, einem Mitbringsel – irgendeinem Liebeszeichen. Freuen Sie sich stets darauf, Ihre Angehörigen zu sehen. Wenn Sie im Leben wirklich geliebt sein wollen, müssen Sie selbst zuerst liebenswert sein. Es gibt keine Liebe auf Verlangen und kein »Du hast mir vor zehn Jahren versprochen, mich immer zu lieben!«. Liebe ist ein täglicher gegenseitiger Wertaustausch.

Die letzten Worte, die ich jeden Abend ausspreche, lauten: »Gute Nacht. Ich liebe dich.«

Nichts vermittelt Wert so deutlich wie die körperliche Berührung. Machen Sie großzügigen Gebrauch von Ihrem Tastsinn.

> Das sechste bestgehütete Geheimnis des unumschränkten Erfolges liegt darin, daß eine Berührung tausend Worte wert ist.

Berührung ist der Zauberstab der Intimität. Liebe heißt ›in Fühlung bleiben‹ im konkreten Sinne.

Sich Zeit nehmen zuzuhören

Intimität, Berührung, Kommunikation — all das erfordert Zeit. Die kostbarsten Augenblicke, die Sie und ich je mit unseren Kindern verbringen werden, sind diejenigen, just bevor sie abends zu Bett gehen. Viele Tätigkeiten gehen in der Familie normalerweise am frühen Abend vor sich. Da sind das Abendessen, Hausaufgaben, Arbeiten im Haushalt, Spiele, Finanzen, Versammlungen, das Fernsehen, Telephonanrufe, Besucher, Freunde und Haustiere, um nur einige zu nennen. Da verwundert es wenig, daß beispielsweise die Durchschnittseltern in Amerika jede Woche weniger als sieben Minuten mit jedem Kind allein zu einer Zeit verbringen, da jedes aufnahmefähig ist. Kinder verbringen mehr Zeit mit Fernsehen als in Kommunikation mit ihren Eltern oder damit, sich eine Bildung anzueignen. Unsere Beziehung zu unseren Kindern ist schon als ›das Sieben-Minuten-pro-Woche-Syndrom‹ bezeichnet worden. Wir sollten uns jedoch dringend mehr Zeit für unsere Kinder nehmen — schon allein dazu, ihnen zuzuhören.

Ich bin nicht immer ein guter Zuhörer gewesen. Ich habe mir nicht immer genügend Zeit genommen, meinen Kindern zuzuhören und ihre Welt mit ihren Augen zu erleben. Als meine Kinder klein waren, war ich damit beschäftigt, mich die Erfolgsleiter hochzukämpfen. Ich hatte noch nicht gelernt, worin die wahre Bedeutung von Erfolg lag.

Ich pflegte meinen Kindern mit halbem Ohr zuzuhören. Mein Beruf und meine eigenen Ziele nahmen mich ganz in

Anspruch, und ich täuschte volle Aufmerksamkeit vor. Der einzige, den ich damit betrog, war ich selbst. Ich hatte auch die Gewohnheit, mit meinen Kindern und meiner Frau zu kommunizieren, indem ich das ›Kannst-du-das-überbieten-Spiel‹ spielte. Immer, wenn sie mir etwas wirklich Aufregendes aus ihrem Leben oder etwas, das einer ihrer Freunde oder die Eltern eines Freundes getan hatten, erzählten, konnte ich kaum warten, bis sie zu Ende erzählt hatten, damit ich sie mit meinem eigenen unwahrscheinlichen Erlebnis ausstechen konnte. Manchmal, wenn meine Kinder oder meine Frau zugaben, etwas Dummes getan oder einen Fehler gemacht zu haben, reagierte ich mit einem »Ich habe es dir ja gesagt«. Sie gestanden eine Schwäche ein, und ich schalt sie deswegen, was bewirkte, daß sie in der Folge zurückhaltend wurden, mir gegenüber etwas offen zu bekennen.

Heute spiele ich diese ›Kannst-du-das-überbieten-Spiele‹ nicht mehr. Solche Spiele gehören nicht in die Familie; sie gehören überhaupt in keine Beziehung. Und doch werden wir tagtäglich Zeuge dieser Spiele in jedem Büro, in jeder Organisation der Welt. Die Art und Weise, wie wir als Erwachsene kommunizieren, ist vielfach das Ergebnis unserer Erziehung. Unsere Fähigkeit oder mangelnde Fähigkeit zu kommunizieren ist das Ergebnis unserer Umgebung innerhalb der Familie und geht auf die Zeit zurück, da wir Säuglinge waren. Entweder versorgten uns unsere Eltern mit Liebe, oder sie gaben ihre Schwächen an uns weiter.

Kommunikation kommt von innen und geht nach außen

Wie sehr wir uns auch bemühen, unsere Gefühle zu verbergen, indem wir ›Kannst-du-das-überbieten‹-Kommunikationsspiele spielen, wir können niemanden täuschen. Wie sehr wir uns auch bemühen, selbstsicher aufzutreten, wir projizieren dennoch nach außen, wie es uns in unserm Innern zumute ist. So sieht zum Beispiel, wenn wir uns körperlich nicht wohl fühlen, unsere Haut nicht gut aus. Ebenso scheinen wir, wenn wir uns seelisch oder geistig nicht gut fühlen, keinen allzu guten Eindruck mit unserem Äußern und unserer Konversation zu machen.

Ein erster Schritt zu guter Kommunikation ist ein gewinnendes Äußeres. Es erlaubt uns, die Aufmerksamkeit von Menschen, die uns wichtig sind, lange genug zu gewinnen, um unseren inneren Wert zu projizieren.

Als Menschen, die sich um gute Kommunikation bemühen, begegnen Sie und ich Unbekannten so, daß wir ihnen als erste die Hand reichen, wissen wir doch, daß dies die altbewährte Höflichkeitsgeste ist, mit der wir anderen unsere Wertschätzung ausdrücken. Den festen Händedruck verbinden wir mit einem direkten Blick in die Augen des andern und mit einem warmen, offenen Lächeln, um unser Interesse an Kommunikation zu bezeigen. Wir nennen unaufgefordert unseren Namen zuerst, wenn wir Unbekannten begegnen, und begrüßen sie sodann. Dies gilt auch für Telephongespräche.

Haben wir uns selbst vorgestellt, so werden wir zu aktiven Zuhörern, die mit Einfühlung auf Gefühle horchen. Wir sind uns bewußt, daß Zuhörer eine Menge lernen, während Sprechende nichts lernen.

Wir freuen uns auf neue Kontakte und neue Bekanntschaften. Wir sprechen ungezwungen mit Unbekannten. Wir blicken unsere Gesprächspartner an, wenn wir mit ihnen sprechen oder ihnen zuhören. Wir hören aufmerksam und aufgeschlossen zu, auch wenn wir mit dem, was sie sagen, vielleicht nicht einverstanden sind.

Wir behandeln den andern als gleichwertig. Wir hören auch den scheinbar Dummen und Unwissenden zu, denn auch sie haben etwas zu sagen.

Wir stellen Fragen, ohne uns aufzudrängen. Wir bemühen uns, in Unbekannten besondere Eigenschaften zu finden und sie aufrichtig zu loben. Wir geben Unbekannten Gelegenheit, aus sich herauszugehen und von sich selbst zu erzählen.

Wir sind leicht zu verstehen, und es ist leicht, mit uns auszukommen. Wir nehmen nicht im voraus an, wie die Reaktion des anderen auf das, was wir sagen, ausfallen wird, und wir versuchen auch nicht, seine Gedanken zu erraten.

Wir begegnen Unbekannten sicher und voller Vertrauen, denn wir wissen, daß es fast jeden – wie selbstsicher er auch scheinen mag – drängt, neue Leute kennenzulernen, um Freundschaft zu schließen oder aus der Bekanntschaft für die persönliche Entwicklung Nutzen zu ziehen. Wir sehen ein, daß fast jeder – ganz normal – dazu neigt, ein wenig Angst vor Ablehnung oder vor Ausnützung zu hegen.

Wenn Sie und ich einem potentiellen Freund oder Kunden oder auch einem Mitglied unserer eigenen Familie gegenüberstehen, ist unsere Haltung auf den Dienst am andern ausgerichtet und nicht ichbezogen. Unsere Sorge gilt dem andern, nicht uns selbst. Wenn uns das Interesse anderer und nicht einfach unser eigenes am Herzen liegt, dann können die anderen das spüren. Vielleicht vermögen sie nicht in Worte zu kleiden, weshalb sie dieses Gefühl haben, aber sie haben es. Umgekehrt verspüren die Menschen ein unbehagliches Gefühl, wenn sie mit Leuten sprechen, die nur an ihre eigenen Interessen denken. Es ist der Ausdruck nonverbaler Kommunikation: »Was du bist, redet so laut, daß ich nicht hören kann, was du sagst.«

Die Zunge kann lügen, doch der Körper handelt instinktiv, unterbewußt und ehrlich. Wir haben in Kapitel 2 gesehen, daß die linke Hemisphäre unseres Gehirns den verbalen Vorgang in der Kommunikation lenkt, wogegen die rechte Hemisphäre Gesichtsausdruck, Körpersprache, Modulationen der Stimme und andere unterbewußte ›Gefühle‹ sowohl aussendet wie aufnimmt. Die Menschen telegraphieren ihre Absichten und Gefühle, ohne sich überhaupt bewußt zu werden, was da vor sich geht. Aus diesem Grunde beobachten Sie und ich den ›ganzen Menschen‹.

Menschen, welche die Kommunikation beherrschen, wissen, daß wir alle unterschiedlich hören und sehen. Da wir im allgemeinen von den Menschen zurückerhalten, was wir ihnen geben, ist es am besten, wenn wir uns selbst mit einfachen, konstruktiven, positiven Ideen projizieren. Wenn wir geliebt sein wollen, müssen wir in positiver, ›liebenswerter‹ Sprache kommunizieren.

Nachstehend sind einige Wörter aufgeführt, die Sie aus dem Wortschatz Ihrer täglichen Kommunikation streichen beziehungsweise darin aufnehmen sollten. Bitte eliminieren Sie die Wörter der linken Spalte, und ersetzen Sie sie durch die entsprechenden Wörter der rechten Spalte:

Wörter, die man vergessen sollte	Wörter, an die man sich erinnern sollte
ich kann nicht	ich kann
ich werde versuchen	ich werde
ich muß	ich will
ich hätte sollen	ich werde tun
ich hätte können	mein Ziel
eines Tages	heute
wenn bloß	nächstes Mal
ja, aber	ich verstehe
Problem	Möglichkeit
schwirig	herausfordernd
gestreßt	motiviert
besorgt	interessiert
unmöglich	möglich
ich, mich, mir, mein	du, dich, dir, dein
Haß	Liebe

Der Weg, der vom ›Niemals‹ hinaufführt

Einer der schöpferischsten, liebenswertesten Menschen, die ich kenne, ist Joe Sorrentino. Wir lernten uns im Café eines Hotels nach einem Produktivitätsprogramm kennen, an dem wir beide als Hauptredner teilgenommen hatten. Er war der erste Redner und ich der letzte gewesen. Nach ihm zu kommen, war die schwierigste Aufgabe, die mir je als Folgeredner zufiel, denn seine ›Vorstellung‹ kam direkt von der Seele.

Er hätte eigentlich gar nie eine so herausragende Podiumspersönlichkeit sein dürfen − bei der ›Laufbahn‹, die er in jungen Jahren durchschritten hatte! Ja, er hätte angesichts der ersten zwanzig Jahre seines Lebens niemals Hauptredner eines solchen Programms sein dürfen.

Als Sohn eines Spenglers wuchs er im New Yorker Stadtteil Brooklyn in einer Gegend auf, wo man nur in Sicherheit spazierengehen konnte, wenn die Polizisten ihren jährlichen Umzug abhielten – und man mittendrin mitmarschierte. Er wurde Anführer einer Bande von Jugendlichen und wurde in ein Erziehungsheim von New York gesteckt. Um sich zu bessern, ging er zur Marine und landete schließlich in einer Gummizelle für Delinquenten und Unverbesserliche, ehe er fristlos entlassen wurde.

Als Joe und ich uns über sein Leben unterhielten, fragte ich mich, wie er überhaupt seinem Leben eine Wende hatte geben können. Die örtliche wie die familiäre Umgebung waren alles andere als ideal, um Selbstachtung aufzubauen. Sein Vater hatte ihm eine Theorie kundgetan, wonach Kinder »von selbst gut oder schlecht werden – je nachdem, aus was sie innen drin gemacht sind«. Joe erklärte mir, daß er sich (auf Grund der Theorie seines Vaters) nicht nur gefragt habe, ob er ›als Versager geboren‹ worden sei, sondern daß er noch mit etwas anderem habe kämpfen müssen: Sein Vater stellte immer Vergleiche zwischen seinem älteren Bruder und ihm an. »Dein Bruder bekommt nie Schwierigkeiten«, sagte er etwa, »und ich muß ihn nicht anschreien.« Angesichts dieser ›Inputs‹ in seiner Jugendzeit und des Drucks, den seine Kollegen aus der Nachbarschaft auf ihn ausübten, wird klar, daß Joe nicht gerade mit der Saat der Größe aufgezogen wurde.

Und doch ist Joe Sorrentino – trotz allen ›Unkrauts‹ in seiner Erziehung – erstaunlicherweise einer der erfolgreichsten, feinfühligsten Menschen, denen ich je begegnet bin. Er findet, seine Eltern hätten, im ganzen gesehen, einen positiven Einfluß auf sein Leben ausgeübt. Er entsinnt sich ihrer Augenblicke des Verständnisses ebensosehr, wie ihm die Tage und Nächte drückender Enttäuschung und Niedergeschlagenheit in der Erinnerung haften bleiben. Er erinnert sich auch lebhaft an »den Einfluß einer liebevollen Lehrerin, eines besorgten Pfarrers und eines Kegelbahnbesitzers«.

Joe Sorrentino hat in mehreren eindrücklichen Büchern von seiner unglaublichen Entwicklung vom Versager zum Erfolgsmenschen erzählt. Eines seiner Werke, das den Titel ›Vom Niemals hinauf‹ trägt, wurde von der Vereinigung amerikanischer Bibliotheken preisgekrönt. In ›Die Betonwiege‹, einem seiner neueren Bücher, erkennt Sorrentino die Verdienste jener Menschen an der Wende in seinem Leben an, die sich ganz persönlich um ihn kümmerten:

Ich war lange Zeit ein hoffnungsloser Schüler gewesen — bis ich Fräulein Lawsen, meiner Lehrerin im siebten Schuljahr, begegnete. Aufgrund ihrer Teilnahme und Zuversicht befleißigte ich mich zu lernen und erzielte schließlich den höchsten Notendurchschnitt an der oberen Volksschule. Leider kippte mein inneres Gleichgewicht unter dem Einfluß des Kollegendrucks an der höheren Schule wieder auf die Seite von Zerstörungswut und Gewaltakten in den Straßen. Ich hatte jede Woche Schlägereien, fiel in allen Fächern durch und wurde schließlich am Ende des ersten Jahres ausgeschlossen. Doch als ich mit zwanzig Jahren die höhere Schule in Abendklassen wieder aufnahm, besaß ich die Erinnerung an Fräulein Lawsen und die schulische Fähigkeit, die sie in mir gefördert hatte.

Joe Sorrentino, der während seiner ganzen Jugendzeit in Ungnade gestanden hatte, änderte sein Leben von Grund auf mit der Einsicht, daß seine einzige Chance zu überleben in Bildung bestand. Nach Abschluß der höheren Schule ging er an die Universität von Kalifornien, wo er *magna cum laude* promovierte. Um seine schlechte militärische Vergangenheit auszumerzen, meldete sich Sorrentino wieder zur Marine und wurde zum ersten Menschen der Geschichte, dem ein ehrenvoller Abschied zuteil wurde, nachdem er zuvor unter Bedingungen entlassen worden war, die alles andere als ehrenvoll gewesen waren.

1967 wurde Sorrentino an der Rechtsfakultät der Harvard-Universität mit Auszeichnung diplomiert. Heute ist er ein hervorragender Jugendrichter in Los Angeles, erteilt Unterricht in Rechtskunde und hält Vorlesungen an der Universität von Südkalifornien. Aufgrund dessen, was er über Selbstbestimmung und darüber, wie die sozialen Mißstände im Lande zu bekämpfen seien, zu sagen hat, ist er auch einer der gefragtesten Redner in Amerika.

Was er im persönlichen Kontakt mit Fräulein Lawsen und ein paar anderen gelernt hat, hat ihm den Mut und den Ansporn gegeben, sein Schicksal zu ändern. Nun widmet er sein Leben der Sorge für seine Familie und für die Hunderte von Jugendlichen, die jedes Jahr seinen Gerichtssaal betreten und nach einem Lichtstrahl im Dunkeln suchen.

Was der persönliche Kontakt vermag

Beispiele davon, was der persönliche Kontakt in der Kommunikation vermag, finden sich überall:

Helen Keller wurde zu einer Persönlichkeit dank Anne Sullivan. Platon lernte von Sokrates. Jesse Owens schreibt seinen Sieg im Weitsprung an den Olympischen Spielen von 1936 einem Tip zu, den ihm sein größter deutscher Konkurrent, Luz Long, gab. Mitten im Wettkampf, nachdem Owens bereits zweimal beim Absprung einen Fehler gemacht hatte, gab Long Owens einen wertvollen Hinweis, wie er seinen Absprung korrigieren könne. Die Folge davon war ein Rekordsprung von fast acht Metern, der mehr als zwanzig Jahre lang nicht überboten wurde.

Künstler haben immer aus der Beobachtung anderer Künstler mehr gelernt als aus Unterricht oder Naturbeobachtung. Sie und ich sind große Künstler, welche die Möglichkeit haben, dem Leben anderer Künstler, die sich mit ihren Ölfarben, Pinseln und Leinwänden abmühen, neue Farben, Schattierungen und Perspektiven einzuhauchen. Rufen Sie sich die Menschen in Erinnerung, die den größten Einfluß auf Sie ausgeübt haben. Sie werden wahrscheinlich feststellen, daß es Menschen waren, denen Ihr Wohl wirklich am Herzen lag — Ihre Eltern, ein guter Lehrer, ein Mensch, mit dem Sie beruflich zusammenarbeiteten, ein guter Freund —, jemand, der an Ihrem Leben Anteil nahm. Die einzigen Menschen, die Sie in größerem Maße beeinflussen werden, sind diejenigen, deren Wohl Ihnen am Herzen liegt. Wenn Sie mit Menschen zusammen sind, die Ihnen lieb sind, wird *deren* Interesse — und nicht ihr eigenes — für Sie im Vordergrund stehen.

Unser Erfolg beim Auskommen mit anderen und bei der wirksamen Kommunikation mit ihnen hängt einzig und allein von unserer Fähigkeit ab, ihre Bedürfnisse zu erkennen und ihnen zu helfen, diese Bedürfnisse zu befriedigen. Manche Leute versuchen, ihre Ideen anderen aufzuzwingen. Sie und ich verwenden Einsicht, um den Weg zu weisen.

Denken Sie an Aesops Fabel, in der sich der Wind und die Sonne streiten, wer von beiden stärker sei. Der Wind sagte: »Siehst du jenen alten Mann dort unten? Ich bringe es schneller fertig als du, daß er aus seinem Mantel schlüpft.«

Die Sonne willigte ein, sich hinter einer Wolke zu verstecken, während der Wind einen Sturm entfachte. Doch je stärker der Wind blies, desto fester wickelte der Mann seinen Mantel um sich.

Am Ende gab der Wind auf, und die Sonne kam hinter der Wolke hervor und lächelte freundlich auf den alten Mann hinab. Es ging nicht lange, und der alte Mann trocknete sich die Stirn, zog sich den Mantel aus und schlenderte davon. Die Sonne kannte das Geheimnis: Wärme, Freundlichkeit und eine sanfte Berührung sind immer stärker als Gewalt und Heftigkeit.

Zehn Schritte auf dem Weg zu besserer Kommunikation

1. Es ist nie zu spät für Kommunikation. Warten Sie nicht aus Angst vor der möglichen Reaktion. Denken Sie an Parkinsons jüngstes Gesetz: »Das Vakuum, das sich durch ein Versäumnis zu kommunizieren bildet, füllt sich rasch mit Gerücht, Verdrehung, Geifer und Gift.«

2. Im Kommunikationsprozeß ist Wissen nicht immer Weisheit, Feingefühl nicht immer Sorgfalt, Mitgefühl nicht immer Verständnis. Empathie heißt, niemals sich ein Urteil anmaßen,

bevor man nicht eine Weile ›in eines andern Mokassins gegangen‹ ist.

3. Übernehmen Sie die volle Verantwortung für den Erfolg im Kommunikationsprozeß. Übernehmen Sie als Zuhörer die volle Verantwortung zu hören, was die anderen zu sagen versuchen. Übernehmen Sie als Sprechender die volle Verantwortung, sicher zu sein, daß die anderen verstehen, was Sie sagen. Begegnen Sie in Ihren Beziehungen nie jemandem auf halbem Wege. Geben Sie stets hundert Prozent.

4. Betrachten Sie sich mit den Augen anderer. Stellen Sie sich vor, Sie seien Ihr Vater oder Ihre Mutter. Stellen Sie sich vor, Sie seien der Mensch, der mit Ihnen verheiratet ist. Stellen Sie sich vor, Sie seien Ihr Kind oder Ihr Angestellter. Wenn Sie einen Raum betreten, welches, glauben Sie, ist eines Unbekannten erster Eindruck von Ihnen? Warum?

5. Hören Sie auf die Wahrheit, und sprechen Sie die Wahrheit. Werden Sie nicht durch Reklamen und Modetorheiten zu einem der zahllosen Opfer von Habgier. Wenn Sie etwas sehen oder hören, das Sie beeindruckt, prüfen Sie die Verläßlichkeit der Quelle. Statt zu hören, was Sie hören wollen, hören Sie auf die Tatsachen der Angelegenheit. Denken Sie daran, daß alles, was Sie kommunizieren, Ihre auf den Eindrücken, die Sie aus beschränkten Quellen erhalten, gründende Meinung ist. Erweitern Sie Ihre Information stets anhand zuverlässiger Quellen.

6. Unterziehen Sie alles, was Sie hören, einer unvoreingenommenen Prüfung. Seien Sie aufgeschlossen genug, es ohne Vorurteil zu bedenken, und analytisch genug, seine Echtheit zu erforschen und zu überprüfen.

7. Sehen Sie stets sowohl die positive wie die negative Seite einer Angelegenheit, und folgen Sie der positiven.

8. Überlegen Sie sich, ob Sie mit Leichtigkeit und zweckmäßig Rollen wechseln können – vom Geschäftsmann zum höflichen Automobilisten, vom Elternteil zum Freund, vom Lehrer zum Vertrauten usw.

9. Treten Sie von der Leinwand Ihres eigenen Lebens zurück, und betrachten Sie die Art Menschen, die sich zu Ihnen hingezogen fühlt, und die Art Menschen, von der Sie sich angezogen fühlen. Ist es derselbe Typ? Ziehen Sie Erfolgsmenschen an? Werden Sie von Menschen angezogen, die erfolgreicher oder weniger erfolgreich sind als Sie? Warum?

10. Entwickeln Sie die Fähigkeit jener gewissen ›Zauberberührung‹. Bemühen Sie sich, jemandem nahezukommen – heute, morgen und jeden Tag in Ihrem weiteren Leben. Es wartet eine Blume auf Nahrung, und es steht ein Joe Sorrentino im Schatten.

Fragen zu Ihrer Kommunikation

1. Wissen Sie, wie andere Sie sehen? Sind Sie willens, danach zu fragen?

2. Fühlen sich andere in Ihrer Gegenwart richtig wohl? Was tun Sie, damit dies der Fall ist?

3. Hören Sie mehr zu als daß Sie sprechen? Bei wem? Jedermann? Nur bei gewissen Leuten?

4. Projizieren Sie konsequent Ihr bestes Ich? Wie suchen Sie genau, dies zu tun?

5. Suchen Sie in anderen mit Aufgeschlossenheit das Gute? Zählen Sie ein paar Beispiele aus der letzten Zeit auf.

6. Berühren Sie die Menschen, die Ihnen lieb sind? Wie oft?

7
Die Saat des Glaubens

Die Macht des positiven Glaubens

Wenn wir über Glauben – und Anschauung – sprechen, müssen wir uns auf das größte Buch, das je geschrieben wurde, und den größten Lehrer aller Zeiten auf diesem Gebiete berufen. Er faßte es kurz zusammen, als Er sagte: »Geh hin; dir geschehe wie du geglaubt hast!«

Diese einfache Aussage hat eine zweifache Wirkung – wie ein zweischneidiges Schwert. Glaube ist der Schlüssel, der es jedem Menschen ermöglicht, die Tür zum Erfolg aufzuschließen. Oder aber er ist das Schloß, das den Menschen einschließt und verhindert, daß er jemals zu Erfolg gelangt.

Dr. Ernest Holmes, der sein Leben der Aufgabe widmete, diese große Wahrheit zu lehren, erklärte es auf andere Weise: »Hier ist eine Macht, die jeder Mensch besitzt und von der doch wenige bewußt Gebrauch machen. Es besitzt nicht ein Mensch diese Macht über einen andern oder in größerem Maße. Jedermann hat sie, da jedermann lebt und Bewußtsein hat. Die Frage ist also nicht: Haben wir die Macht? Sie lautet bloß: Brauchen wir sie richtig?«

Als positive Macht ist Glaube das Versprechen der Verwirklichung erhoffter und ungesehener Dinge. Als negative Macht ist er die Vorahnung unserer größten Ängste und ungesehener Finsternis. Es gibt kein Nichtvorhandensein oder Fehlen von Glauben. Es gibt nur die Ersetzung von Glauben mit seiner gegenteiligen Anschauung: Verzweiflung.

Das siebte bestgehütete Geheimnis des unumschränkten Erfolges

Es ist durch die Jahrhunderte hindurch und in den letzten Jahren viel über die sich selbst erfüllende Prophezeiung *(englisch: self-fulfilling prophecy)* geschrieben worden.

Mein alter Freund S. I. Hayakawa bezeichnet die sich selbst erfüllende Prophezeiung als Darstellung, die weder wahr noch falsch sei, jedoch wahr werden könne, wenn man nur an sie glaube.

Wir haben im Kapitel über Kreativität und Vorstellungskraft gesehen, daß der Geist nicht zwischen etwas, das wirklich ist, und etwas, das man sich lebhaft vorstellt, unterscheiden kann. Aus diesem Grunde sind die Vorstellungen von Glauben und Anschauung so wichtig.

> Das siebte bestgehütete Geheimnis des unumschränkten Erfolges liegt darin, daß das Leben eine sich selbst erfüllende Prophezeiung ist. Man bekommt im Leben nicht unbedingt, was man will, aber auf lange Sicht bekommt man gewöhnlich, was man erwartet.

Wissenschaft und Religion finden sich in den Ergebnissen der Hirnforschung der letzten zehn Jahre. Obwohl wir noch sehr viel zu lernen haben, wenn wir die Mechanismen des Gehirns und des Zentralnervensystems verstehen wollen, so wissen wir doch um die Verflechtung von Psyche und Soma – Seele und Körper.

Als Folge der Gedanken und Sorgen von Geist und Seele kommt es zu einer ganz bestimmten Reaktion im Körper. Was Geist und Seele in sich bergen, bringt der Körper irgendwie zum Ausdruck.

Wenn sich beispielsweise unsere Ängste und Sorgen zu einem richtigen Angstgefühl auswachsen, so leiden wir an Beklemmung.

Die Beklemmung aktiviert das endokrine System in unserem Körper, und in der Folge ändert sich die Produktion von Hormonen und Antikörpern. Unser natürliches Abwehrsystem ist weniger aktiv, und unsere Widerstandskraft wird vermindert. Wir werden anfälliger für von außen eingedrungene Bakterien, Viren und andere schädliche Umwelteinflüsse, die immer gegenwärtig sind.

Es heißt, das Gehirn beeinflusse jede Körperfunktion: den Herzschlag, die Abwehrreaktion, Hormone usw. Ich habe stets die Ansicht vertreten, daß ein Magengeschwür nicht von dem kommt, was man ißt, sondern von dem, was einen auffrißt. Es gibt Beweise dafür, daß gewisse Formen von Asthma psychosomatisch bedingt sind – daß sie zum Beispiel viel eher auf eine erstickende Beziehung, etwa zu einem übertrieben liebenden Elternteil (›erstickende Liebe‹), als auf ein äußeres Allergen zurückzuführen sind. Es wird auch von Fällen berichtet, wo Patienten beim bloßen Anblick von Bildern von Goldruten oder beim Halten einer Plastikrose einen Heuschnupfen- oder Asthmaanfall erlitten.

Es wird auch die Meinung vertreten, daß wir, wenn wir beschreiben, wie uns zumute ist, vielleicht unbewußt unsere Zukunft voraussagen.

Wenn wir zum Beispiel sagen, man ›hacke auf uns herum‹ oder ›jemand gehe uns auf die Nerven‹, so können wir tatsächlich am Ende an Akne oder Nervenanspannung leiden. Die heftigen Gefühle und die Einsamkeit, die das begleiten, was wir ein ›gebrochenes Herz‹ nennen, können beispielsweise zu Herzversagen führen.

Wenn man dauernd sagt, etwas ›mache einen krank‹, so kann das mit der Zeit zur Tatsache werden. Und der ›unbeugsame Charakter‹ ist in einigen Fällen als Faktor bei der Bildung von Arthritis nachgewiesen worden.

Wie sieht Ihr täglicher Lebenswandel, das, was Sie jeden Tag tun und sagen, im Hinblick auf Ihre eigene Gesundheit aus?

Glaube ist das Haus mancher Anschauungen. Es ist an der Zeit, daß wir das Haus in Ordnung bringen.

Die Flucht vor der Verantwortung

Wir haben in Kapitel 3 über Verantwortlichkeit und mangelndes Verantwortungsgefühl gesprochen. Wir haben darauf hingewiesen, daß viele Menschen in unserer Gesellschaft ihr ganzes Leben lang auf demselben Niveau emotionaler Unreife stehen bleiben, das ihnen als Jugendlichen eigen war. Um zu verstehen, was heutzutage in westlichen Ländern vor sich geht, müssen wir uns bewußt werden, in welchem Ausmaß unsere jungen Erwachsenen von elterlicher Unterstützung abhängig gemacht worden sind. Wir haben unsere eigene privilegierte Gesellschaft herangezogen, in der immer mehr Kinder mit materiellen Gütern und Geld belohnt werden – einfach weil sie ›da sind‹, und nicht für ihre Beiträge in einer offenen Wettbewerbsgesellschaft. Jugendliche, die heute heranwachsen und die von ihren Eltern und von den Massenmedien dazu gebracht worden sind zu glauben, Schmerz sei unakzeptierbar und Streß könne in sechzig Sekunden kuriert werden, tun sich schwer mit ersten Herausforderungen und Rückschlägen. Sie wollen echte, liebevolle Beziehungen finden, doch Liebe erfordert Unabhängigkeit und Selbstachtung.

Was dabei herauskommt, ist schließlich eine Flucht vor der Art Verpflichtungen und Opfer, derer es in aufrichtiger, intimer Kommunikation bedarf.

Der Fluchtweg führt über Promiskuität, deren einzige Risiken Schwangerschaft und Geschlechtskrankheit sind – die in Kauf zu nehmen man offenbar bereit ist –, und über Drogenmißbrauch, der einem auf unnatürlichem Wege zu einem Hochgefühl verhilft, ohne daß man für das lohnende Gefühl zuerst eine Anstrengung zu erbringen hätte.

In Amerika ist Kokain auf nationaler Ebene das neue Statussymbol für unmittelbare Befriedigung. Vorsichtig geschätzt nehmen zehn Millionen Menschen in diesem Lande regelmäßig Kokain, und mindestens weitere fünf Millionen haben es ausprobiert. Der Konsum dieser Droge hat sich während der letzten zehn Jahre mehr als verdoppelt, und es ist kein Ende der steigenden Tendenz abzusehen.

Das Phänomen beschränkt sich nicht etwa auf Jugendliche, junge Erwachsene oder Elendsviertel der Großstadt. Man begegnet ihm auch in kleinen Städten und Ortschaften, in der mittleren und oberen Bevölkerungsschicht und auf jeder Altersstufe. Kokainbefürworter meinen, es sei das beste beider Welten: Es versetze einen mit einem Schnupfer so etwa für eine halbe Stunde in ein Hochgefühl, und man bekomme davon keinen Krebs; kein Montags-Kater... bloß Spiel und Vergnügen ohne jedes Risiko. Nun, dem ist nicht so. Wie wir gesehen haben, ist das Gesetz von Ursache und Wirkung immer in Kraft. Ronald Siegel, Psychopharmakologe an der Universität von Kalifornien in Los Angeles, versichert: »Extrem hohe Dosen Kokain entzünden eine Art Feuer im Gehirn.« Bei chronischem Konsum zeitigt die Droge Nachwirkungen, die Depression, Schlaflosigkeit und Psychose umfassen können. Das wiederholte Schnupfen kann auch Geschwüre im Naseninnern verursachen, welche die Nasenscheidewand perforieren können, was einen operativen Eingriff erforderlich macht. Von einem Hoch herunterzufallen kann ein so elendes Gefühl mit sich bringen, daß die einzige sofortige Lösung ein weiterer Schnupfer Kokain ist. Der Teufelskreis hat begonnen.

Zusammen mit meinen Freunden Art Linkletter und Zig Ziglar habe ich gelernt, daß es wenig hilft, sich auf ein Podium zu stellen und gegen die Übel des Drogenmißbrauchs ›anzupredigen‹. Wir stellen fest, daß schlechte Nachrichten sich um so besser verkaufen, je mehr man davon verbreitet. Wir finden, mit all dem hochtrabenden Gerede und Gefasel über das Problem werde mehr Schaden angerichtet als Gutes getan. Schließlich versuchen ja die Leute, die den Drogen verfallen sind, bereits, all den schlechten Nachrichten in ihrem Leben zu entfliehen. Mehr vom Gleichen wird bei ihnen nur wiederum zu mehr vom Gleichen führen. Was wir brauchen, ist Bildung, die mit einer positiven Alternative zu ihren künstlichen Glücksgefühlen verbunden ist. Ganz gewiß wird kein Jugendlicher Vertretern der älteren Generation zuhören, die gegen Drogen reden und derweil ihr Glas kippen, um sich mit einem guten Tropfen Genuß jenes gute Gefühl zu verschaffen.

Wie Arnold Lemerand den Weltrekord im Gewichtheben brach

Es war Samstag, der 1. November 1980, und Arnold Lemerand machte einen kleinen Spaziergang. Da hörte er Kinder schreien und eilte dorthin, wo sie eben noch in der Nähe einer Baustelle gespielt hatten.

Er sah, daß eine mächtige Gußeisenröhre in Bewegung geraten und auf die Kinder hinuntergerollt war und den fünfjährigen Philip Toth zwischen sich und dem Boden eingeklemmt hatte. Der Kopf des Knaben wurde unmittelbar unter der riesigen Röhre in den Schmutz gedrückt, wodurch dem Kleinen der sichere Erstickungstod drohte.

Arnold Lemerand sah sich um, doch da war niemand, der ihm bei einem Rettungsversuch hätte helfen können. Er tat das einzige, was er tun konnte. Er bückte sich und hob die 810 Kilogramm schwere Gußeisenröhre von Philips Kopf. Nach dem Vorfall versuchte er noch einmal, die Röhre zu heben, und vermochte sie nicht einen Zentimeter von der Stelle zu bringen. Seine erwachsenen Söhne versuchten sie wegzurücken, allein auch ihnen gelang es nicht.

Später erklärte Herr Lemerand, der zur Zeit des Vorfalls sechsundfünfzig Jahre alt war, in einem Interview mit Associated Press, er habe sechs Jahre zuvor einen größeren Herzanfall erlitten.

»Ich bemühe mich, keine schweren Gewichte zu heben«, erklärte er lächelnd, während der kleine Philip die Arme um seinen Hals geschlungen hielt.

Wir lesen doch immer wieder einmal von solch wunderbaren Wellen der Kraft, nicht wahr? Wir hören von Großmüttern, die Autos heben, und von Feuerwehrleuten, die unmögliche Rettungsaktionen aus brennenden Häusern vollbringen und dabei übermenschliche Kraft an den Tag legen.

Diese Art Geschichten hielt ich jeweils für reichlich übertrieben, bin ich es doch stets gewohnt gewesen, das, was die Leute mir sagen, auf seine Quellen und auch auf seine Richtigkeit hin zu prüfen.

Wie man (auf natürlichem Wege) zu einem Hochgefühl kommt

Ich bin in den letzten Jahren zu einem richtiggehend gläubigen Menschen geworden. Ich meine das nicht im Sinne religiösen Glaubens; diesen habe ich schon längst mit auf den Weg bekommen. Ich will damit sagen, daß ich gelernt habe, an *die Macht des Glaubens* und das, was sie vermag, zu glauben.

Mitte der siebziger Jahre begann ich zu lernen, wie sich der Geist auf den Körper auswirken kann und wie unsere Gedanken uns ein Hochgefühl verleihen oder aber uns krank machen können. Ich weilte damals in Sarasota in Florida und war Präsident der Internationalen Gesellschaft für Weiterbildung, einer nichtgewinnorientierten Stiftung, die von führenden Wissenschaftlern im Gesundheitswesen zum Zwecke des Studiums von Präventivmedizin und einer ganzheitlichen Einstellung zum Wohlbefinden gegründet worden war. Die Gesellschaft finanzierte medizinische Weiterbildungsseminare in Zusammenarbeit mit der Universität Pittsburgh, der Universität von Nebraska, der John-Hopkins-Universität, der Harvard-Universität und anderen medizinischen Fakultäten.

An einigen der Seminare beschrieben Referenten die Forschungsarbeit von Dr. Avram Goldstein, Direktor der Stiftung für Suchtforschung an der Stanford-Universität. Dr. Goldstein und seine Mitarbeiter hatten vermutet, daß es in unserem Gehirn Substanzen gebe, die Morphium und Heroin ähnlich sind. Im Jahre 1971 stellten sie im Gehirn Rezeptorzonen fest, die als ›Schlösser‹ fungieren, in die nur diese unbekannten Substanzen wie ›Schlüssel‹ passen. Zusammen mit anderen Forschern, die selbständig in ihren betreffenden Labors arbeiteten, entdeckte Goldstein, daß unser Gehirn diese ›Schlüssel‹ in Form von natürlichen Hormonen enthält. Verschiedene davon sind bestimmt worden, so Enkephalin, Endorphin, Beta-Endorphin und Dynorphin. All diese Hormone wirken als natürliche Schmerzstiller, die um ein Vielfaches wirksamer sind als Morphium. Beta-Endorphin ist fünfzigmal, Dynorphin hundertneunzigmal wirksamer als Morphium.

Es war den Wissenschaftlern bereits bekannt, daß Hormone bei der Regulierung gewisser biologischer Vorgänge im Menschen eine große Rolle spielen. Adrenalin ist das Hormon, das uns angesichts einer Gefahr oder wenn eine körperliche Spitzenleistung von uns verlangt wird, in die Lage versetzt, zu kämpfen oder zu flüchten. Insulin reguliert den Blutzuckerspiegel. Diese neueren Entdeckungen zeigen uns nun, daß morphiumähnliche Hormone in unserem eigenen Körper produziert werden, um Schmerz zu blockieren und uns ein ›natürliches Hochgefühl‹ zu verleihen.

Dr. Roger Guillemin vom Salk-Institut in La Jolla, wo ich arbeitete, fand zwei der Endorphinhormone und gewann später den Nobelpreis in Medizin für eine andere Arbeit auf dem Gebiet der Hormone. In einem Test mit Endorphin, das von Guillemin zur Verfügung gestellt wurde, injizierten japanische Forscher vierzehn Männern und Frauen, die wegen Krebs große Schmerzen litten, winzige Mengen des Hormons. Eine einzige Injektion bewirkte bei allen, daß sie für ein bis drei Tage Erleichterung ihrer Schmerzen empfanden. In einem anderen Experiment wurde vierzehn werdenden Müttern während der Wehen Endorphin gegeben. Alle berichteten über sofortige und anhaltende Linderung der Schmerzen und brachten normale Kinder zur Welt.

1978 machte ein Forschungsteam der Universität von Kalifornien eine interessante Entdeckung, welche die früheren Feststellungen in bezug auf Endorphine zu bestätigen schien. Der ›Placebo-Effekt‹ ist ja bekannt *(placebo* heißt wörtlich ›ich werde gefallen‹). Placebos sind unwirksame Scheinmedikamente, die gewöhnlich Freiwilligen in Verbindung mit Versuchsmedikamenten gegeben werden. Indem man den Unterschied der Reaktionen auf das unwirksame Placebo und das Medikament mißt, wird die Wirkung des Medikamentes getestet.

In einer Gruppe von Freiwilligen, denen kurz zuvor die Weisheitszähne gezogen worden waren, bekamen einige der Versuchspersonen zur Schmerzlinderung Morphium. Die anderen bekamen ein Placebo, das sie für Morphium hielten. Viele der Placebo-Empfänger sagten aus, ihre Schmerzen seien ganz erheblich zurückgegangen. Als ihnen jedoch ein Medikament verabreicht wurde, das die Wirkungen des Endorphins blockiert, kehrten die Schmerzen fast augenblicklich zurück. Der Test bestätigt etwas, das zu verstehen sehr wichtig ist: Wenn ein Placebo verabreicht wird und der oder die Betreffende glaubt, Linderung zu erfahren, so setzt das Gehirn chemische Substanzen frei, um den Glauben zu bestätigen. In mancher Hinsicht ist der Placebo-Effekt ein Akt des Glaubens.

Wenn unsere Gedanken das Gehirn veranlassen können, aus den Nebennieren Adrenalin freizusetzen, was einem sechsundfünfzigjährigen Herzpatienten ermöglicht, eine 810 Kilogramm schwere Röhre vom Kopf eines Knaben hochzuheben, und wenn unsere Gedanken natürliche Endorphine zu produzieren vermögen, die fünfzig- bis hundertneunzigmal wirksamer als Morphium sind, ist es da nicht möglich, daß wir diese Kraft des Glaubens in unserem täglichen Leben einsetzen – mit der einzigen Nebenwirkung, daß wir glücklich sind?

Wenn mich die Leute fragen, warum ich so optimistisch dem Leben gegenüber eingestellt und in gehobener Stimmung sei, antworte ich ihnen: »Ich mache es mit Endorphinen.«

Und sie sagen: »Also doch. Wir haben ja gewußt, daß Sie etwas nehmen!«

Der unverbesserliche Optimist

Optimismus ist ein unverbesserlicher Zustand des Menschen mit Glauben. Optimisten glauben, daß der größte Teil von Krankheit, Schmerz und Funktionsstörungen geheilt werden könne. Optimisten sind auch auf Vorbeugung ausgerichtet. Ihre Gedanken und Tätigkeiten konzentrieren sich auf Wohlbefinden, Gesundheit und Erfolg.

Vor einigen Jahren war das Buch ›Der Arzt in uns selbst. Anatomie einer Krankheit aus der Sicht des Betroffenen‹ (Hamburg, 1981) ein Bestseller in Amerika. Sein Autor, Norman Cousins, ehemaliger Redakteur der *Saturday Review*, wurde 1964 mit einer äußerst seltenen, entkräftenden Krankheit in die Klinik eingewiesen. Als die herkömmliche Medizin seinen Zustand nicht zu verbessern vermochte und die Krankheit als unheilbar diagnostiziert wurde, verließ Cousins die Klinik. Da ihm bewußt war, welch schädliche Auswirkungen negative Gefühle auf den menschlichen Körper haben können, sagte sich Cousins, das Umgekehrte müsse doch auch zutreffen. Und so beschloß er, seine Gedanken darauf auszurichten, daß er wieder gesund werde.

Er borgte sich einen Filmprojektor und verschrieb sich selbst die Behandlung, die in Filmen mit den Marx Brothers und Fernsehaufzeichnungen, die mit der versteckten Kamera gemacht worden waren, bestand. Er studierte sämtliche Aspekte seiner Krankheit und lernte mit Unterstützung seines Arztes, was sich in seinem Körper abspielen müßte, damit er wieder richtig funktionierte. In seinem Buch berichtet er, er habe »die erfreuliche Entdeckung gemacht, daß zehn Minuten zwerchfellerschütternden Lachens ihm zu mindestens zwei Stunden schmerzfreien Schlafes verhalfen«. Was den Anschein einer fortschreitend entkräftenden, lebensgefährlichen Krankheit gehabt hatte, wurde aufgehalten und in die entgegengesetzte Richtung gedreht, und mit der Zeit erholte sich Cousins fast vollständig. Nachdem sein persönlicher Bericht von seinem Sieg im *New England Journal of Medicine* erschienen war, erhielt er über dreitausend anerkennende Briefe von Ärzten aus aller Welt. Vierunddreißig medizinische Fakultäten haben seinen Artikel in ihre Lehrmittel aufgenommen, und 1978 kam Norman Cousins an die medizinische Fakultät der Universität von Kalifornien in Los Angeles.

Larrys vorübergehende Unannehmlichkeit

Auch so ein unverbesserlicher Optimist ist Larry Robb. In den späten sechziger Jahren war er einer der erfolgreichsten Börsenmakler in Texas. Ich lernte ihn in La Jolla kennen, und wir kamen sogleich gut aus miteinander. Er war in seinem Tun und Denken so positiv, wie man es überhaupt nur sein kann. Larry sah gut aus, hatte ausgeprägten Sinn für Humor und einen scharfen Geist und verdiente einiges mehr als hunderttausend Dollar im Jahr. Und zu alledem hatte er noch eine reizende Frau und eine prächtige Familie. Was konnte sich ein Mann noch mehr wünschen?

Eines schönen Wintertages befanden Larry und ich uns auf einem Flug von Dallas nach San Diego und unterhielten uns über seine unheimliche Fähigkeit, an einer verrückten Börse Geld zu verdienen. Als ich ihn nach seinem Geheimnis fragte, bot er mir einen Tip von geradezu zwingender Logik an: »Ich kaufe tief und verkaufe unmittelbar vor oder auf dem Höchststand.«

»Was du nicht sagst. Und was passiert, wenn die Dinger nicht steigen oder wenn sie den Höchststand erreichen und plötzlich absacken?«

»Da halte ich mich raus«, sagte er mit einem Augenzwinkern.

Ich sagte ihm, ich würde auch einmal gerne schnell zu viel Geld kommen – so wie er. Darauf meinte er, wenn ich ihm tausend Dollar zum Investieren gebe, werde er mir nach Ablauf von sechs Monaten dreitausend zurückgeben. Er wurde noch etwas kühner und riet mir, viertausend Dollar bei ihm zu investieren, die er dann binnen zwölf Monaten zu zehntausend machen würde. Verschämt fragte ich ihn, was er mit vierhundert Dollar anfangen könnte. Wir lachten und wurden uns einig, daß ich damit nicht einmal eine Woche mit meiner Familie am Lake Tahoe skifahren gehen könnte. Wir hatten beide Freude am Skilaufen und am Fischen, und ich beneidete Larry darum, daß er die Woche darauf für eine langersehnte Reise nach Montana gehen würde.

Ich hörte von dem Flugzeugunglück erst eine Woche, nachdem es sich ereignet hatte. Das Privatflugzeug hatte nach dem Aufprall heftig gebrannt, und Larry hatte fast am ganzen Körper Verbrennungen dritten Grades erlitten. Er erzählte mir später, er habe wählen müssen, als er dort im hohen Schnee lag: Sollte er friedlich liegenbleiben und die Natur ihren Lauf nehmen lassen, oder sollte er versuchen, sich zu erheben und irgendwie Hilfe zu finden? Sein Chirurg verriet mir hinterher, daß das schwerwiegende Ausmaß seiner Verbrennungen Larry eine Überlebenschance von eins zu tausend ließ.

Immer wieder aufs neue staune ich darüber, was der Glaube alles vermag. Larry erinnerte sich an den Namen von Dr. Charles H. Williams, der Leiter der Anästhesie am St.-Josephs-Spital in Houston war, und rief ihn an. Dr. Williams benachrichtigte Dr. Thomas Biggs, der mit Larry befreundet und ein namhafter Wiederherstellungschirurg war und ebenfalls in Houston wohnte. Dr. Biggs blieb während der folgenden mehreren Stunden am Telephonapparat und gab Instruktionen, wie die genauen Verhältnisse der entscheidenden Körperflüssigkeiten zu mischen und einzugeben seien, die Larry am Leben erhalten würden.

Dr. Williams flog in einem gecharterten Learjet nach Montana und brachte Larry nach Houston zurück. Es war ein Wettlauf mit der Zeit. Mehrere Wochen lang war sein Zustand sehr kritisch.

Den ersten persönlichen Kontakt hatte ich mit Larry am Telephon. Ich werde mein Lebtag nie mehr vergessen, was er zu mir sagte:

»Bist du das, Denis?« hörte ich eine vertraute Stimme mit anderer Aussprache.

»Wie geht es dir, Larry?« fragte ich zögernd.

»Oh, mir geht es prima«, sagte die Stimme in meinem Telephonhörer. »Ich habe eine kleine vorübergehende Unannehmlichkeit gehabt, die mich für eine Weile gebremst hat... aber das ist kein Problem!«

Ich schluckte das Zittern in meiner Stimme hinunter und sagte ihm, ich werde für ihn beten und mich bald wieder bei ihm melden.

Einige Monate vergingen, bis ich ihn wieder anrief. Ich hatte ein schlechtes Gewissen, weil ich bloß Karten geschrieben statt mich persönlich bei ihm gemeldet hatte. Da war doch ein guter Freund von mir dem Tode nahe, und ich war zu beschäftigt, um zu versuchen, etwas Mut in seine sterile Welt zu bringen. Ich fiel fast vom Stuhl, als ich hörte, was er sagte.

»Ich kann jetzt etwas deutlicher sprechen«, erklärte er. »Das Narbengewebe, das sich um meinen Mund gebildet hat, ist operativ entfernt worden. Ich kann jetzt endlich wieder arbeiten. Ich habe mir hier im Krankenhaus mein Büro eingerichtet und habe eine Telephonlinie für die hereinkommenden Anrufe und eine für die Anrufe, die ich mache; so kann ich auf der einen Linie verkaufen und auf der andern doch noch Anrufe entgegennehmen.«

Das einzige, was ich tun konnte, war, ihn zu fragen, wie die Geschäfte gingen. Er meinte, sie seien etwas schleppend, weil er jetzt allein aufgrund von Fähigkeit verkaufe, während bei seinen Anrufen am Anfang die meisten Geschäfte aus Mitleid zustande gekommen seien.

»Ich wußte, daß das Mitleid nicht länger als ein paar Wochen anhalten würde«, lachte er. »Ich habe gelernt, die Tendenzen aufzuzeichnen — ich kann ja jetzt keine Papiere mehr nur aufgrund meines Aussehens verkaufen.« Wie unbehaglich mir dabei auch zumute war — ich lachte doch mit Larry.

»Innen drin bin ich immer noch derselbe«

Bis ich Larry persönlich wiedersah, hatte er mehr als sechzig Operationen über sich ergehen lassen müssen. Noch nach einem Jahr war es sehr schwierig, meinem Freund direkt ins Gesicht zu blicken. Er hatte viel schwerwiegendere Verbrennungen erlitten, als ich gedacht hatte. Doch wenn man ihn darüber sprechen hörte, hätte man meinen können, er hätte sich beim Grillen im Garten die Finger verbrannt. Ich ging mit ihm zur Therapie und sah zu, wie er sich unter qualvollen Schmerzen die Finger dehnen, beugen und massieren lassen mußte, damit er sie richtig bewegen und die Sehnen wieder funktionstüchtig machen konnte.

Als er sah, daß ich zögerte, mit ihm darüber zu sprechen, meinte er: »Mach dir keine Sorgen — innen drin bin ich immer noch derselbe... das ist nur eine vorübergehende Bauarbeit an der Oberfläche.« Er versicherte mir, daß man sich, wenn man

Glaube und Zuversicht habe und sich selbst in- und auswendig kenne, nicht entmutigen lasse, wenn etwas Unerwartetes daherkomme und einen bedrohe. Er sagte, die Leute an seinem Wohnort hätten Schwierigkeiten, wenn sie mit seinem Zustand konfrontiert würden. Um es den Leuten leichter zu machen, trug er, während er die schmerzhaften Hautverpflanzungen und plastischen Eingriffe über sich ergehen lassen mußte, in Restaurants, Banken und Läden eine Ski-Gesichtsmaske. »Sie lachten trotzdem noch und starrten mich an«, setzte er nachdenklich hinzu, »aber es war mehr Neugier als Abscheu wie zuvor. Und außerdem«, fuhr er fort, »hat mich die Gesichtsmaske motiviert, mich wieder in Form zu bringen, damit ich auf die Skipisten gehen kann!«

Ich fragte mich, wie die Kassiere an den Bankschaltern wohl reagiert hatten, als sie ihn das erste Mal mit seiner Gesichtsmaske hereinkommen sahen.

Da war nun ein junger Mann, in dessen Leben alles zu seinen Gunsten lief, und plötzlich ging seine Welt buchstäblich in Rauch auf. Warum war er nicht vernichtet und gebrochen? Ich dachte an die Tausende von jungen Leuten, die sich jedes Jahr das Leben nehmen, weil sie ob ihrer Unfähigkeit, mit Änderungen fertig zu werden, deprimiert sind. Ich dachte an die Tausende von Klagen, die ich in meinem Leben von Leuten vernommen habe, die sich ganz einfach elend fühlen. Ich dachte, daß — weil Elend doch gern Gesellschaft hat — viele Leute wohl nur deshalb über die Verhältnisse in ihrem Leben so viel meckern, weil sie unbewußt uns andere auf ihr eigenes elendes Niveau herunterziehen wollen.

Larry zeigte mir voller Stolz, wie die Ärzte seine Beine wiederhergestellt hatten. Sie hatten Hautgewebe von anderen Stellen seines Körpers auf seine Waden und Oberschenkel verpflanzt. Als ich ihn zum ersten Mal wiedersah, ging er zwar noch an einem Stock, legte ihn jedoch bald schon beiseite, als er in Stunden und aber Stunden des Radfahrens die Kraft in seinen Beinen wiederaufgebaut hatte. Heute ist Larry Robb wiederhergestellt. Er kann — so unglaublich es tönt — seine Hände und Beine wieder vollständig gebrauchen, ja er fährt sogar Ski, und er ist einer der erfolgreichsten Börsenmakler in Texas.

Auf dem Rückflug nach San Diego starrte ich zum Fenster hinaus und versuchte, seine unglaubliche Haltung zu begreifen. Er dachte, wenn man in der Hoffnungslosigkeit geboren worden sei, sei es schwierig, seinen Glauben aufrechtzuerhalten. Er war aber überzeugt, daß er — da er ja gesund, mit einem starken religiösen Glauben und in einem prosperierenden Lande geboren worden sei — sich nicht durch einen Unfall entmutigen lassen dürfe. »Es ist viel einfacher, wieder zu dem zu werden, von dem man weiß, wer er ist«, hatte er kurz vor meinem Abflug noch gesagt, »als zu jemandem zu werden, den man nicht kennt.«

Im Jahr darauf bekam ich Gelegenheit, das, was mich Larry über Glauben und Zuversicht gelehrt hatte, anzuwenden. Unser Haus auf der Anhöhe von La Jolla brannte nieder, und wir verloren unsern ganzen materiellen Besitz. Das Wichtigste war, daß keine Opfer zu beklagen waren. Sogar der Goldfisch und die beiden Schildkröten überlebten.

Als uns die Leute von überallher ihr Mitgefühl ausdrückten, begann ich mir das neue Heim im Geiste auszumalen — mit einer modernen Küche, Schrankwänden und einem Spielzimmer für die Kinder. Wann immer uns ein Unglück trifft, kann ich bis heute nicht viel anderes sagen als: »Kein Problem — wir haben eben eine kleine vorübergehende Unannehmlichkeit gehabt.«

Danke, Larry.

Zehn Schritte auf dem Weg zu Optimismus

1. Optimismus und Realismus gehören zusammen. Sie sind die Problemlöser-Zwillinge. Pessimismus und Zynismus sind die beiden schlimmsten Kameraden. Ihre besten Freunde sollten Menschen vom ›Kein-Problem-nur-eine-kleine-vorübergehende-Unannehmlichkeit‹-Schlag sein. Während Sie täglich Hilfebedürftigen helfen, bauen Sie auch einen inneren Kreis enger

Verbindungen auf, in dem die gegenseitige Anziehung nicht im Teilen von Problemen oder Bedürfnissen liegt. Die gegenseitige Anziehung sollte in Werten und Zielen bestehen.

2. Wenn Sie deprimiert sind, besuchen Sie einen der folgenden vier Orte: ein Kinderspital, ein Altersheim, die Verbrennungsstation eines Krankenhauses oder ein Waisenhaus. Falls es Sie allerdings noch mehr deprimiert, Leute zu sehen, die schlechter dran sind als Sie, so nehmen Sie sich am Positiven ein Beispiel. Machen Sie bei einem Spielplatz oder in einem Park einen Spaziergang, wo Kinder spielen und lachen. Versuchen Sie etwas von ihrem Sinn für Wunder und Abenteuer einzufangen. Richten Sie Ihre Gedanken darauf aus, anderen zu helfen und Ihren Glauben zu erneuern. Besuchen Sie Ihre Kirche. Manchmal vermag selbst nur ein Tapetenwechsel Ihre Gedanken und Gefühle zu ändern.

3. Hören Sie gute, erbauliche Musik. Wenn Sie sich für die Arbeit bereit machen, stellen Sie das Radio auf einen entsprechenden Sender ein. Hören Sie keine Morgennachrichten. Sie können sich informieren, indem Sie das Wichtigste in einer Tageszeitung überfliegen; auf diesem Wege werden Sie alles Nötige auf nationaler und internationaler Ebene erfahren. Lesen Sie Lokalnachrichten, soweit sie für Sie in beruflicher Hinsicht oder im Zusammenhang mit Ihrer Familie von Interesse sind. Widerstehen Sie der Versuchung, Zeit damit zu vergeuden, die tristen Einzelheiten der Tragödien anderer Leute zu lesen. Nehmen Sie, wenn möglich, das Frühstück und das Mittagessen mit einem Optimisten ein. Statt abends vor dem Fernsehapparat zu sitzen, verbringen Sie die Zeit mit denen, die Ihnen lieb sind.

4. Ändern Sie Ihren Wortschatz. Statt »Ich bin völlig erschöpft« sagen Sie »Ich bin entspannt nach einem aktiven Tag«. Statt »Warum tut man denn nichts dagegen?« sagen Sie »Ich weiß, was ich tun werde«. Statt in der Gruppe mitzumeckern, versuchen Sie, jemanden in der Gruppe zu loben. Statt »Gott, warum gerade ich?« sagen Sie »Herr, stell mich auf die

Probe«. Statt »Die Welt ist eine Katastrophe« sagen Sie »Ich bringe mein eigenes Haus in Ordnung«.

5. Denken Sie an den Hummer! Zu einem bestimmten Zeitpunkt in seinem Wachstum legt der Hummer seinen äußeren schützenden Panzer ab und ist all seinen Feinden gegenüber verwundbar. Dieser Zustand hält an, bis er sich ein neues Gehäuse gebildet hat, in dem er leben kann. Veränderung ist normal im Leben. Jede Änderung bringt Unvertrautes, Unerwartetes mit sich. Statt sich in Ihr Gehäuse zurückzuziehen, werden Sie verwundbar. Riskieren Sie's! Holen Sie aus Ihrem Innern den Glauben an Dinge hervor, die nicht zu sehen sind.

6. Verschaffen Sie sich aus sich selbst heraus ein Hochgefühl. Statt »Erleichterung ist nur ein Schluck weg« denken Sie »Glaube hilft einem den richtigen Weg finden«. Die Menschen, mit denen Sie verkehren, die Orte, wo Sie hingehen, die Dinge, die Sie sich anhören und ansehen – all dies wird in Ihren Gedanken aufgezeichnet. Da der Geist dem Körper sagt, wie er sich benehmen soll, denken Sie die höchststehenden und erbauendsten Gedanken, die Sie sich vorstellen können. Wenn Sie die Leute fragen, weshalb Sie so optimistisch seien, sagen Sie ihnen, Sie hätten ein Hoch – von Endorphinen!

7. Bemühen Sie sich um sinnvolle Freizeitbeschäftigung und Weiterbildung. Melden Sie sich zu Kursen in Naturkunde, Kultur usw. an. Wählen Sie die Filme und Fernsehsendungen, die Sie sich ansehen, aufgrund ihrer Qualität und ihres Gehaltes statt aufgrund ihrer kommerziellen Anziehungskraft.

8. Denken und sprechen Sie gut von Ihrer Gesundheit, und stellen Sie sie sich auch so vor. Üben Sie täglich positives Selbstgespräch. Schenken Sie Ihren eigenen Wehwehchen wie Erkältungen, Kopfschmerzen, Schnittwunden, Quetschungen, Muskelzerrungen und kleineren Schrammen nicht zuviel Aufmerksamkeit. Wenn Sie sie zu wichtig nehmen, werden sie sich für Ihre Aufmerksamkeit dadurch erkenntlich zeigen, daß sie Ihre besten Freunde werden, die Ihnen oft ihre Aufwartung machen. Was der Geist beherbergt, drückt sich im Körper aus.

Dies ist von besonderer Bedeutung, wenn Sie Kinder aufziehen. Richten Sie Ihr Augenmerk auf die gesunde Familie, und betrachten Sie Gesundheit als die normale Umgebung in Ihrem Hause. Ich habe mehr psychosomatische Krankheiten in Familien gesehen, in denen die Eltern ihre Kinder mit übertriebener Sorge für ihre Gesundheit und Sicherheit umhegen, als in jeglicher anderen Art von Haushalten. Ich bin von Sicherheitsvorkehrungen und vernünftiger Gesundheitspflege überzeugt. Ich bin auch überzeugt, daß Ihre ›schlimmsten‹ oder Ihre ›besten‹ Sorgen sich wahrscheinlich verwirklichen werden.

9. Rufen Sie jeden Tag in Ihrem Leben einen hilfsbedürftigen Menschen an, schreiben Sie ihm, oder besuchen Sie ihn. Zeigen Sie Ihren Glauben, indem Sie ihn an jemand andern weitergeben.

10. Machen Sie den Sonntag zu Ihrem ›Tag des Glaubens‹. Gewöhnen Sie sich an, an diesem Tag zur Kirche zu gehen, zuzuhören und am Leben anderer teilzunehmen. Den jüngsten Untersuchungen über Drogenmißbrauch unter Jugendlichen und jungen Erwachsenen zufolge gibt es im Leben jener jungen Menschen, die keinerlei Drogen konsumieren, drei Eckpfeiler: religiösen Glauben, Familienbeziehung sowie Beziehungen innerhalb des Freundeskreises der Familie und schließlich hohe Selbstachtung.

Fragen zu Ihrem Glauben

1. Erwarten Sie Erfolg? Was sagen Sie zu sich selbst?

2. Betrachten Sie sich selbst als gesund, oder haben Sie das Gefühl, es gehe Ihnen ›nicht so gut‹? Was tun Sie, um fit zu bleiben?

3. Haben Sie Glück? Warum oder warum nicht? Bewerten Sie ein paar Erfahrungen, die Sie in der letzten Zeit gemacht haben. Wieviel Glück haben Sie da gehabt? Wie gut vorbereitet waren Sie?

4. Erzählen Sie anderen von Ihren Problemen? Warum?

5. Geben Ihnen Ihre Gedanken ein ›Hoch‹ oder ein ›Tief‹? Rufen Sie sich ein paar Beispiele aus der jüngsten Vergangenheit in Erinnerung.

6. Würden andere Sie als Optimisten ansehen? Welche dieser Aussagen würden Sie wählen: »Das Glas ist halb voll« oder »Das Glas ist halb leer«, »Der Himmel ist teilweise sonnig« oder »Der Himmel ist teilweise bewölkt«?

8
Die Saat der Anpassungsfähigkeit

Probleme in Chancen umwandeln

Wir leben in einer schwierigen Zeit. Viele Leute warten bloß ihre Zeit ab in der Hoffnung, die Zukunft werde ihnen eine heiterere Aussicht bescheren. Andere würden noch so gerne die Uhr zu der ›guten alten Zeit‹ zurückdrehen, als man sich noch für einen Pappenstiel die Haare schneiden lassen konnte, die Luft noch rein und das Leben unkompliziert und angenehm war.

Nimmt man heutzutage die Zeitung zur Hand und schlägt den Leitartikel auf, kann man zum Beispiel so etwas lesen:

Die Welt ist zu groß geworden für uns. Es geschieht zuviel – zu viele Verbrechen, zu viel Gewalt und Aufregung. Wie sehr man sich auch abmüht, man bleibt im Rennen zurück. Es ist ein unaufhörlicher Kampf mitzuhalten... und doch verliert man immer an Boden. Die Wissenschaft überschüttet einen in so schneller Abfolge mit ihren Entdeckungen, daß man darunter in hoffnungsloser Verwirrung taumelt. Die Welt der Politik besteht aus Nachrichten, die dermaßen rasch an uns vorüberziehen, daß man beim Versuch, Schritt zu halten im Wissen, wer gerade ›in‹ und wer ›aus‹ ist, außer Atem gerät. Man wird förmlich erdrückt. Der Mensch kann nicht mehr viel mehr ertragen!

Dieser Zeitungsartikel könnte letzte Woche oder auch gestern abend geschrieben worden sein. Dabei erschien er vor über hundertfünfzig Jahren – am 16. Juni 1833 – im *Atlantic Journal.* Das war in der ›guten alten Zeit‹.

Was bedeutet er für Sie und mich? Was können wir daraus lernen? Ich glaube, dieser einfache, bruchstückhafte, über eineinhalb Jahrhunderte alte persönliche Artikel eines Redakteurs lehrt uns eines der Erfolgsgeheimnisse.

Das achte bestgehütete Geheimnis des unumschränkten Erfolges

Wenn ich in ganz Amerika an Versammlungen oder Abschlußfeiern zu Schülern spreche, sage ich ihnen gerne, wie es dort draußen wirklich ist. Die junge Generation, die bestimmt ist, unser Führer von morgen zu sein, kann es nicht glauben, wenn ich ihr versichere, wir würden nicht ›zusammenschmelzen‹ oder ›in die Luft fliegen‹. Ich erzähle den Schülern, sie seien die glückhaftesten Pioniere unserer Geschichte, und sie würden in einem einzigen ihrer Jahre mehr Änderungen erleben als unsere Großeltern in ihrem ganzen Leben. Ihre Augen werden ganz groß, wenn ich ihnen verkünde, daß die ›gute alte Zeit‹ gar nicht so gut gewesen sei.

Die gute alte Zeit, sage ich ihnen, sei die Zeit des Ersten und des Zweiten Weltkrieges gewesen. Ich erzähle ihnen von der Jahrhundertwende, als die Pferde in den Straßen von New York an Cholera starben. Ich schildere ihnen die wundervolle alte Zeit, als wir in einem großen Zuber in Wasser zu baden pflegten, das über einem holz- oder kohlengeheizten Herd heiß gemacht worden war. In jener guten alten Zeit badeten wir im selben Wasser wie diejenigen vor uns.

Ich berichte den Jugendlichen und jungen Erwachsenen von der guten alten Zeit mit Kinderlähmung, Diphterie und Scharlach. Wenn ich ihnen erkläre, daß wir während der sommerlichen Hitze der vierziger oder frühen fünfziger Jahre nicht in ein öffentliches Schwimmbad oder ins Kino gehen konnten, weil man befürchten mußte, gelähmt oder verkrüppelt zu werden oder an bulbärer Kinderlähmung zu sterben, können sie nicht einmal in Ansätzen verstehen, wovon ich spreche. Sie haben nie von einem A-, B- oder C-Kleber gehört, den man an der Windschutzscheibe seines Wagens anbrachte, um während der Benzinrationierung ein paar Liter Benzin pro Monat zu kaufen.

Die Kinder schauen mich verblüfft an, wenn ich ihnen die Schlagzeilen des *Boston Globe* vom 13. November 1857 zeige.

›DROHENDE ENERGIEKRISE‹.
›Die Welt im Dunkeln? Waltran wird knapp!‹

Ich male den Kindern die Szene aus, wie der typische Amerikaner an jenem grauen, eisigen Novembertag die Morgenzeitung bekommt und mit Schrecken die Schlagzeilen liest. »Du, Martha«, mag der Mann seiner Frau zugerufen haben, »hast du das Morgenblatt schon gesehen? Wir stecken in der schlimmsten Energiekrise, die es je gegeben hat!«

Die Kinder fangen an zu verstehen, daß die Probleme unserer Welt überbewertet werden. So wie ihre Eltern, Lehrer und Freunde lamentieren, scheint es, als werde alles schlimmer und schlimmer. Dann fragen sie mich über den Atomkrieg und über Kernkraftwerke. Meine Antwort ist ehrlich. Die Japaner bauen stark auf Kernenergie, und die Sowjetunion erzeugt fast sechzig Prozent ihrer Energie in Kernkraftwerken. Ich selbst verspreche mir mehr von kommender Laserfusion als von Kernspaltung, der mehr Gefahren innewohnen. Ich gehe auch mit dem einig, was ein amerikanischer Fernsehberichterstatter über unsere Haltung gegenüber der Energie gesagt hat: »Wäre das erste mit Elektrizität betriebene Produkt der elektrische Stuhl gewesen, so hätten wir alle Angst, unsern Toaster anzuschließen!« Wenn wir in der Geschichte zurückblicken, können wir immer wieder die schlechteste aller Zeiten und die beste aller Zeiten finden. Es kommt ganz darauf an, was wir suchen.

> Das achte bestgehütete Geheimnis des unumschränkten Erfolges liegt darin, daß die gute alte Zeit hier und jetzt ist!

Daß ›die gute alte Zeit hier und jetzt ist‹, ist vor allem deshalb so ein Geheimnis, weil die meisten Leute bei ihren gegenwärtigen Problemen verharren und an die gute Zeit denken, die sie in der Vergangenheit hatten. Ein weiterer wesentlicher Grund, weshalb dies ein so wohlgehütetes Geheimnis ist, liegt darin, daß die meisten Leute aus der Geschichte nicht lernen, daß Probleme normal sind.

Hauptgrund ist allerdings, daß die meisten Leute es hochspielen, wie furchtbar doch die Verhältnisse heutzutage seien, um damit ihren eigenen Mangel an Produktivität und Leistung zu rechtfertigen.

Jede Generation jammert darüber, unter den drückendsten und schwierigsten Umständen der Geschichte leben zu müssen. Dadurch, daß sie über die grausame Welt klagen und den Kopf in den Sand stecken, müssen die Leute nie richtig die Ärmel hochkrempeln und ihre Probleme anpacken. Sie können die Schuld an ihren Problemen der älteren Generation, ihren Vorvätern oder dem Staat in die Schuhe schieben und so am allgemeinen Schwarz-Peter-Spiel teilnehmen.

In all meinen Vorträgen und Seminaren für junge Leute sage ich unseren Führern von morgen, daß die gute alte Zeit jetzt sei, weil dies die Zeit unseres Lebens ist. Dies ist die einzige Zeit der Geschichte, in der wir leben werden. Dies ist unsere Zeit. Ich spreche zu ihnen nicht von einer rosa Brille oder von einer schwarzen Brille. Ich spreche zu ihnen von der Unvermeidlichkeit der Veränderung.

Unsere elf- und zwölfjährigen Sportler brechen olympische Rekorde, die zur Zeit der Generation meines Vaters aufgestellt wurden.

Jeden Tag unterbieten junge Schwimmer die Leistung, mit der Buster Crabbe (der erste Tarzan der Leinwand) bei den Olympischen Spielen von 1932 in Los Angeles die Goldmedaille gewann. Unsere jungen Männer und Frauen werden größer, stärker und gesünder.

Meine jungen Zuhörer fragen mich immer wieder, wie wir unser Energieproblem lösen werden, wenn wir kein Erdöl mehr haben. Ich sage ihnen, meine eigene Generation sei viel eher zum Sklaven der Technik als zu ihrem Herrn geworden. Ich gebe ihnen gegenüber zu, daß wir allein in ein paar Jahrzehnten die Hälfte des Weltvorrats an fossilen Brennstoffen aufgebraucht hätten, der sich in Jahrmillionen aufgebaut hatte. Meine Generation hat die Vergangenheit ignoriert und die Zukunft nicht miteingerechnet, aber wir haben das endlich eingesehen. Wir warten im allgemeinen zu, bis wir einer Krise gegenüberstehen, ehe wir handeln. Statt wie weitsichtige Planer haben wir wie Feuerwehrleute gehandelt.

Jetzt, wo die Energiekrise akut ist und wir unsere Feuerwehrhelme aufhaben, fangen wir an, Lösungen zu suchen. In absehbarer Zukunft vermag der Einsatz von Laserfusion in einem einzigen Kraftwerk mit einer Energiequelle von der Größe einer Münze, die mit Meerwasser verbunden wird, genug Energie zu erzeugen, um beispielsweise den Westen der Vereinigten Staaten dreihundertfünfzig Jahre lang mit Strom zu versorgen.

Im Jahre 2020 könnten die Kinder unserer Jugendlichen mit ihren Eltern folgende Art Gespräch führen: »Willst du sagen, daß ihr damals in den achtziger und neunziger Jahren mit diesen Benzinautos umhergefahren seid?« werden die Kinder ihren Vater fragen.

»Ja freilich«, wird er erwidern. »Das waren noch härtere Zeiten. Wir mußten damals noch zur Schule fahren!«

»Heißt das, daß ihr zur Schule *gingt?*« fragen die Kinder und starren ihren Vater mit offenem Munde an.

»Ja, damals schon«, meint er. »Eure Urgroßeltern gingen zu Fuß zur Schule; wir fuhren zur Schule; und ihr sitzt nun vor euerm Apple 30 mit dem Videotext und nehmt alles von der Hauptlinie der kreisenden Bibliothek ab.«

Im Jahre 2020 werden Autos für die kurzen Strecken ins Büro und zurück und zum Einkaufen wahrscheinlich von hochentwickelten Batterien, für längere Strecken von Flüssigwasserstoffmotoren angetrieben werden. Die Abgase aus unseren künftigen Autobahnfahrzeugen werden reiner Sauerstoff und Dampf — die Nebenprodukte, die bei der Verbrennung von flüssigem Wasserstoff entstehen — sein.

Aus Stolpersteinen Schrittsteine machen

Wir sollten von der alten chinesischen Definition von Krise lernen, die ich in all meinen Seminaren anwende. Die chinesischen Zeichen für Krise sind dieselben wie diejenigen für das Wort Chance. Wörtlich übersetzt lautet sie: »Krise ist eine Chance, die auf dem gefährlichen Winde reitet.« Die beste Methode, sich Veränderungen anzupassen und ein erfolgreiches Leben zu führen, ist, Krisen als Chancen zu betrachten und Stolpersteine auf dem Weg als Schrittsteine zu den Sternen.

Um die Fähigkeit der Anpassung an die Stresse des Lebens zu entwickeln, muß man diese Stresse als normal betrachten. Erfolgreiche Menschen entwickeln seelische Zähigkeit, die gemeinhin als Charakterstärke bezeichnet wird.

Wissenschaftliche Untersuchungen haben gezeigt, daß Widrigkeiten und Mißerfolge in unserm Leben — wenn man sich an sie anpaßt und sie als normales korrigierendes Feedback betrachtet — dazu beitragen können, daß wir uns wieder auf das Ziel ausrichten. Sie dienen dazu, in uns eine Immunität gegen Angst, Depression und die negativen Reaktionen auf Streß zu entwickeln.

Die spannungslösenden Arzneimittel, die heutzutage immer mehr eingenommen werden (in den USA beispielsweise über siebzig Millionen Tabletten im Jahr), schwächen die emotionalen Reaktionen auf drohenden Schmerz oder Mißerfolg ab; darum nehmen wir sie ein. Doch leider beeinträchtigen sie auch die Fähigkeit, Streß ertragen zu lernen. Es ist viel besser, Verhaltensmethoden zu entwickeln, mit denen man seinen Problemen begegnen kann, als sie mit der Einnahme einer Pille lösen zu wollen.

Die Geschichte ist reich an eindrücklichen Beispielen von Menschen, die ihren Beitrag an die Gesellschaft geleistet haben und dabei Stolpersteine zu Schrittsteinen gemacht haben. Beethoven war taub. Milton war blind. Und es gibt noch Tausende anderer Menschen, denen es gelang, die Widrigkeit in Größe zu verwandeln.

Not ist die Mutter der Eiswaffel

Die Messe von Louisiana wurde im Jahre 1904 in Verbindung mit den Olympischen Spielen in St. Louis abgehalten. Zweiundvierzig Staaten und dreiundfünfzig Nationen beteiligten sich an der Messe, mit der die Hundertjahrfeier der Abtretung des nördlichen Teils von Louisiana von Frankreich an die Vereinigten Staaten begangen wurde. Die Messe wurde allgemein als Weltausstellung von St. Louis bezeichnet.

Unter den Verkäufern an der Ausstellung befanden sich ein Mann mit einer Eiscremekonzession und einer mit einem Waffelstand. Als die Menge durch die Ausstellung strömte, blühten sowohl das Eiscremegeschäft wie dasjenige mit den heißen Waffeln. An einem besonders betriebsamen Tag gingen dem Waffelverkäufer die Kartonteller aus, auf denen er seine Waffeln mit drei verschiedenen Übergüssen angeboten hatte. Mit Bestürzung stellte er fest, daß niemand an der Ausstellung bereit war, ihm Teller zu verkaufen, damit er seinen Vorrat wieder auffüllen konnte. All die anderen Verkäufer horteten eifersüchtig ihre Bestände in der Angst, ebenfalls Geld verlieren zu können.

Der Eiscremeverkäufer tat seine Freude an der traurigen Lage kund, in der sich sein Messekollege befand. »So geht die gute alte Waffel flöten«, bemerkte er. »Du wärst wohl besser dran, wenn du für mich arbeiten und Eiscreme verkaufen würdest.«

Der Waffelverkäufer überlegte sich, wie es wäre, wenn er versuchte, seine Waffeln ohne Teller zu servieren, und er zuschauen müßte, wie der Sirup seinen erzürnten Kunden die Ärmel hinunterliefe. Er erklärte sich also einverstanden, vom Eiscremeverkäufer mit einer Vergünstigung Eiscreme zu kaufen und es an seinem eigenen Stand wiederzuverkaufen, der sich weiter unten im Durchgang befand.

Der Waffelverkäufer versuchte, seine Verluste mit der kleinen Gewinnmarge wieder einzubringen, die er mit dem Eiscremeverkauf erlangte. Sein Hauptproblem war jedoch, was er mit all den Zutaten für den Waffelteig tun sollte, in die er sein ganzes Geld gesteckt hatte, um bei dem großen Zustrom an der Ausstellung von St. Louis ein gutes Geschäft zu machen. Plötzlich kam ihm eine Idee wie ein Blitz aus heiterm Himmel. Warum hatte er nicht schon vorher daran gedacht? Er war sicher, daß es funktionieren würde.

Tags darauf stellte der Waffelverkäufer zu Hause unter Mithilfe seiner Frau einen Stoß von tausend Waffeln her und preßte sie mit einem Bügeleisen dünn zusammen. Während sie noch heiß waren, rollte er sie zu Tüten. Am nächsten Morgen verkaufte er, ehe es Mittag war, all seine Eiscreme und alle eintausend Waffeln – mit drei verschiedenen Übergüssen noch dazu! Der Stolperstein – nämlich daß ihm die Teller ausgegangen waren – hatte ihn gezwungen, die Eiswaffel zu erfinden.

Die Geburt des ›Hot Dog‹

In den dreißiger Jahren versuchte ein deutscher Einwanderer in Philadelphia, seinen Lebensunterhalt mit dem Verkauf von Würstchen mit Sauerkraut in seinem kleinen Restaurant zu bestreiten. Da er sich nicht wie andere Etablissements Geschirr und Besteck leisten konnte, führte er billige Baumwollhandschuhe ein, mit denen seine Gäste die in Sauerkraut gewickelten Würstchen beim Essen halten konnten. Sein großer Stolperstein ergab sich, als seine Gäste die Handschuhe für Gartenarbeit und anderes mit nach Hause nahmen. Er ging beinahe bankrott beim Versuch, den Handschuhvorrat aufrechtzuerhalten.

Um dem Problem Herr zu werden, halbierte er ein Brötchen der Länge nach und klemmte Würstchen und Sauerkraut zwischen die beiden Hälften. Als er das seinen Gästen am ersten Tag servierte, erklärte er, das aufgeschnittene Brötchen ersetze die Handschuhe, die es von nun an nicht mehr gebe. Als einer der Gäste den Dachshund des Besitzers in einer Ecke des Restaurants ein Schläfchen halten sah, scherzte er: »Jetzt wissen wir, warum Sie versuchen, Ihr Würstchen in dem feinen Brötchen zu verstecken. Was ist mit dem andern Hund passiert, den Sie jeweils dahatten?« In diesem Augenblick war der ›Hot Dog‹ geboren!

Die Chancen des Mount St. Helens

Im Jahre 1980 erbebte der Nordwesten der Vereinigten Staaten unter der verheerenden Wucht des Ausbruchs des Mount St. Helens. Das Kaskadengebirge war wieder aktiv geworden. Lange Jahre war es ruhig gewesen, doch nun wurde die Stille mehrmals unterbrochen, als der Berg immer und immer wieder ausbrach und die umliegenden Gemeinden verwüstete. Fernseh- und Zeitungsnachrichten aus dem betreffenden Gebiet gingen um die ganze Welt: »Wälder zerstört, Flüsse verstopft, Fische und Wildtiere vernichtet, Touristengebiete verschüttet, Luft vergiftet, Wolke von saurem Regen bewegt sich in der Ionosphäre in östlicher Richtung, der San-Andreas-Bruch kommt als nächstes, Wetterzyklen möglicherweise für immer verändert, nur der Anfang...«

Die Lieferanten von Untergang und Verderben holen aus dem Mount St. Helens ein Vermögen heraus. Über eine Million Plastiksäckchen mit ›Vulkanasche vom Mount St. Helens‹ wurden während der ersten Woche des Ausbruchs zu einem Dollar je Stück verkauft. Jeder wollte seinen Freunden und Verwandten in anderen Städten ein Stück der Katastrophe weitergeben oder es selbst für die Nachwelt besitzen. Das Interessante an den meisten Aschesäckchen war, daß ihr Inhalt aus den offenen Kaminen der rührigen Unternehmer stammte. Ein Drucker in Texas brachte es mit seinem Vierfarben-Souvenirprospekt des ersten spektakulären Ausbruchs auf Bruttoeinnahmen von nahezu einer Million Dollar. Während der folgenden Wochen schien ganz Amerika zu glauben, der Staat Washington befinde sich in großen ökologischen und wirtschaftlichen Schwierigkeiten, von denen er sich womöglich nie wieder erholen werde.

Kurz nach dem größten Ausbruch besuchte ich die Gegend des Mount St. Helens; und weniger als ein Jahr später ging ich wieder hin. Der Eindruck, den ich gewann, wich ganz entscheidend von all der Kunde von Verderben und Düsternis ab. Die Schäden waren zwar gewaltig — das konnte niemand bestreiten. Doch niemand scheint etwas von all den Schrittsteinen gehört zu haben, die sich aus den Stolpersteinen ergeben haben. Der Großteil der Lachse und Regenbogenforellen vermochte zu überleben. Als die Fische merkten, daß die Flüsse mit heißem Schlamm, Vulkanasche und Gesteinsbrocken verstopft waren, schlugen sie andere Wege — zum Teil weniger als fünfzehn Zentimeter tief — in ihre angestammten Gebiete ein. Wider alle Erwartungen wählten große Mengen von Lachsen unbekannte Flußmündungen, um am Ende ihrer Wanderung zu laichen. Sie paßten ihre angeborenen Instinkte an, um zu überleben.

Der Tierbestand um den Mount St. Helens füllte sich rasch wieder auf. Es ging nicht lange, und die Seen und Flüsse wimmelten von Leben, war ihr Wasser doch reich an lebenserhaltenden Nährstoffen, die der ausbrechende Vulkan in Fülle geliefert hatte. Wilde Blumen blühten in der Gegend ebenso üppig wie das Touristengeschäft. Bauern, denen die dicke Aschenschicht alles zerstört hatte, können sich wenigstens damit trösten, daß sie in ihrem Boden die reichhaltigsten Mineralablagerungen auf Vorrat für künftige Ernten haben. Der Bau einer geothermischen Anlage in der Gegend wurde geplant, in der das flüssige Gestein zur Erhitzung von Wasser eingesetzt werden soll, das unter der Oberfläche heraufgepumpt und zu überhitztem Dampf zum Antrieb von Turbinen gemacht wird. So trägt selbst der Mount St. Helens zur Lösung der Energiekrise bei.

Einer der herzerfrischendsten Berichte in bezug auf die Spannkraft und Fähigkeit der Anpassung an widrige Umstände, die erfolgreichen Menschen eigen sind, stammte von der Generalversammlung einer der größten amerikanischen Holzfirmen, die ihren Sitz im Nordwesten an der Pazifikküste hat. Als der Präsident der Gesellschaft zu der niedergeschlagenen Aktionärsschar sprach, sagte er: »Meine Damen und Herren, ich freue mich, Ihnen mitzuteilen, daß der Mount St. Helens unsere Bäume umgefegt, sie entrindet und zur Fabrik hinuntersausen lassen hat, ohne daß es irgendwelcher Mühe und Arbeit bedurfte. Noch *ein* solcher Ausbruch, und wir werden ein Rekordertragsjahr haben!« Es lag auf der Hand, daß die Gesellschaft die ganzen Wälder wieder aufforsten mußte und daß es Jahre dauern würde, bis die Bäume so groß waren wie diejenigen, die vernichtet worden waren. Es bedurfte eines enormen Investitionskapitals, um das auszugleichen, was der Vulkan angerichtet hatte. Worauf es jedoch ankam, war, den Mount St. Helens in eine ›Chance, die auf dem gefährlichen Winde reitet‹ umzuwandeln und die Lavaschichten von Stolpersteinen zu Schrittsteinen zum Erfolg zu machen.

Motivation: die zwei Seiten von Streß

Wenn man brusttief im Wasser steht und zu rennen versucht, erweist sich das als ein Ding der Unmöglichkeit; man wird nirgends hinkommen. Ich glaube, so geht es den meisten Menschen in ihrem Leben: Sie sind zwar sehr geschäftig, doch sie scheinen es nicht weit zu bringen. Sie führen bloß die Bewegungen aus, als würden sie im Wasser rennen.

Die meisten Leute wählen viel lieber den Weg des geringsten Widerstandes und der größten Sicherheit, als das kalkulierte Risiko einzugehen. Da die Medien unsere Sinne unablässig mit schlechten Nachrichten bombardieren, finden die meisten Menschen Trost darin, sich anderer Leute Probleme anzusehen und anzuhören als Rechtfertigung für ihren eigenen Mangel an Anstrengung.

Unlängst führte ein Fernsehsender ein Experiment durch. Er richtete sein Augenmerk auf die Übermittlung von guten Nachrichten. Das Experiment dauerte ganze sechs Wochen – dann mußte es wegen zu niedriger Einschaltquoten und fehlender Werbeaufträge abgebrochen werden. Können Sie sich etwas Unseligeres vorstellen, als von einem weiteren langweiligen, frustrierenden Arbeitstag nach Hause zu kommen und sich vor dem Fernsehapparat hinplumpsen zu lassen, nur um erbauliche, wahre Geschichten von Leuten zu sehen, die in dieser schwierigen Zeit Erfolg haben? Ein Bericht schilderte, wie eine vietnamesische *Boat-People*-Familie sich seit ihrer Ankunft in den USA mit einer Schnellimbiß-Chungking-Restaurantkette ein Vermögen erarbeitet hatte. Was glauben Sie, wie den meisten Zuschauern beim Anblick einer solchen Geschichte zumute war, nachdem man ihnen ebenfalls in einem Fernsehbericht kurz zuvor gesagt hatte, daß es in dieser wirtschaftlichen Lage niemand zu etwas bringen könne?

Ich glaube, schlechte Fernsehnachrichten und Sensationsserien wie ›Dallas‹ und ›Denver Clan‹ sprechen das breite Publikum so sehr an, weil sie die Menschen von ihrer schlechtesten Seite zeigen. Diese ›ständige Kost‹ erlaubt es den Leuten, ihren eigenen minimalistischen Lebensstil vernunftähnlich zu rechtfertigen. Immerhin führen sie doch ein normaleres Leben als diejenigen, die sie jeden Abend im Fernsehen sehen.

Ein 180 Kilogramm schwerer Gorilla namens Willy, der im Zoo von Atlanta lebt, ist fernsehsüchtig. Die Zooleitung hat für ihn mehrere Fernsehapparate aufstellen lassen, damit er sich tagsüber die Programme ansehen kann. Tausende von Zoobesuchern defilieren vorbei, um Willy fernsehen zu sehen. Forscher, die Willys Sehgewohnheiten eingehend studiert haben, sind zu der erstaunlichen Folgerung gelangt, daß Willys Lieblingsprogramme sich mit den Lieblingsprogrammen des breiten Publikums in Amerika decken. Das gibt uns doch einigen Aufschluß über unseren Geschmack in Sachen Unterhaltung! Doch diese Aussage mag Willy, dem Gorilla, gegenüber unfair sein; immerhin hat er nichts anderes zu tun!

Jedermann ist wenig oder sehr motiviert, etwas oder nichts zu tun. Motivation ist der innere Antrieb in Richtung des im Augenblick vorherrschenden Gedankens. Definitionsgemäß ist Motivation das ›Motiv in Aktion‹.

Die Angst vor Veränderung oder Risiko bewirkt, daß die meisten Menschen auf der Stelle treten (wie eben im tiefen Wasser) und ihr Lebensspiel verwirken. Zwei weitere aktivere Arten der Motivation treiben unser Leben an und haben weit bedeutendere seelische und körperliche Auswirkungen. Es sind dies die ›Strafmotivation‹ und die ›Belohnungsmotivation‹. Ich nenne sie die zwei Seiten von Streß.

Die ›Strafmotivation‹ sagt einem, man solle etwas tun, sonst werde einem eine Strafe auferlegt. Diese Möglichkeiten sind besser bekannt als Zwang (muß) und Hemmung (kann nicht), wobei es in jedem Fall eine Strafe gibt (sonst).

Die ›Belohnungsmotivation‹ sagt einem, man solle nach etwas trachten, weil für den Erfolg eine Belohnung erteilt werde. Sie sagt einem auch, daß man fähig sei, es zu tun. Diese Möglichkeiten sind besser bekannt als Antrieb (will) und Wille (kann), wobei es in jedem Falle eine Belohnung gibt (Nutzen).

Sowohl die ›Strafmotivation‹ als auch die ›Belohnungsmotivation‹ bewirken Streß. Die ›Strafmotivation‹, die mit Zwangs- und Hemmungsgefühlen verbunden ist, bewirkt negativen Streß, der als ›Distreß‹ bekannt ist. Distreß führt zu Desorientierung, Anspannung, körperlichen Beschwerden, Funktionsstörungen und Krankheit. Die ›Belohnungsmotivation‹, die mit Antriebs- und Willensgefühlen verbunden ist, bewirkt positiven Streß, der als ›Eustreß‹ bekannt ist. Eustreß führt zu Zielgerichtetheit, Energie, Kraft und einem Gefühl des Wohlbefindens.

Ist also Streß gut oder schlecht? Die Antwort lautet: Streß ist gut oder schlecht — je nachdem, ob man durch die ›Strafe des Mißerfolgs‹ oder die ›Belohnung des Erfolgs‹ motiviert wird. Was trifft für Sie zu?

Wie man sich anpassen und länger leben kann

Eine der fruchtbarsten persönlichen und beruflichen Beziehungen, die ich in meinem Leben gehabt habe, war die Freundschaft mit Dr. Hans Selye. Dr. Selye, der 1982 verstorben ist, wird allgemein als ›Vater des Stresses‹ anerkannt. Als junger Arzt, der in den dreißiger Jahren von Mitteleuropa nach Kanada auswanderte, entlehnte er das englische Wort *stress* aus der Physik, um die Reaktionen des Körpers auf alles — von Viren und Kälte bis zu Emotionen wie Angst und Wut — zu beschreiben. Dr. Selyes Definition von Streß, die mittlerweile fast fünfzig Jahre alt ist, erklärt nach wie vor am besten, worum es sich dabei handelt: »Streß ist die nichtspezifische Reaktion des Körpers auf jegliche Anforderung, die an ihn gestellt wird, sei nun die Anforderung angenehm oder nicht.«

Ich bin Hans Selye zum ersten Mal 1976 in Sarasota in Florida begegnet, kurz bevor er siebzig Jahre alt wurde. In den sieben Jahren unserer Bekanntschaft habe ich ihn immer als kleinen Jungen mit neugierigen Augen im Körper eines älteren Mannes betrachtet. Als Präsident der Internationalen Gesellschaft für Weiterbildung konnte ich Dr. Selye und Dr. Jonas Salk als Hauptredner am Internationalen Streß-Symposium vom April 1976 in Sarasota verpflichten. Nachdem ich jenen ersten Vortrag von ihm gehört hatte, war ich von seiner Theorie zum Thema Streß so fasziniert, daß ich mehrere Reisen unternahm, um Selye in seinen Forschungsräumen am Institut für experimentelle Medizin und Chirurgie in Montreal zu besuchen. Über eine Zeitspanne von fünf Jahren nahm ich unsere Gespräche auf Ton- und Videoband auf. Sie gehören für mich zum Kostbarsten, was ich besitze.

Hans Selye hatte die Fähigkeit, komplexe wissenschaftliche Sachverhalte mit leichtverständlichen Beispielen zu erklären. Da Streß in weiten Teilen der industrialisierten Welt das Problem ist, das die Menschen am meisten beschäftigt, und die Zeitungskioske von Tausenden von Artikeln überflutet werden, die irgendein neues Rezept zur Streßbekämpfung in den Himmel loben, möchte ich meine Erinnerungen an das, was ich von Hans Selye gelernt habe, weitergeben.

Dr. Selye sprach gewöhnlich über die zwei Seiten von Streß. Er stellte fest, daß im Zahnarztstuhl sitzen oder leidenschaftlich küssen gleicherweise mit Streß verbunden sein könne, aber nicht gleich angenehm sei. Er erklärte, wenn eine Mutter vernehme, daß ihr Sohn gefallen sei, so zeige sie alle die für Streß charakteristischen biochemischen Veränderungen. Bei Streß entsteht das Bedürfnis, sich körperlich zu bewegen. Darüber hinaus beginnt die Magenschleimhaut sich aufzulösen, verliert der Körper an Gewicht, verlieren die Nebennieren ihren Hormonvorrat und leidet der Betroffene an Schlaflosigkeit. Dies sind alles nichtspezifische Reaktionen. Die spezifische Wirkung einer solchen Nachricht ist großer Schmerz und Leiden.

Ein paar Jahre später betritt derselbe Sohn vollkommen gesund das Haus seiner Mutter. Die Nachricht von damals erweist sich als falsch; es ist ihm nichts geschehen. Die Mutter empfindet höchste Freude. Die spezifischen Wirkungen dieses Erlebnisses sind sehr angenehm. Und doch ist der nichtspezifische Streß genau der gleiche wie damals, als die Mutter die schlechte Nachricht erhielt! Entscheidend ist nicht der physische Stimulus, sondern vielmehr die Haltung, mit der wir ihn aufnehmen.

Als wir eines Abends in seinem Arbeitszimmer saßen, erzählte ich Dr. Selye, daß mir mein Vater, als ich zwölf Jahre alt war, die erste Lektion erteilt habe, wie man Streß bewältige. Mein Vater leitete bis zu seinem Tode im Jahre 1982 ein Lagerhaus. Obwohl er nie ein hohes Einkommen und wenig formale Bildung hatte, war er einer der weisesten Menschen, die ich gekannt habe.

Wenn ich abends zu Bett ging, kam er jeweils noch auf ein Weilchen zu mir, um mit mir zu plaudern. Es sind dies die wichtigsten Augenblicke, die Vater und Sohn ganz allgemein miteinander verbringen können: die kostbaren Minuten vor dem Schlafen. Mein Vater gab mir immer etwas Bereicherndes mit zum Überschlafen.

Wenn er, nachdem er mich eingemummelt hatte, mein Zimmer verließ, ›blies‹ er jeweils das Licht aus wie durch Zauberei. Ich sah nicht, wie seine Hand hinter seinem Rücken schnell über den Schalter fuhr. Ich erinnere mich nur an seine wunderbare Fähigkeit, das Licht auszublasen wie eine Kerze auf einem Kuchen.

Wenn es dann in meinem Zimmer dunkel war, sagte er: »Gute Nacht, mein Sohn. Denk immer daran: Wenn dein Licht ausgeht, dann geht es auf der ganzen Welt aus. Licht und Leben liegen in den Augen des Betrachters. Halte deine Augen weit offen für das Licht im Dunkeln. Leben ist das, wozu *du* es machst... es kommt nicht so sehr darauf an, was geschieht... was zählt, ist einzig und allein, wie *du* es aufnimmst!«

Ich sagte Hans Selye, diese Worte meines Vaters hätten mich mein ganzes Erwachsenenleben begleitet – wie ein Leitlicht im Nebel. Selye versicherte mir, daß sich die Philosophie meines Vaters mit der seinen decke. Er erzählte mir, er habe zwanzig Jahre Forschung auf ein dreihundertseitiges Buch mit dem Titel ›Der Streß des Lebens‹ zusammengedrängt. Als ihn der Verlag wissen ließ, seine Erklärungen seien noch immer zu lang und zu kompliziert, konzentrierte er seine Forschungsarbeit auf eine zehnseitige Zusammenfassung. Als ihm der Verleger sagte, die Sache sei noch immer zu komplex, beschloß er, sie kurz und bündig und für jedermann verständlich zu machen: »Kämpfe um dein höchstes erreichbares Ziel; aber leiste niemals vergeblichen Widerstand!«

Selyes Regeln zur Streßbewältigung

Dr. Selye gab mir drei Grundregeln zum Verständnis seiner Theorien über den Streß des Lebens:

1. *Finden Sie Ihren eigenen Lebenszweck, der Ihrem persönlichen Streßpegel entspricht.* Die meisten von uns gehören zwei Hauptkategorien an: Einerseits sind da die ›Rennpferde‹, die geradezu vom Druck leben und nur auf der schnellen Bahn mit dem Leben zufrieden sind. Andererseits gibt es die ›Schildkröten‹, die, um glücklich zu sein, eine bedächtigere, friedlichere Umgebung brauchen – etwas, was die meisten Rennpferdtypen langweilen oder frustrieren würde. Wenn man ein Rennpferd daran hindert, sich zu bewegen, und ihm alle Muße, so viel Nahrung, wie es will, und allen Luxus bietet, so kann es nach einer gewissen Zeit nicht mehr rennen. Brachliegende Organe verkümmern. Ein solcher Typ muß arbeiten; er ist so beschaffen. Er muß seine Energie ausleben können. Wenn man hingegen einer Schildkröte beibringen wollte, so schnell zu rennen wie ein Rennpferd, würde man sie damit umbringen.

Die meisten von uns versuchen, Rennpferde zu sein. Wir rasen durchs Leben, als sei es ein Rennen, das es zu gewinnen gilt.

Die wahre Bestimmung besteht jedoch darin, einen Lebenszweck zu finden, den wir achten können. Es muß *unser* Ziel sein – nicht das Ziel unserer Eltern oder unserer Freunde, sondern unser eigenes, höchst persönliches Ziel. Eine Methode herauszufinden, ob man sich auf dem rechten Weg befindet, ist die, seine eigene Bedeutung von ›Arbeit‹ zu definieren. Wir scheinen alle nach kürzerer Arbeitszeit und höheren Löhnen zu schreien. Was ist Arbeit, und was ist Freizeit?

Wenn Arbeit das ist, was man tun muß, dann ist Freizeit das, was man tun will. Ein Berufsfischer, der den ganzen Tag auf dem Wasser zugebracht hat und erschöpft nach Hause kommt, wird ein wenig im Garten arbeiten und sich abends ausruhen. Der Berufsgärtner dagegen wird wahrscheinlich fischen gehen, um von seiner Arbeit wegzukommen. Obwohl wir alle Zerstreuung brauchen, müssen wir doch sicher sein, daß wir unseren Beruf genügend gern haben, um ihn einen ›Spielberuf‹ zu nennen. Dr. Selye versicherte, er habe sein ganzes Leben lang keinen Strich Arbeit getan, obwohl er jeden Morgen um fünf Uhr aufstehe und bis spät in die Nacht arbeite. Er sagte, er ›spiele‹ die ganze Zeit, denn Forschung sei für ihn Spiel. Es ist uns allen möglich, eine solche Einstellung zu entwickeln.

2. *Beherrschen Sie Ihre Gefühle, indem Sie Situationen als entweder lebensbedrohend oder nicht lebensbedrohend taxieren.* Es gibt einen psychologischen Mythos, dem zufolge es gesund sei, seinem Ärger Luft zu machen. Das Problematische an diesem Sich-Luft-Machen ist jedoch, daß man nicht zurücknehmen kann, was man anderen in solchen Momenten sagt oder antut. Seinem Ärger Luft machen ist etwas, das zur Gewohnheit werden kann. Das kann jede Ehefrau oder Mutter bezeugen, die Opfer der Wutanfälle ihres Mannes beziehungsweise ihres Kindes ist. Das kann auch jedes Kind bezeugen, das unter gewohnheitsmäßig wütenden Eltern zu leiden hat. *Wut kann ihren Ursprung in bedrohten Werten haben.* Die meisten Leute, die viel Wut an den Tag legen, haben eine geringe Selbstachtung. Sie betrachten jede Meinung, die von der ihren abweicht, als Abweisung und persönliche Bedrohung.

Im Körper gibt es zwei Arten chemischer Melder oder Boten: die sogenannten Friedensboten (die Tauben), die den Geweben sagen, sie sollen nicht kämpfen, weil es sich nicht lohne; und die Kriegsboten (die Falken), die dem Körper sagen, er müsse eindringende fremde Substanzen vernichten und darum kämpfen.

Die Friedensboten heißen ›syntoxische‹ Hormone. Diese Hormone sagen den Geweben, sie sollen ruhig bleiben; wenn man keinen Kampf liefere, werde man auch nicht krank. Sie wissen, daß es nicht dieser Eindringling, sondern der Kampf ist, der einen krank macht.

Die Kriegsboten heißen ›katatoxische‹ Hormone. Ihre Aufgabe ist es, gefährliche Eindringlinge, die lebensbedrohend sind, ausfindig zu machen und zu zerstören. Sie regen die Produktion verschiedener Enzyme an, die Substanzen im Körper zerstören. Menschen aber, die auf alltägliche Konfrontationen mit dieser katatoxischen ›Kampf-oder-Flucht‹-Reaktion antworten, verschwenden ihre Kräfte an die falsche Sache.

Wir alle haben ein in unserem Körper angelegtes ›Streß-Sparkonto‹ als Lebensenergie. Das Wichtige ist, dieses Guthaben in kluger Weise über eine möglichst lange Zeitspanne auszugeben. Der Unterschied zwischen unserem ›Streß-Sparkonto‹ und einem normalen Bankkonto liegt darin, daß wir auf dem ›Streßkonto‹ keine Einzahlungen mehr machen können. Wir können nur Bezüge tätigen. Daß viele Leute so schnell alt werden, hat seinen Grund darin, daß unsere Gesellschaft voll von ›Verschwendern‹ ist, die auf harmlose Umstände übermäßig reagieren, als ginge es um Leben oder Tod. Das können wir tagtäglich auf dem Weg zur Arbeit auf unseren Straßen sehen.

Wahre Reife besteht darin, zu wissen, wann man syntoxisch und wann man katatoxisch zu reagieren hat. Wenn man abends ausgeht und einem Betrunkenen begegnet, kann es sein, daß er einen mit Beschimpfungen überschüttet. Man erkennt, daß es sich dabei um einen harmlosen, aber lästigen Betrunkenen handelt, und nimmt somit eine syntoxische Haltung ein, geht an ihm vorbei und sagt nichts. Er ist ja so betrunken, daß er nicht einmal seinen eigenen Barhocker anzugreifen vermag. Man paßt sich der unangenehmen Situation an und entgeht so Scherereien.

Was aber geschieht, wenn man die Situation falsch interpretiert und als lebensbedrohend einschätzt und den Betrunkenen als wahnsinnigen Totschläger betrachtet? Ohne nachzudenken, reagiert man mit einem Aufwallen von Körperkräften. Ins Blut schießen Nebennierensekrete, die Kraft aus Zucker und Fettablagerungen auftreiben und dabei Puls, Atmung und Blutdruck antreiben. Der Verdauungsvorgang wird augenblicklich abgestellt, und die schützende Magenschleimhaut beginnt sich aufzulösen, während alles Blut in die Kampfzonen strömt. Das Blutgerinnungssystem bereitet sich durch schnelle Blutverdickung darauf vor, Wunden zu widerstehen. Der ganze Körper ist in Alarmbereitschaft.

Selbst wenn man dann nicht tatsächlich kämpft, so kann man auf der Stelle tot umfallen, wenn man zu Herzversagen neigt. In diesem Falle ist der Streß der Vorbereitung auf den Kampf die Todesursache. Man bedenke das sorgfältig. Wer war der Mörder? Der Betrunkene hat einen nicht berührt. Man hat sich selbst umgebracht. Wie viele Menschen bringen sich selbst um oder werden vorzeitig alt, weil sie sich der Folgen ihres Verhaltens nicht bewußt sind?

Durch dieses Sich-nicht-bewußt-Sein hätte man die Situation allerdings auch im umgekehrten Sinne mißverstehen können. Man beobachtet, wie eine Person sich irrational verhält, und hält sie fälschlicherweise für einen harmlosen Betrunkenen. In Tat und Wahrheit aber ist es ein wahnsinniger Totschläger mit einem Dolch in der Hand. In diesem Falle hätte das richtige Verhalten darin bestanden, Alarm zu schlagen und den ›Kampf-oder-Flucht‹-Mechanismus auszulösen. Es droht physische Gefahr, und man muß entweder die Person entwaffnen oder aber fliehen, um sein Leben zu retten. Eben darum ist es so wichtig, daß man seine täglichen Probleme abwägt, um zu erkennen, ob sie tatsächlich gefährlich oder aber ungefährlich sind.

Neunzig Prozent unserer Konfrontationen im Leben sind solche mit imaginären Gegnern. Wir machen uns selbst das Leben schwer und kämpfen mit uns selbst, weil die angemessene Reaktion auf die Mehrzahl unserer täglichen Probleme weder im Kampf noch in der Flucht besteht. Da wir nirgends hinrennen und niemanden schlagen können, sind die meisten von uns in einer ›unsichtbaren Falle‹ gefangen, was zu einer Unzahl streßbedingter Krankheiten führen kann.

Es ist besser, man lernt sich Situationen anpassen und mit ihnen leben, als in einem Zustand des Alarms und Widerstandes zu reagieren. Alarm und Widerstand als Lebenshaltung führen zu früher Erschöpfung. Emotionell gestörte Menschen zehren buchstäblich ihre ganzen Energiereserven vorzeitig auf und verbrauchen ihr Leben zu rasch.

3. *Sammeln Sie das Wohlwollen und die Wertschätzung anderer.* Das Nichtvorhandensein von Haß und das Vorhandensein von Liebe scheinen die richtige Art Energie oder eben ›Eustreß‹ einzuflößen. Im Begriff ›Eustreß‹ wird das Wort ›Streß‹ mit der griechischen Vorsilbe *eu* verbunden, was soviel wie ›wohl‹, ›gut‹ bedeutet, wie dies auch in den Begriffen ›Euphorie‹ und ›Euphonie‹ der Fall ist. Je mehr wir unsere Ichbezogenheit und unsere angeborene Selbstsucht mäßigen, desto eher werden uns andere Leute akzeptieren. Und je mehr wir von anderen akzeptiert werden, desto sicherer fühlen wir uns und um so weniger negativen Streß müssen wir ertragen.

Dr. Selye machte die Beobachtung, daß einer der wirksamsten Schlüssel zum Leben darin bestehe, andere dazu zu bringen, unser natürliches Verlangen nach unserem eigenen Wohlbefinden mit uns zu teilen. Er betonte, daß dies nur durch das unablässige Bemühen zustande gebracht werden könne, die Achtung und Erkenntlichkeit unserer Mitmenschen zu gewinnen. Selye formulierte den Bibelspruch »Du sollst deinen Nächsten lieben wie dich selbst« um zu seinem eigenen Verhaltenskodex:

»Gewinne deines Nächsten Liebe.« Statt danach zu trachten, Geld und Macht anzuhäufen, sollten wir uns seiner Meinung nach Wohlwollen verschaffen, indem wir etwas tun, das unserem Nächsten hilft. »Horten Sie Wohlwollen«, riet Dr. Selye, »und Ihr Haus wird eine Schatzkammer des Glücks sein.«

Zum letzten Mal sah ich Hans Selye Anfang 1982 in einem Hotelzimmer in Kanada. Wie immer war er voller Optimismus und Enthusiasmus. Einer seiner Lieblingsaussprüche war ein Sprichwort, das er in seiner Kindheit – er verbrachte sie in Österreich und Ungarn – oft gehört hatte. Er sagte mir, es habe ihm geholfen, niemals Groll zu hegen und unerfreuliche Dinge schnell zu vergessen. Das bekannte Sprichwort lautet:

> *Mach es wie die Sonnenuhr:*
> *Zähl die heitern Stunden nur.*

Lachen Sie sich gesund und glücklich!

Im vorangegangenen Kapitel haben wir über Optimismus und Glauben gesprochen. Wir haben gesehen, wie Norman Cousins durch Lachen und die Konzentration auf das Gesundwerden eine unheilbare Krankheit überwand. Ganz abgesehen von der heilsamen Wirkung des Lachens – ist es nicht eine vergnügliche Sache, viel zu lachen? Und echter Humor ist, wenn man über sich selber lacht, nachdem man sich selbst zu ernst genommen hat. Humor ist, wenn man über das Leben ganz allgemein lachen kann. Oscar Wilde hat gesagt: »Die Menschen sind nie so trivial, wie wenn sie sich selbst sehr ernst nehmen.«

Menschen, die schon achtzig Jahre oder mehr auf der Welt sind, haben oft etwas Erstaunliches an sich. Viele von ihnen scheinen einen ausgeprägten Sinn für Humor zu haben. Maurice Chevalier, Arthur Rubinstein und Norman Vincent Peale sind Paradebeispiele. Mancher dieser älteren Menschen hat das Geheimnis des Jungbleibens erkannt: Er betrachtet das Leben mit den Augen eines Kindes. Wir alle sollten über uns selbst lachen und das Kind in uns wiederfinden. Wenn Kinder erwachsen werden, werden sie alt.

Passen wir uns doch dem Auf und Ab im Leben an, indem wir unsern Sinn für Humor aufrechterhalten! Erhalten wir das Kind in uns! Sie und ich werden niemals alt werden, solange wir das Wunder des Lebens mit den Augen eines Kindes zu sehen vermögen. Kleine Kinder scheinen ebensoviel Spaß an den Kartons zu haben, in denen ihre Spielsachen verpackt sind, wie an den Spielsachen selbst. Kinder lachen fast über alles – kleine Hunde, Käfer, Schmetterlinge, Rasensprenger, Spaghettiessen, Karussells und ihr eigenes Gesicht im Spiegel.

Wenn wir uns selbst mit den Augen eines Kindes betrachten können und uns selbst nicht allzu ernst nehmen, dann haben wir das Wesen der Anpassungsfähigkeit erkannt. Da Veränderungen unumgänglich sind, wissen wir, daß der morgige Tag eine neue Überraschung, eine neue Herausforderung und eine neue Freude bringen wird. Und mit Freude blicken wir dem Versprechen jeden Tages entgegen.

Zehn Schritte auf dem Weg zu Anpassungsfähigkeit

1. Nehmen Sie Ihren Sinn für Humor unter die Lupe, um herauszufinden, in welcher Weise er ihnen dient. Besteht er vorwiegend in einem Witz- und Anekdotenlager, oder wirkt er – wie er dies sollte – in der Art, daß er Ihnen Ihre eigenen zuweilen lächerlichen Seiten wahrnehmen hilft?

2. Übernehmen Sie die Verantwortung für Ihre Gefühle. Wenn Sie beginnen, in Zorn zu geraten, erkennen Sie die Tatsache an, daß Sie Ihre Gefühle besitzen. Entfernen Sie sich von einer möglicherweise feindseligen Situation. Wenn Sie über Ihre Verärgerung oder Unzufriedenheit sprechen, sagen Sie: »Es ärgert mich, wenn das passiert« statt: »Du ärgerst mich, wenn du das tust.« Sie allein können sich ärgern.

3. Wenn Sie jemanden tadeln oder Ihre Unzufriedenheit ausdrücken, versuchen Sie, es erst zu tun, wenn sich der Antrieb,

zu kämpfen oder sich aufzuregen, gelegt hat. Am besten gelingt es einem, sich und seine Gefühle mitzuteilen, wenn man mit normaler Stimme sprechen kann – und ohne all die kriegerische Körpersprache. Wenn Sie sich aufregen, versuchen Sie es mit einer körperlichen Ersatzbetätigung wie Rennen, Tennisspielen und so weiter, die Kraft erfordert, damit sich das in Ihrem Organismus angestaute Adrenalin abbauen kann. Sagen Sie Ihre Meinung, ja – aber kritisieren Sie das Verhalten eines anderen Menschen, ohne ihn anzugreifen.

4. Einen Streit gewinnen ist etwas, das es nicht gibt. Man kann nur eines gewinnen: eine Einigung.

5. Betrachten Sie Veränderung als normal. Überwachen und bewerten Sie ständig Ihre Fähigkeit zu Tempoveränderung, Flexibilität, neuen Ideen, Überraschungen und zu rascher Anpassung an Veränderung.

6. Verschreiben Sie sich nicht einem ›Alles-oder-nichts‹-Management. Wenn etwas nicht genau so herauskommt, wie Sie es geplant haben, halten Sie sich an das Positive, das die Sache doch hatte. Seien Sie nicht wie die Spitzenmannschaft, die ein einziges Spiel verliert und damit glaubt, die ganze Saison sei ein völliger Mißerfolg gewesen. Trachten Sie nicht nach unrealistischer Perfektion bei anderen oder bei sich selbst. Sie werden sonst Ihre Leistungen andauernd schlechtmachen, und was immer Sie auch tun werden, wird kaum je Ihren Anforderungen genügen.

7. Überlassen Sie anderen Menschen die Verantwortung für ihr eigenes Tun. Lassen Sie sich nicht auf ein Spiel der Selbstanklage und des falschen Schuldgefühls ein, wenn andere, die Ihnen nahestehen, in ihrem Leben negative Wirkungen verursachen. Jenseits einer vernünftigen Achtung des Gesetzes und der persönlichen Sicherheit sind selbst Ihre Kinder verantwortlich für ihr eigenes Leben. Bauen Sie Anpassungsfähigkeit in Ihrem Heim und in Ihren Arbeitsverhältnissen ein, so daß Mut und Flexibilität zwei sichere Faktoren bilden.

8. Lernen Sie nein sagen, als hieße es »ja, ich bin bereits anderweitig verpflichtet«. Eine der besten Methoden, Streß abzubauen, besteht darin, seine Zeit so einzuteilen, daß man seine Verpflichtungen bequem einhalten kann. Ständig unter Druck sein ist typisch für das Verhalten, welches das Risiko von Herzleiden und anderen streßbedingten Krankheiten erhöht. Im voraus nein sagen ist um vieles weniger schmerzhaft, als später »Es tut mir leid, ich habe nicht liefern können« sagen zu müssen.

9. Vereinfachen Sie Ihr Leben! Geben Sie Überflüssiges und unproduktive Tätigkeiten auf. Stellen Sie sich immer wieder – mindestens einmal pro Woche – die Frage: »Was macht außerhalb meines normalen Tagesablaufes und meiner täglichen Arbeit das Wesentliche meines Lebens aus, und womit will ich tatsächlich meine Zeit verbringen?«

10. Verschaffen Sie sich erbauliche Erholung. Holen Sie den Drachen hervor, stauben Sie den Picknickkorb ab, machen Sie an einem Vorhaben Ihrer Kinder mit, besuchen Sie kleine Theaterveranstaltungen, Musicals, und konzentrieren Sie sich in Sachen Fernsehen und Kino auf Dinge, die Ihr Herz erquicken.

Fragen zu Ihrer Anpassungsfähigkeit

1. Wünschten Sie, die Zeiten wären noch wie früher? Was für Wendungen hören Sie von sich selbst oder von anderen beim Geschichtenerzählen?

2. Können Sie sich leicht Veränderungen anpassen? Rufen Sie sich ein paar Beispiele in Erinnerung, wie Sie Veränderungen in letzter Zeit begegnet sind.

3. Haben Sie das Gefühl, im Leben unter Druck zu stehen? Was tun Sie, um ›Dampf abzulassen‹? Tun Sie es regelmäßig und geplant, oder müssen Sie ›explodieren‹?

4. Bewegen Sie sich in einem ausgefahrenen Geleise? Wenn ja, versuchen Sie, diese Geleise zu beschreiben. Was macht Ihre Arbeit oder was machen andere Bereiche Ihres Lebens zu einem ›Geleise‹?

5. Regen Sie sich über Kleinigkeiten auf? Kleinigkeiten welcher Art? Wann? Versuchen Sie, genau zu bestimmen, worin diese Kleinigkeiten bestehen und was Sie dagegen unternehmen können.

6. Können Sie über Ihre Fehler lachen? Fragen Sie Ihren Ehepartner oder gute Freunde, ob sie finden, Sie könnten es.

9
Die Saat der Ausdauer

Der Wille zum Sieg ist das A und O

Wir haben bereits in einem früheren Kapitel über die Saat des Glaubens gesprochen. Die Saat der Ausdauer ist ähnlich, doch insofern anders, als sie der *Prüfstein* für den Glauben ist. Ausdauer kommt zum Zuge, wenn alle Chancen gegen einen stehen und man doch weiß, daß man richtig handelt.

Einer der grundlegenden Charakterzüge aller erfolgreichen Menschen, die ich studiert habe, ist der Glaube an Gott. Jeder von ihnen glaubt, ein wesentlicher Bestandteil von Gottes Plan zu sein. Aufgrund dieses Glaubens an die Ordnung und fortdauernde Verheißung der Schöpfung haben sie kreative Vorstellungen, Selbstachtung, Weisheit, Ziele und einen tiefen Glauben an ihre Überzeugungen und Aufgaben zu entwickeln vermocht. Ihr Glaube ist das kräftige Wurzelwerk, das es ihnen ermöglicht hat, sich in den Winden der Veränderung zu biegen und darin zu wachsen, ohne daß ihr Mut und ihre Zuversicht dabei brachen. Diese Fähigkeit, sich zu biegen und wieder zurückzufedern, zeigt sich in ihrer ungewöhnlichen Anpassungsfähigkeit und in ihrer Gewohnheit, die Sonnenseite selbst der düstersten Situation zu sehen.

Das neunte bestgehütete Geheimnis des unumschränkten Erfolges

Vielleicht ist echter Erfolg deshalb so ein gutgehütetes Geheimnis. Jedermann will ihn. Die meisten Menschen verbringen zahllose Tage und Jahre damit, davon zu träumen. Jedermann spricht und schreibt darüber, stellt ihn sich vor und geht zu Versammlungen, um mehr darüber zu hören. Doch herzlich wenig wird getan, damit er sich tatsächlich einstellt. Warum? Die Leute sagen, sie legten ihren Glauben in ein Wunder. Aber Wunder sind, wie man nachgewiesen hat, *Glaube in Aktion.* Wenn jemand sagt: »Was geschehen ist, ist ein Wunder«, dann fügt er meist im nächsten Atemzuge bei: »Unsere Gebete sind erhört worden« und »wir haben die Hoffnung nie aufgegeben, daß wir es schaffen würden, wenn wir nur immer weiter daran arbeiteten.«

> Das neunte bestgehütete Geheimnis des unumschränkten Erfolges liegt darin, daß erfolgreiche Menschen an Dingen arbeiten, die zu tun die Mehrheit der Bevölkerung nicht gewillt ist.

Sie werden bemerkt haben, daß ich ›arbeiten an‹ Dingen, die zu tun andere ›nicht gewillt‹ sind, gesagt habe. Ich habe nicht gesagt: ›nicht imstande‹ zu tun; ich habe gesagt: ›nicht gewillt‹. Ein Mensch, der niemals liest oder lernt oder arbeitet oder betet, ist der wahre Verlierer im Spiel des Lebens. Diejenigen, die nicht lesen oder lernen oder arbeiten oder nicht einmal beten können, weil es eine Körperbehinderung oder eine unterdrückerische Umgebung nicht zuläßt, sind keine Verlierer. Sie sind Helden und Heldinnen im Kampf, schon nur an die Startlinie zu gelangen. Die Verlierer im Leben sind diejenigen, die wie jemand anders aussehen, verdienen, sich kleiden, freimachen, reisen, besitzen, in den Ruhestand treten und sein möchten. Sie sind in der Arena des Lebens Verlierer aus Versäumnis, nicht durch Niederlage. In den Ländern des Überflusses gibt es keine Entschuldigung für Versäumnis und Verzweiflung. Wir werfen mit unserem Abfall jede Woche weg, was die Menschen in den Entwicklungsländern in einem Jahr essen. Ein Weihnachtsmahl für eine fünfköpfige Familie würde einen Monat lang zwanzig hungernde Angehörige eines der Entwicklungsvölker ernähren. Keine sozioökonomische Lage in den wohlhabenden Ländern wird das Säen und Pflegen der Saat der Größe verunmöglichen.

Es gibt zwar in diesen Ländern Armut, Diskriminierung, Unwissenheit, Bigotterie, Ungerechtigkeit und Ironie. Und es gibt auch Chancen, Entschlossenheit, Information, Aufgeschlossenheit, Gerechtigkeit und Glauben. Was es braucht, ist das ›bestgehütete Geheimnis‹, das sich Ausdauer nennt. Zeigen Sie mir einen Menschen, der unwahrscheinlichen Hindernissen zum Trotz Erfolg hatte, und ich werde Ihnen einen Menschen zeigen, der weiß, daß Ausdauer entscheidend ist.

Wilma holte von hinten her auf

Wilma war gewillt, an Dingen zu arbeiten, die zu tun die Mehrheit der Bevölkerung nicht gewillt ist. Ihr erster großer Gedanke, den sie als Sechsjährige hatte, lautete: »Ich werde aus dieser Kleinstadt fortreisen und mir einen Platz in der Welt schaffen.« Ein bißchen von dem Reisen hatte sie zwar schon in früher Kindheit erfahren: Das rund siebzig Kilometer südlicher gelegene Spital von Nashville war für sie zum zweiten Zuhause geworden.

Wilma war als Frühgeburt zur Welt gekommen, was Komplikationen wie zweimal eine doppelte Lungenentzündung und einmal Scharlach nach sich zog. Sie hatte damit alles andere als einen bevorzugten Start im Leben erhalten. Nach einem Anfall von Kinderlähmung war ihr linkes Bein krumm und der Fuß nach innen gedreht geblieben. Die Beinschienen erschienen ihr immer so lästig. Das alles machte es so schwer, mit den Geschwistern im Rennen zum Essen zu wetteifern!

Sie erinnert sich an die Busfahrten zur Behandlung in Nashville, die noch sechs weitere Jahre andauerte. Auf der Fahrt ins Krankenhaus stellte sie sich jeweils vor, wie sie in dem stattlichen weißen Kolonialstil-Haus auf der Anhöhe wohnen würde. Im Krankenhaus fragte sie den Arzt immer – manchmal drei-, viermal während ein und derselben Konsultation: »Wann kann ich endlich diese Schienen ablegen und ohne sie gehen?« Und darauf bedacht, keine falschen Hoffnungen zu wecken, antwortete er stets: »Wir werden sehen.«

Auf der Rückfahrt im Bus sah sie sich im Geiste als Mutter mit glücklichen Kindern um sich. Sie erzählte jeweils ihrer Mutter von ihren Träumen, einen besonderen Beitrag im Leben zu leisten und hinauszugehen, um die Welt zu erleben. Ihre Mutter, von der sie Liebe und Unterstützung erfuhr, hörte stets geduldig zu und bestärkte sie mit den unauslöschlichen Worten: »Das Wichtigste im Leben, mein Schatz, ist, daß du daran glaubst und nicht nachläßt in deinen Anstrengungen.«

Als sie etwa elf Jahre alt war, begann Wilma zu glauben, daß sie ihre Beinschienen eines Tages ablegen würde. Der Arzt war da nicht so sicher; immerhin schlug er vor, daß Wilmas Beine ein wenig trainiert werden sollten. Wilma beschloß, daß viel Training wesentlich besser als ein wenig Training sein würde. Ihre Familie gehörte den Baptisten an und war tief im christlichen Glauben verwurzelt; aufrichtig sein war eine Tugend, die Wilma stets geübt hatte. Doch in dieser einen Angelegenheit hat sie, wie sie zugibt, »die Wahrheit ein bißchen gedehnt«.

Während sie mit den Routinebesuchen im Krankenhaus fortfuhr, nahm ihre Mutter oder ihr Vater von nun an ab und zu eines der anderen Kinder mit. Das ermöglichte dem Arzt, jedem von ihnen beizubringen, wie man Wilmas Beinen zu täglicher Übung verhalf. Wilma jedoch hatte von ›Massage‹ eine andere Vorstellung als der Arzt. Wenn ihre Eltern das Haus verließen, mußte sich eines ihrer Geschwister als ›Aufpasser‹ an der Tür aufstellen. Dann nahm sie jeden Tag die Schienen ab und ging unter Schmerzen im Hause umher. Wenn jemand kam, half ihr die Wache zum Bett zurück und tat so, als massierte sie Wilmas Beine, damit eine Rechtfertigung dafür gegeben war, daß Wilma die Schienen nicht trug. Dies ging während rund eines Jahres so weiter, und obwohl Wilmas Zuversicht wuchs, so taten dies auch ihre Gewissensbisse. Sie fragte sich, wie sie ihrer Mutter beibringen sollte, was sie da für eine unerlaubte Eigentherapie ausübte.

Im Verlauf ihres nächsten Routinebesuches in Nashville beschloß Wilma, der ›Tag der Wahrheit‹ sei gekommen. Sie sagte zum Arzt: »Ich möchte Ihnen etwas verraten.« Darauf legte sie die Schienen ab und ging quer durch den Praxisraum dahin, wo der Arzt saß. Sie konnte den Blick ihrer Mutter hinter sich spüren, während sie ging, und sie war sich bewußt, daß die Handlungen, die sie zu diesem wunderbaren Augenblick gebracht hatten, streng gegen die Hausregeln verstießen.

»Wie lange hast du das schon gemacht?« fragte der Arzt und versuchte dabei, seine Verwunderung zu beherrschen.

»Seit einem Jahr«, meinte sie und vermied es tunlichst, ihre Mutter direkt anzusehen. »Ich lege... manchmal... die Schienen ab und gehe im Haus umher.«

»Also gut, weil du ehrlich gewesen bist und mir das verraten hast«, erwiderte der Arzt, »werde ich dir manchmal erlauben, sie abzulegen und im Haus umherzugehen.« ›Manchmal‹ war die einzige Erlaubnis, die sie brauchte. Sie legte die Schienen nie wieder an.

Mit irgend etwas muß man beginnen

Als Wilma zwölf wurde, entdeckte sie, daß Mädchen rennen und springen und spielen — genau wie Jungen. Sie war weitgehend ans Haus gebunden gewesen, und andere Leute mußten sie immer besuchen kommen. Wie sie so ihren neuen, erweiterten Horizont zu erforschen begann, beschloß sie, irgend etwas zu bewältigen, das mit Sport zu tun hatte. Eine ihrer Schwestern, Yvonne, die zwei Jahre älter war, wollte sich für die Mädchen-Basketballmannschaft qualifizieren. Wilma faßte den Entschluß, sich ebenfalls zu qualifizieren, denn sie dachte sich, es würde Spaß machen, mit ihrer Schwester in der gleichen Mannschaft zu spielen. Sie war niedergeschmettert, als sie erfuhr, daß sie von den dreißig Mädchen, die sich zu qualifizieren suchten, nicht einmal zu den zwölf Finalistinnen gehörte. Sie rannte nach Hause und schwor sich, allen zu beweisen, daß sie gut genug war. Und wie sie es den Kindern zeigen wollte, die nie mit ihr gespielt hatten, daß sie gut genug war!

Als sie zu Hause anlangte, erblickte sie in der Einfahrt den Wagen des Trainers. »Verflixt«, dachte sie, »er läßt mich nicht einmal meinen eigenen Eltern sagen, daß ich's nicht geschafft habe!« Sie rannte zur Hintertür des Hauses und schlich sich lautlos hinein. Dann drückte sie sich an die Küchentür, um das Gespräch im Wohnzimmer mitzuhören.

Der Trainer erklärte eben eifrig, wann ihre Schwester jeweils vom Training nach Hause kommen würde, wie oft sie unterwegs sein würden, wer die Mannschaft betreue und all die anderen Einzelheiten, die Eltern kennen müssen, wenn ihre Tochter in die Mannschaft aufgenommen wird. Der Vater war kein Mann von vielen Worten, doch wenn er sprach, dann wußte man, daß es galt. »Ich stelle nur eine einzige Bedingung, ehe ich Yvonne Mitglied Ihrer Mannschaft werden lasse«, sagte der Vater. »Was immer Sie wünschen«, sicherte der Trainer zu. »Meine Mädchen reisen immer zu zweit«, erklärte der Vater langsam, »und wenn Sie Yvonne wollen, dann müssen Sie Wilma als ihre Begleiterin mitnehmen.« Es war nicht ganz, was sie im Sinne hatte, aber es war ein Anfang.

Wilma fand bald einmal heraus, daß vom eigenen Vater einer Mannschaft zugeteilt und vom Trainer für die Mannschaft selektioniert werden zweierlei war. Sie konnte das Befremden der anderen zwölf Mädchen spüren. Aber es munterte sie auf, die Uniformen zu sehen. Sie waren wunderschön, ganz neu und aus schwarzem und goldenem Satin. Die erste Uniform hat immer etwas Besonderes an sich: sie schafft ein Identitätsgefühl. Man gehört dazu, wenn man die Uniform anzieht. Als die Reihe an Wilma war, waren keine neuen Uniformen mehr vorhanden; also gab man ihr eine grün-goldene aus der alten Serie. »Macht nichts«, dachte sie bei sich, als sie die ganze Saison lang am Ende der Bank saß, »ich werde meine Chance schon kriegen.«

Am Ende erdreistete sie sich, ihren Trainer mit ihrer großartigen fixen Idee zu konfrontieren. Sie erwartete ihn in seinem Büro. Als er eintrat, stellte sie fest, daß er so war, wie er immer zu sein schien: ein wenig barsch und sehr direkt. »Was willst du?« fragte er. Sie vergaß ihre vorbereitete Rede und stand ganz einfach da und trat von einem Fuß auf den andern. »Raus mit der Sprache!« forderte er sie auf. »Leute, die etwas Wichtiges zu sagen haben, sagen es auch! Wenn du nicht sagst, worum es geht, werde ich ja nie erfahren, was du auf dem Herzen hast.«

Schließlich platzte sie damit heraus: »Wenn Sie mir zehn Minuten Ihrer Zeit widmen – nur zehn Minuten jeden Tag –, dann gebe ich Ihnen dafür eine Weltklassesportlerin.«

Er lachte schallend und fragte sich, ob er wohl richtig gehört habe. Als sie sich zum Gehen wandte, hielt er sie zurück. »Warte mal«, sagte er. »Ich werde dir die zehn Minuten widmen, die du willst, doch vergiß nicht, daß ich mit echten Weltklassesportlern beschäftigt sein werde – Leuten, die Stipendien bekommen und an ein College gehen können.«

Sie war so aus dem Häuschen, daß sie jeden Tag unter ihrer Alltagskleidung die Turnkleider zur Schule trug. Wenn die Glocke läutete, war sie stets die erste in der Turnhalle, um ihr kostbares Geschenk der zehn Minuten persönlichen Unterrichts zu erhalten. Es wurde sofort klar, daß der Großteil des Unterrichts mündlich erfolgen mußte und daß sie Mühe bekundete, die Worte in richtige Basketballfertigkeit umzusetzen. Als sie weinend dasaß, kamen zwei Jungen zu ihr, die sie seit langem kannte, und versuchten sie zu trösten.

»Ich verstehe nicht, warum es für mich so schwierig ist, zu tun, was er mir sagt. Jemand muß mir helfen«, sagte sie leise.

»Wir werden mit dir gehen zu dem Zehn-Minuten-Unterricht und dir dann helfen, das zu üben, was der Trainer dir beizubringen versucht«, boten die beiden an.

Tags darauf begannen sie damit. Wilmas beste Freundin machte mit, so daß sie zwei gegen zwei im halben Feld spielen konnten. Tag für Tag hörten sie zu und übten, hörten zu und übten – und lernten das Basketballspiel beherrschen.

Als Wilma und ihre Freundin im folgenden Jahr für die Mannschaft selektioniert wurden, fragten sie sich beide, ob sie wohl auch mitzuhalten vermochten, wenn es ernst galt und nicht mehr nur ums Üben ging. Als die zwei Unzertrennlichen ihre Träume und Ängste miteinander besprachen, kamen sie zu dem Schluß, daß das einzige, was sie tun konnten, *ihr Bestes zu geben* war. Sie vereinbarten, daß sie, wenn ihr Bestes nicht gut genug war oder sie der Sache nicht gewachsen waren, dankbar für die Erfahrung sein und es bleibenlassen würden im Wissen, etwas Wertvolles für den Rest ihres Lebens gewonnen zu haben. Während der Saison rannten sie dann jeden Morgen ganz aufgeregt hin, um in der Zeitung zu lesen, was über ihr Spiel vom Vorabend berichtet wurde. Es wurde zum Standardkommentar, daß Wilmas Freundin die Nummer eins und sie selbst die Nummer zwei sei.

Immer nach Gold trachten

Während sie in jenem Jahr die Spielfelder auf und ab rannte im Bestreben, ihre Freundin in ihrer freundschaftlichen Konkurrenz zu schlagen, beobachtete sie noch jemand anders: Es war der international bekannte Schnellauftrainer der angesehenen ›Tigerbelles‹ der Universität des Staates Tennessee in Nashville. Unter ihm hatten sich einige der ›Tigerbelles‹ zu den schnellsten Frauen Amerikas entwickelt. Nun suchte er Freiwillige aus der Basketballmannschaft, die Interesse daran hatten, sich für eine Mädchen-Schnellaufmannschaft zu qualifizieren. Wilmas Überlegungen waren nüchtern: »Die Basketballsaison ist vorbei«, sagte sie sich, »das bedeutet keine Spiele und kein Training mehr... und das bedeutet mehr Zeit für Hausarbeiten daheim. Warum soll ich mich also nicht zur Schnellaufmannschaft melden?«

Als Wilma zum ersten Mal ein Rennen lief, sah sie, daß sie ihre Freundin schlagen konnte. Dann schlug sie alle anderen

Schülerinnen der oberen Volksschule, an der sie war – dann jede Schülerin einer oberen Volksschule im ganzen Staate Tennessee. Sie und ihre Freundin beschlossen, einen Waffenstillstand zu schließen: Sie würde Nummer eins im Schnellauf, ihre Freundin Nummer eins im Basketball sein.

Mit vierzehn wurde Wilma in die ›Tigerbelles‹-Schnellaufmannschaft aufgenommen und begann, nach der Schule und an Wochenenden an der Universität des Staates Tennessee ernsthaft zu trainieren. Auf dem Universitätsgelände lernte sie Mae Faggs kennen, eine junge Frau, die bereits zweimal einer amerikanischen Olympiamannschaft angehört hatte. Mae war der einzige Mensch – außer Wilmas engster Familie –, dem der Teenager seinen Traum anvertraute. Wilma erzählte ihr auch von der schlimmen Zeit ihrer frühen Jugend, von der Qual mit den Beinschienen und wie es einem zumute war, wenn man keine Chance hatte ›dazuzugehören‹. Die Ermutigung, die Förderung und das Training gingen weiter – und ihre Siege ebenso.

Eines Tages – rund zwei Jahre später – trat Mae Faggs auf sie zu und fragte ihren Schützling: »Möchtest du in unserer Olympiamannschaft mitmachen?« Ihre Antwort entsprach ihrem jugendlichen Alter und spiegelte die früheren Träume wider: »Kommen wir zum Reisen?«

»Ja, natürlich«, erwiderte Mae, »die Olympischen Spiele finden 1956 in Australien statt.«

»Wann gehen wir?« flehte sie.

Zuerst mußten sie sich an den Ausscheidungsläufen an der Amerikanischen Universität in Washington D.C. qualifizieren. Im 200-m-Lauf lag sie schon zu Beginn in Führung. Als sie merkte, daß sie an der Spitze lief und selbst Mae Faggs hinter sich ließ, blickte sie zurück, um zu sehen, wo ihre Freundin war. Da überholte sie Mae und lief als erste ins Ziel. Wilma wurde zweite. »Ich bin von dir enttäuscht«, schalt sie Mae nach der Veranstaltung. »Es genügt nicht, sich zu qualifizieren; du mußt immer nach Gold trachten.«

Wilma schied bei den Olympischen Spielen von 1956 in Melbourne im 200-m-Halbfinale aus, gewann dann aber als Mitglied der drittplazierten 400-m-Damenstaffel eine Bronzemedaille. Sie war teils glücklich, teils maßlos enttäuscht. Sie sagte sich, eine solche Leistung dürfe sich nicht wiederholen, das nächste Mal würde sie es richtig machen. Sie war erst sechzehn, noch immer Schülerin – und verpflichtete sich schon, im Jahre 1960 zu gewinnen!

Wieder zu Hause, widerstand sie jeglicher Versuchung, aus ihrer neuen Stellung als ›Berühmtheit‹ einen Vorteil zu ziehen. Sie hätte den Nachbarkindern, die so grausam zu ihr gewesen waren, als sie als Invalide in Metallschienen gesteckt hatte, eine lange Nase machen können. Statt dessen ließ sie sie die Bronzemedaille anschauen und sprach mit ihnen darüber, was für ein Erlebnis es gewesen war, sie zu gewinnen. Ihre früheren Peiniger waren nun ihre Freunde, da sie sich in dem Weltklassegefühl sonnten, das es nur einmal im Leben einer Kleinstadt wie Clarksville im Staate Tennessee gibt.

Wenn man von Hingabe und Ausdauer spricht, neigt man dazu, sich nur der Höhepunkte und des Glanzes über der qualvollen Wirklichkeit dessen zu erinnern, was es braucht, um zu einem ›Weltklasse-Irgend-Etwas‹ zu werden. In diesem Falle muß man bedenken, daß es damals für Frauen keine Sportstipendien gab und daß Wilma alle Kosten selbst zu tragen hatte, während sie die Universität des Staates Tennessee besuchte. Gleichzeitig ging das Training auf der Rennbahn jeden Tag weiter. Darüber hinaus galt es, ganz bestimmten Mindestanforderungen immer wieder aufs neue zu genügen, wenn man Mitglied des ›Tigerbelles‹-Laufclubs bleiben wollte.

Um sich den ›Siegerschliff‹ zu geben, erlegte sich Wilma eine Art Zusatz-Do-it-yourself-Programm auf, wie sie es schon Jahre zuvor getan hatte, als sie ohne Beinschienen gehen lernte. Als sie gewahr wurde, daß sie wegen ihres Arbeits- und Studienpensums hinter die anderen Mädchen der Mannschaft zurückfiel, fing sie an, sich die Feuerleiter des Schlafsaals hinunterzuschleichen, um von acht bis zehn Uhr abends auf der Bahn zu laufen. Danach kletterte sie die Feuerleiter wieder hoch und kroch ins Bett – gerade rechtzeitig zum Lichterlöschen. Bei Sonnenaufgang wurde das strapaziöse Trainingsprogramm wieder aufgenommen. Jeden Morgen lief Wilma um sechs und um zehn Uhr und am Nachmittag wieder um drei. Woche um Woche, Jahr um Jahr hielt sie dasselbe monotone, anspruchsvolle Programm ein. Und das ging so weiter über mehr als zwölfhundert Tage!

Zu Lebzeiten eine Legende

Als Wilma im Sommer 1960 das Feld des Stadions in Rom betrat, war sie bereit. Die rund achtzigtausend Fans begannen begeistert zu rufen, spürten sie doch, daß sie einer jener besonderen Olympiakämpfer sein sollte, welche die Herzen der Zuschauer der ganzen Welt erobern (wie dies Jesse Owens und Babe Didrikson vor ihr getan hatten und wie es Olga Korbut und Bruce Jenner nach ihr taten). Als sie sich für den ersten Lauf warmlief, erscholl immer lauter der Ruf »Wilma, Wilma, Wilma!« von den Tribünen. Es bestand für sie – und für die Zuschauer – kein Zweifel, wer bei der Preisverleihung zuoberst auf dem Siegerpodest stehen würde.

Sie legte drei begeisternde Leistungen hin: Sie gewann sowohl den 100-m- wie den 200-m-Lauf spielend und sicherte der US-Damenmannschaft den ersten Platz in der 400-m-Staffel. Drei Goldmedaillen – Wilma war die erste Frau, die je auf einer Rennbahn drei Goldmedaillen gewonnen hatte. Und jeder der drei Läufe wurde in Weltrekordzeit gewonnen.

Sie war ein kleines behindertes Mädchen gewesen – isoliert von ihrer Nachbarschaft, doch unterstützt von ihren Eltern, ihren Geschwistern und von wenigen treuen Freunden. Jetzt war sie Wilma Rudolph, zu Lebzeiten eine Legende.

Seit jenen Augenblicken im Stadion von Rom ist viel zur Belohnung ihrer Disziplin und ihrer Opfer geschehen. Es gab Empfänge und Feiern, eine Privataudienz mit US-Präsident John F. Kennedy im Weißen Haus, sie wurde zur Sportlerin des Jahres erkoren und erhielt den angesehenen Sullivan-Preis für den besten Amateursportler Amerikas zugesprochen. Dann folgten ein Buch über ihr Leben und eine Fernsehadaption davon. Bei alldem ist Wilmas ruhige Würde unversehrt geblieben. Als Antwort auf all die Ehre, die ihr zuteil geworden ist, meint Wilma: »Ich glaube, das macht den sogenannten Champion aus: die Bereitwilligkeit, immer weiter zu arbeiten und danach zu trachten, sich jeden Tag zu verbessern.«

Ich traf Wilma Rudolph zum ersten Mal an einer Versammlung im März 1980, wo sie – unter anderen – in einer großen Turnhalle zu mehreren Tausend Kindern und Erwachsenen sprach. Sie tat es ohne all das Gestikulieren, das selbstherrliche Gehabe und das Ausschmücken, die Podiumspersönlichkeiten gewöhnlich eigen sind. Sie hatte das Publikum in der Hand, doch nicht sie hatte es dahin gebracht; es hatte sich selbst in ihre Hand gelegt, weil die Geschichte, die sie erzählte, wahr war. Sie handelte nicht so sehr von der Siegesekstase als vielmehr von der Familie, von guten Freunden, den Problemen, den Gebeten, den Enttäuschungen und den Anstrengungen. Sie schloß mit den Worten: »Es mag Weltklassesportler und Superstars geben, doch das heißt noch lange nicht, daß sie Weltklassemenschen sind. Ich habe in meiner Jugend viele der Probleme gehabt, die ihr jetzt auch habt, und ich hoffe, meine Geschichte könne ein klein wenig dazu beitragen, daß wenigstens ein Mensch glaubt, er könne sich ändern, besser werden und wachsen.«

Heute hält Wilma Vorträge bei wichtigen Versammlungen, hilft zukünftigen Olympiastars und – was sie am liebsten tut – gibt Kurse und Seminare; außerdem gewährt sie über die Wilma-Rudolph-Stiftung finanzielle Hilfe, um jemandem das Vorwärtskommen zu ermöglichen, der von hinten her aufholt.

Es ist nie zu spät

Wenn wir zusammen in ihrem Garten arbeiteten, pflegte meine Großmutter zu sagen: »Solange man grün ist, wächst man; sobald man reif ist, beginnt man zu faulen.«

Ausdauer heißt nicht, daß man für immer und ewig bei ein und derselben Sache verharren muß. Sie bedeutet vielmehr, sich voll und ganz zu konzentrieren und alle Kräfte einzusetzen für das, was man gerade tut. Sie bedeutet, die schwierigen Dinge zuerst zu tun und stromabwärts zu blicken, um Befriedigung und Belohnung zu finden. Sie bedeutet, in seiner Arbeit glücklich zu sein, aber nach mehr Wissen und nach Fortschritt zu trachten. Sie bedeutet, mehr Kilometer zu gehen, mehr Unkraut zu jäten, früher aufzustehen und stets nach einer besseren Methode Ausschau zu halten, das zu tun, was man tut. Ausdauer ist Erfolg durch Versuch und Irrtum.

Das Schöne liegt darin, zu wissen, daß die meisten Menschen ihre produktivste Zeit viel später im Leben erreichen, als man gemeinhin annimmt. Für junge Leute bedeutet dies, daß genügend Zeit vorhanden ist, sich Wissen anzueignen und eine Laufbahn aufzubauen. Für uns ältere Kämpen bedeutet es, daß noch immer Hoffnung besteht! Wenn ein kleines Mädchen seine Beinschienen ablegen und sich als schnellste Frau der Welt drei Goldmedaillen erlaufen kann, dann können gewiß auch Sie noch immer Ihre Träume verwirklichen. Das Geheimnis ist Ausdauer. Lassen Sie nicht locker! Geben Sie Ihren Traum niemals auf!

Zehn Schritte auf dem Weg zu Ausdauer

1. Erledigen Sie Dringendes zuerst. Die meisten Leute verbringen ihre Zeit damit, eifrig Nichtdringendes zu tun, weil es einfacher ist und kein zusätzliches Wissen, Können oder Koordinieren mit jemand anderem erfordert. Setzen Sie Ihre Prioritäten aufgrund einer Einteilung in ›Muß-ich-jetzt-tun‹-, ›Sollte-ich-bald-tun‹- und ›Möchte-ich-so-bald-wie-möglich-tun‹-Dinge. Setzen Sie sie sich jeden Tag – spätestens am frühen Morgen des Tages, den Sie beginnen, am besten jedoch als letzte Handlung am Tage zuvor.

2. Konzentrieren Sie Ihre Zeit und Energie auf die zwanzig Prozent Ihrer Tätigkeiten, Kontakte und Ideen, die sich Ihnen in der Vergangenheit als am produktivsten erwiesen haben. Denken Sie an die ›80/20-Regel‹ nach Vilfredo Pareto, dem italienischen Nationalökonomen (1848–1923): Achtzig Prozent

des Produktionsvolumens stammen gewöhnlich von zwanzig Prozent der Produzenten. Das bedeutet, daß Sie Ihren Einflußbereich auf die produktivsten Menschen und Ideen konzentrieren müssen.

3. Immer wenn Sie in Ihrem Leben eine Änderung vornehmen, das heißt wenn Sie von der gegenwärtigen Art und Weise, etwas zu tun, abweichen, müssen Sie mit einem vorübergehenden Absinken der Produktivität und Leistungsfähigkeit rechnen. Machen Sie sich keine Sorgen, wenn eine Änderung, die Sie in Ihrem Beruf oder Ihrem Lebensstil vorgenommen haben, nicht sogleich Frucht trägt. Es braucht Zeit, bis man sich an eine Änderung angepaßt hat. In dem Maße, wie Vertrautheit und Zuversicht wieder wachsen, wird auch die Produktivität wieder zunehmen.

4. Wenn Ihnen das erste Mal etwas mißlingt, versuchen Sie's noch einmal. Wenn es Ihnen auch das zweite Mal mißlingt, versuchen Sie zu ergründen, weshalb es Ihnen mißlang. Mißlingt es Ihnen ein drittes Mal, so sind Ihre Ziele im Augenblick wohl zu hoch gesteckt. Rücken Sie sie nur ein klein wenig vom Horizont näher.

5. Suchen Sie regelmäßig mit Menschen zu verkehren, die ähnliche Ziele haben wie Sie. Die meisten Menschen schließen sich einer Gruppe mit demselben Problem an, wie etwa Rauchen, Übergewicht und so weiter. Davon ist hier nicht die Rede. Gemeint ist eine Gruppe mit denselben Werten und Träumen, nicht denselben Problemen und schlechten Gewohnheiten. Wenn man sich jeden Monat einmal trifft, können sich Ideen ergeben, die, in die Tat umgesetzt, sich wirklich bezahlt machen können. Die Unterstützung durch die Gruppe ist auch der Ausdauer förderlich.

6. Wenn Sie durch ein Problem lahmgelegt oder in einer Sackgasse gelandet sind, sorgen Sie für Tapetenwechsel, und bringen Sie sich auf andere Gedanken. Vielleicht gelingt es Ihnen, auszuspannen und Distanz zu gewinnen, indem Sie für einen Tag aufs Land, an einen See oder ans Meer fahren. Ver-

gessen Sie nicht, daß Ihr ›rechtshirniger‹ kreativer Problemlöser stets für eine Überprüfung zugänglich ist, wenn Ihre ›linkshirnige‹ Logik sich verlangsamt. Dieses Distanz-Gewinnen hat nichts mit Flucht zu tun, sondern mit Auftanken.

7. Erwarten Sie stets das Unerwartete.

8. Nachdem Sie sich auf einem Gebiet ein allgemeines Wissen angeeignet haben, konzentrieren Sie sich darauf, einen Aspekt davon gründlich zu lernen. Spezialisieren Sie sich mit Erfolg, ehe Sie sich auf erweitertem Gebiet betätigen. Eine Sache gut machen, bis man sie beherrscht, schafft Vertrauen und den Ruf eines Könners.

9. Seien Sie aufrichtig und logisch, wenn Sie Ihre Probleme angehen. Im allgemeinen gibt es nur zwei Arten von Problemen: diejenigen, die leicht zu lösen sind (das sind eigentlich nur Projekte, mit denen sich die Menschen befassen wollen), und diejenigen, die schon zum ›Notfall‹ geworden und somit ›dringend‹ sind. Eine gute Methode, die eigenen Probleme zu beurteilen, besteht beispielsweise darin, sich zu fragen: »Wende ich meine Zeit für das auf, was für mich und meine Familie wichtig ist, oder bin ich stets unter dem Druck, Termine einzuhalten?«

10. Tun Sie mehr, als man von Ihnen verlangt, und tragen Sie mehr bei, als gefordert wird. Gehen Sie über das Übliche hinaus.

Fragen zu Ihrer Ausdauer

1. Führen Sie zu Ende, was Sie anfangen? Immer? Meistens? Mit der Zeit?

2. Lassen Sie sich leicht entmutigen? Was tun Sie, um dies abzuwehren?

3. Sehen andere Sie als handlungsfreudig? Fragen Sie Menschen, die Ihnen nahestehen, was sie denken?

4. Liegt die Chance jeweils hinter Ihnen oder vor Ihnen? Nehmen Sie die Ziele in Augenschein, die Sie sich für dieses Jahr gesetzt haben?

5. Sind Sie beharrlich, wenn Sie glauben, recht zu haben? Warum kann das schwierig sein?

6. Machen Sie Stolpersteine zu Schrittsteinen? Versuchen Sie, drei oder vier Beispiele anzugeben.

10
Die Saat der Anschauung

Ein Sternwerfer sein

Auf einer meiner letzten Vortrags- und Seminartourneen nach Australien passierte es mir das erste Mal, daß ich mich fragte, warum ich dauernd im Flugzeug saß. Über volle fünf Jahre hinweg hatte ich beinahe täglich ein Flugzeug bestiegen. Nicht einmal Piloten fliegen so viel! Ich habe im ›Guinness-Buch der Rekorde‹ nicht nachgeschaut, aber ich würde eine Wette eingehen, daß ich das Rennen machen würde.

›Rennen‹ – das ist das Wort, das ich suchte. Das war die Frage, die mich auf jenem Flug von Sydney nach Brisbane plötzlich beschäftigte: War ich im Begriff, auf meine Erfüllung zu- oder von ihr wegzurennen?

Die quälenden Fragen ließen mich nicht mehr los und verfolgten mich auch noch, als ich im Hotelsaal in Brisbane mein ›Psychologie-des-Erfolgs‹-Seminar mit tausend Teilnehmern eröffnete. Während meines Vortrages hatte ich das Gefühl, als Beobachter neben mir selbst zu stehen. Meinte ich es ernst, oder tat ich nur so? Ich fragte mich: *Versuche ich wirklich, diesen Menschen zu helfen, im Leben zu wachsen, oder will ich mir selbst etwas beweisen? Was hat mich zu der Besessenheit getrieben, während der vergangenen Jahre dauernd umherzureisen?*

Dann konzentrierte ich mich auf den Workshop, der folgte. Während des Zielsetzungsteils hatten die Seminarteilnehmer ihre ›Glücksrad‹-Blätter ausgefüllt und die Ergebnisse in kleinen Gruppen diskutiert. Nun verteilte ich die zweite ›Glücksrad‹-Serie.

»Schlagen Sie bitte die Seite mit der Überschrift ›Persönlichkeitsgitter‹ auf«, gab ich dazu die Anweisung. »In diesem Gitter finden Sie vierundzwanzig verschiedene Punkte. Zuoberst auf der Seite sind die Zahlen von zehn bis hundert angegeben. Fragen Sie sich beim Lesen jedes einzelnen Punktes: ›Wieweit trifft dies auf mich zu?‹ Mit anderen Worten: Stimmt Punkt 1, ›Habe verschiedene gute Freunde‹, für Sie zehn Prozent oder zwanzig, dreißig, sechzig, achtzig oder hundert Prozent? Bewerten Sie sich selbst bei jedem Punkt, und machen Sie an der Stelle unter dem für Sie zutreffenden Prozentsatz einen Kreis oder ein Kreuz. Sie werden dazu nicht mehr als acht bis zehn Minuten benötigen.«

Persönlichkeitsgitter

                                10 20 30 40 50 60 70 80 90 100

1. Habe verschiedene gute Freunde.   X

2. Verbringe oft Zeit allein zum Nachdenken, Meditieren oder Beten.   . . . . X .

3. Mache jeden Tag energisch Körperübungen.   X

4. Verbringe angemessen viel und sinnvolle Zeit mit der Familie.   X

5. Habe eine gutbezahlte Stelle.   . . . . X .

6. Befinde mich bereits in der Karriere, die ich mir wünsche.   . . . . X .

7. Nehme an Gemeinschaftstätigkeiten teil.   X

8. Lese gerne Sachbücher.   . . . . X .

9. Gewinne leicht Freunde.   X

10. Habe mich mit der Bibel oder mit Religionsgeschichte befaßt.   . . . . X .

11. Esse nahrhafte, ausgewogene Mahlzeiten.   X

12. Schreibe regelmäßig Familienmitgliedern oder rufe sie an.   . X

	10	20	30	40	50	60	70	80	90	100
13. Schaffe mir eine angemessene Altersvorsorge.						X				
14. Sehe außergewöhnliche Entwicklungsmöglichkeiten in meiner Karriere.								X		
15. Gehöre lokalen Vereinen an.	X									
16. Sehe bzw. höre gerne Weiterbildungssendungen im Fernsehen und am Radio.									X	
17. Lerne gerne neue Leute kennen und gehe gerne zu Gruppenveranstaltungen.	X									
18. Besuche die Kirche, Synagoge o. ä.	X									
19. Treibe regelmäßig Sport.	X									
20. Nehme gerne an Familienfeiern oder -treffen teil.	X									
21. Habe ein ansehnliches Sparkonto.						X				
22. Mache meine Arbeit gut und gern.								X		
23. Habe mich freiwillig zu einem Gemeinschaftsprojekt gemeldet.	X									
24. Gehe gern in Museen, Ausstellungen, zu Messen und in Bibliotheken.									X	

»Im Persönlichkeitsgitter, das Sie soeben ausgefüllt haben, hatten Sie sich selbst in Ihren Lebensbereichen zu bewerten. So beziehen sich beispielsweise die Nummern 1, 9 und 17 auf Ihr Gesellschaftsleben. Die Nummern 3, 11 und 19 umfassen den körperlichen Bereich Ihres Lebens, und so weiter. Übertragen Sie nun jede Prozentzahl der vierundzwanzig Punkte vom Persönlichkeitsgitter auf das nachfolgende Kapitel ›Ausgewogenes Leben‹. Zählen Sie die Zahlen in jeder der acht Spalten zusammen.«

Ausgewogenes Leben

»Setzen Sie die Zahlen aus Ihrem Gitter in den folgenden Lebensbereichen ein:

Gesellschaftliches	Religiöses	Körperliches	Familie
1. _____	2. _____	3. _____	4. _____
9. _____	10. _____	11. _____	12. _____
17. _____	18. _____	19. _____	20. _____
_30_	_190_	_70_	_40_
Total	Total	Total	Total

Finanzielles	Berufliches	Teilnahme am Gemeinschaftsleben	Geistiges
5. _____	6. _____	7. _____	8. _____
13. _____	14. _____	15. _____	16. _____
21. _____	22. _____	23. _____	24. _____
_210_	_260_	_30_	_270_
Total	Total	Total	Total

DAS GLÜCKSRAD

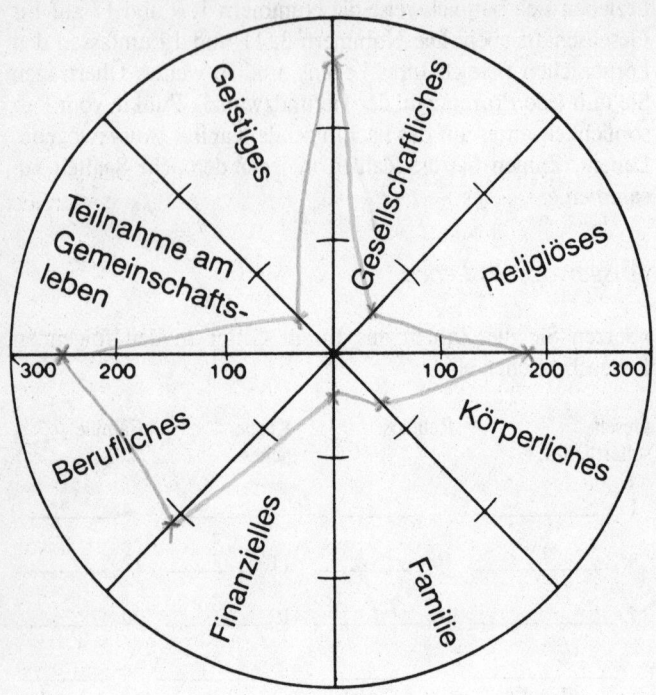

Nehmen Sie nun das ›Glücksrad‹, und tragen Sie die Summe der einzelnen Lebensbereiche auf der Linie unterhalb der Bezeichnung jedes Bereiches ein. Wenn Sie alle acht Punkte eingezeichnet haben, verbinden Sie sie, um die Zeichnung von den Ausmaßen und der Form Ihres eigenen Rades zu erhalten. Wie rund ist Ihr Rad? Wie wird es Ihren Lebensweg entlangrollen? Für welche Lebensbereiche möchten Sie mehr Zeit aufwenden, um sie auszubauen? Ist es zum Beispiel so, daß Beruf und Finanzen eine zu gewichtige, die Familie und das Körperliche jedoch eine untergeordnete Rolle spielen?«

Ich stellte diese Fragen meinen Zuhörern, doch sie tönten in meinen eigenen Ohren fort. Auf einmal waren es Fragen, die ich mir selbst stellte!

Feiern statt Sammeln

Als der verstorbene Loren Eiseley seinen Essay ›Der Sternwerfer‹ schrieb, dachte er vermutlich an jemanden wie mich. Es ist die Geschichte eines Mannes in meinem Alter, der ans Meer geht, um zu versuchen, Einsicht in den Sinn des Lebens zu gewinnen.

Eiseleys Essay war, als ich ihn damals am Ende meiner Australientournee während ein paar abschließender Ruhetage auf der Heron-Insel beim Großen Barriere-Riff las, wie eine Antwort auf meine Fragen. Von dem Moment, da ich die Geschichte gelesen und ihre Bedeutung erwogen hatte, war ich überzeugt, daß ich in die Welt gesetzt worden war, um ein Sternwerfer zu sein.

›Der Sternwerfer‹ erzählt von einem Mann im besten Alter, der während der Touristen-Hochsaison am Strand beobachtet, wie die Muschelsammler – vor allem nach einem Sturm – sich gegenseitig in einer Art irrer Sammelwut zu überbieten suchen. Er sieht zu, wie sie in der Morgendämmerung den Strand entlangkrabbeln – mit Bündeln eingesammelter Seesterne, Einsiedlerkrebse, Seeigel und anderer lebender Meerestiere.

Die Muschelsammler kochen dann die ›Schalen‹ mitsamt ihren Bewohnern im Freien in Kesseln, welche von den Hotels des Badeortes als Gefälligkeit gegenüber den Gästen zur Verfügung gestellt werden, die ihre stolzen Sammlungen später ihren neidvollen Verwandten und Freunden zu Hause vorführen.

Ich habe viele Leute mit dieser Sammlermoral kennengelernt. Sie beschränken sich nicht auf Badeorte am Meer. Es gibt sie in jedem Land, in jeder Stadt und in jedem Haus. Es sind die Menschen, die danach trachten, Leben zu sammeln und Glück zu besitzen. Es sind die Konsumenten.

Der Mann in Eiseleys Geschichte bemerkte eine einsame menschliche Gestalt, die am Wasser inmitten eines von der Sonne in die Gischt gezeichneten Regenbogens stand. Die Gestalt bückte sich und richtete sich dann wieder auf, um einen Gegenstand über die Brandung hinaus ins Meer zu schleudern. Der Betrachter erreichte schließlich die menschliche Gestalt und fragte, was sie da tue. Der alte Mann mit dem sonnengebräunten, verwitterten Gesicht antwortete leise: »Ich bin ein Sternwerfer.«

In der Erwartung, etwas wie einen flachen Stein zu sehen — von der Art etwa, wie er sie jeweils zum Spaß über die Wasseroberfläche hüpfen ließ —, trat der jüngere Mann näher, um sich die Sache genauer zu betrachten. Mit einer raschen und doch sanften Bewegung hob der alte Mann einen weiteren Seestern auf und warf ihn elegant weit hinaus ins Meer. »So bleibt er vielleicht am Leben«, meinte er, »wenn der Sog zurück ins Meer stark genug ist.«

Das war nun ein Mensch, der kein Sammler war. Er erklärte, er habe beschlossen, ein Teil des Lebens zu sein, und es sich zur Aufgabe gemacht, einen weiteren Tag, eine weitere Woche, ein weiteres Jahr, eine weitere Chance zu leben zu ermöglichen. Schweigend bückte sich der jüngere Mann und wirbelte einen noch lebenden Stern über das Wasser der Freiheit zu. Er fühlte sich wie ein Gärtner beim Säen — beim Säen der Saat des Lebens. Er blickte über die Schulter zurück. Vor dem Regenbogen bückte sich der alte Sternwerfer und warf abermals. Er verstand das Geheimnis.

Das Geheimnis im Innern

Wir alle können des Sternwerfers Geheimnis kennen — und danach leben. Leben kann nicht gesammelt werden. Zum Glück kann man nicht hinreisen, das Glück kann man nicht besitzen, nicht erwerben, nicht tragen und nicht konsumieren. Glück — im Sinne von Glücklichsein — ist die innere Erfahrung, jede Minute mit Liebe, Wohlwollen und Dankbarkeit zu leben. Das Geschenk des Lebens ist keine Schatzsuche. Man kann Erfolg nicht suchen. Der Schatz liegt in einem selbst. Er braucht bloß aufgedeckt und entdeckt zu werden. Das Geheimnis besteht darin, ein Leben des Sammelns zu einem Leben des Feierns zu machen.

Sämtliche bestgehüteten Geheimnisse des Erfolges schließen Ihre Anschauung ein – die Art und Weise, wie Sie das Leben von innen her sehen. Der Kern unserer Kraft liegt in den Reaktionen und Einstellungen, die Sie entwickeln, weil Sie die Welt klarer ›sehen‹. Wenn Sie klarer sehen, sehen Sie sich selbst als wertvollen Menschen, und Ihre Selbstachtung erstarkt. Klar zu sehen befähigt Ihre Phantasie zu schöpferischer Aktivität und zu Höhenflügen. Klarer zu sehen verleiht Ihnen die Einsicht, daß Sie die Verantwortung haben, so viel wie möglich zu lernen und zum Leben beizutragen.

Wenn Sie das Leben von innen her sehen, dann sehen Sie Weisheit, Zweck und Glauben als Eckpfeiler des Fundamentes Ihrer Familie. Sie sehen mit den Augen der Liebe und kommen all jenen nahe, mit denen Sie in Berührung kommen. Von innen her sehen heißt den Mut haben, sich Veränderungen anzupassen und sein Ziel beharrlich zu verfolgen, wenn alle Chancen gegen einen stehen. Von innen her sehen heißt glauben, daß es sich lohnt, jeden Tag Schönes und Gutes zu säen.

Ich habe das bestgehütete Geheimnis in diesem Kapitel nicht in der Art und Weise hervorgehoben, wie ich das in den vorangegangenen getan habe. Das hat seinen Grund darin, daß Anschauung – das Leben von innen her zu sehen – nicht nur das zehnte und letzte Geheimnis ist, sondern weil sie der Kern all dessen ist, was ich in diesem Buch geschrieben habe. Wie wir das Leben sehen – allein darauf kommt es an.

Als wir in ihrem Garten arbeiteten, pflanzte meine Großmutter die Saat in mir, indem sie mich lehrte, wie ich das Leben ›sehen‹ sollte. Viele Menschen schreiten so durch das Leben, daß sie auf die Blumen treten, während sie auf das Unkraut hinweisen. Großmutter lehrte mich, das Unkraut auszureißen und mich an der Pracht und an dem Duft der Blumen zu ergötzen.

Ich weiß, daß Sie verstehen

Ich werde den Heiligen Abend nie mehr vergessen, an dem ich jenen Telephonanruf erhielt. Ich weilte gerade in Florida, um eine Arbeit abzuschließen, ehe ich nach Kalifornien zurückkehren wollte. Es war die erste Weihnacht fern von unseren Eltern und Großeltern. Ich hörte die Stimme meiner Mutter am anderen Ende des Drahtes flüstern. Sie sprach über meine Großmutter, die unvergeßliche Frau, die Jahre zuvor den Kern meiner Kraft in mir gepflanzt hatte.

Wie gewöhnlich war meine Großmutter um sechs Uhr in der Frühe bereits auf und angekleidet gewesen. Sie hatte ein paar wenige Sachen in ein Köfferchen gepackt und saß auf dem Bettrand, als meine Mutter das Zimmer betrat. Im Krankenhaus machten sie die üblichen Untersuchungen, die bei einem siebenundachtzigjährigen Menschen angezeigt sind, wenn er sich schwach fühlt. Man beschloß, sie dazubehalten, um zusätzliche Untersuchungen zu machen. Sie war noch nie in einer Klinik gewesen und fragte, ob sie nicht wieder nach Hause gehen und ein andermal zurückkommen könne, wenn es allen besser passe.

Sie wollte an Weihnachten zu Hause bei ihrer Familie sein, wie sie es seit über acht Jahrzehnten immer gehalten hatte. Der Arzt bestand jedoch darauf, daß sie bleibe, und so fügte sie sich still. Sie bürstete ihr Haar und zog sich einen wunderschönen rosaroten Morgenrock mit einer am Hals gebundenen Schleife an. Mit meiner Mutter zusammen besprach sie das Menü des Weihnachtsessens vom folgenden Tag.

Die Sonne war schon beinahe am Untergehen, sagte meine Mutter. Vom Stationszimmer war leise Weihnachtsmusik zu hören. Meine Großmutter tätschelte meiner Mutter die Hand und drängte sie, für eine Weile nach Hause zu gehen. Es war ja ein langer Tag gewesen, und es gab für meine Mutter noch eine Menge vorzubereiten für das Weihnachtstreffen.

»Geh du nur. Ich werde schon alleine fertig«, versicherte Großmutter meiner Mutter. »Ich möchte jetzt nur ein wenig Zeit für mich haben und diesen wundervollen Sonnenuntergang sehen.«

Widerstrebend war meine Mutter gegangen und hatte noch einmal versprochen, bald zurückzukehren. In den nächsten paar Minuten hatte Großmutter ihren letzten Sonnenuntergang gesehen – nur um aufzuwachen und ihren Herrn von Angesicht zu Angesicht zu sehen.

Als ich meiner Mutter Lebewohl sagte und den Telephonhörer aufhängte, füllten sich meine Augen mit Tränen. Ich ging hinaus in den Garten, pflückte eine Blume und setzte mich auf die Erde. Es war der Tag eines neuen Anfangs für meine Großmutter. Ein neuer Anfang – ein neuer Garten für sie. Mit Hingabe hatte sie denjenigen auf Erden gepflegt. Jetzt war sie hinauf zu einer schöneren Landschaft gegangen.

Während ich so an sie dachte, kehrten meine Erinnerungen zu Großmutters Garten zurück, wo wir vor all den vielen Jahren zusammen im Schatten ihres Pflaumosenbaumes zu sitzen und zu reden pflegten. Noch immer konnte ich ihre sanften Worte hören:

»Man holt immer das heraus, was man hineinsteckt, mein Kind. Säe Apfelsamen, und du erhältst Apfelbäume; säe die Saat großer Ideen, und du wirst großartige Menschen erhalten. Verstehst du, was ich meine?«

Ich verstehe es jetzt. Und ich weiß, daß Sie es auch verstehen.

HEYNE BÜCHER — RATGEBER ESOTERIK

Wege und Wahrheiten für ein besseres und erfolgreiches Leben

08/9092 - DM 9,80

08/9500 - DM 9,80

08/9501 - DM 9,80

08/9502 - DM 8,80

08/9503 - DM 9,80

08/9504 - DM 9,80

08/9505 - DM 8,80

08/9506 - DM 7,80

Die Welt hat ihr Sinn-Zentrum verloren.

Was daraus folgt, ist die Flucht des Menschen: in Schein-Aktivität, in die Welt der Esoterik, in die Drogen. Der weltbekannte Schweizer Psychologe Prof. Dr. Max Lüscher schlägt in seinem Buch eine Lösung vor, die bei der Selbstverantwortung des einzelnen ansetzt: Nur wer in Harmonie mit sich und der Welt lebt, ist fähig, Unabänderliches zu akzeptieren und zu bewältigen.

**Heyne-Taschenbuch
17/1 - DM 7,80**

Wilhelm Heyne Verlag München

Heyne Report...

*»Heyne Report«
informiert über
unser Leben
und unsere Zeit:
Thematisch
konzentriert sie
sich auf
– Personen –
– Perspektiven –
– Probleme –*

10/2 - DM 7,80

10/15 - DM 7,80

10/18 - DM 7,80

10/12 - DM 7,80

10/14 - DM 9,80

10/16 - DM 7,80

10/4 - DM 7,80

10/19 - DM 8,80

Wir müssen verlieren können, um zu gewinnen!

Im Laufe unserer individuellen Entwicklung müssen wir Verluste erleiden, um reife, liebesfähige, souveräne Persönlichkeiten zu werden. Das beginnt bereits mit jenem großen Ur-Verlust, der allmählichen Auflösung der symbiotischen Mutter-Kind-Beziehung und zieht sich durch jede Phase unseres weiteren Lebensgangs. Doch diese Verluste sind unvermeidlich. Anschaulich und anhand einer Fülle eindrucksvoller Beispiele beschreibt die Autorin ein ambivalentes Phänomen des menschlichen Schicksals.

**Heyne-Taschenbuch
17/2 - DM 9,80**

Wilhelm Heyne Verlag München

Heyne Taschenbücher.
Das große Programm von Spannung bis Wissen.

- Allgemeine Reihe mit großen Romanen und Erzählungen
- Tip des Monats
- Heyne Sachbuch
- Heyne Report
- Heyne Psycho
- Scene
- Heyne MINI
- Heyne Filmbibliothek
- Heyne Biographien
- Heyne Lyrik
- Heyne Ex Libris
- Heyne Ratgeber
- Ratgeber Esoterik
- Heyne Kochbücher
- Kompaktwissen
- Heyne Western
- Blaue Krimis/Crime Classics
- Der große Liebesroman
- Romantic Thriller
- Exquisit Bücher
- Heyne Science Fiction
- Heyne Fantasy
- Bibliothek der SF-Literatur

Jeden Monat erscheinen mehr als 40 neue Titel.

Ausführlich informiert Sie das Gesamtverzeichnis der Heyne-Taschenbücher.
Bitte mit diesem Coupon oder mit Postkarte anfordern.

Senden Sie mir bitte kostenlos das neue Gesamtverzeichnis

Name

Straße

PLZ/Ort

**An den Wilhelm Heyne Verlag
Postfach 2012 04 · 8000 München 2**